A SOBREVIVÊNCIA DO DESEJO NOS SONHOS DE AUSCHWITZ

Blucher

A SOBREVIVÊNCIA DO DESEJO NOS SONHOS DE AUSCHWITZ

Samantha Abuleac

A sobrevivência do desejo nos sonhos de Auschwitz
Série Dor e Existência, organizada por Miriam Ximenes Pinho-Fuse, Cibele Barbará e Sheila Skitnevsky Finger

Publisher Edgard Blücher
Editor Eduardo Blücher
Coordenação editorial Jonatas Eliakim
Produção editorial Luana Negraes
Preparação de texto Bárbara Waida
Diagramação Guilherme Henrique
Revisão de texto Maurício Katayama
Capa Leandro Cunha
Imagem da capa capa de partitura de autoria de Berto Boccosi (escrita em um campo militar de prisioneiros na Saida, Argélia, em 1942). Courtesy of Fondazione Istituto di Letteratura Musicale Concentrazionaria, Barletta (Italy).

Blucher

Rua Pedroso Alvarenga, 1245, 4º andar
04531-934 – São Paulo – SP – Brasil
Tel.: 55 11 3078-5366
contato@blucher.com.br
www.blucher.com.br

Segundo o Novo Acordo Ortográfico, conforme 5. ed. do *Vocabulário Ortográfico da Língua Portuguesa*, Academia Brasileira de Letras, março de 2009.

Dados Internacionais de Catalogação na Publicação (CIP)
Angélica Ilacqua CRB-8/7057

Abuleac, Samantha

A sobrevivência do desejo nos sonhos de Auschwitz / Samantha Abuleac. – São Paulo : Blucher, 2022.

328 p. (Série Dor e Existência)

Bibliografia

ISBN 978-65-5506-472-8 (físico)

ISBN 978-65-5506-468-1 (eletrônico)

1. Psicanálise 2. Holocausto judeu (1939-1945) – Aspectos psicológicos 3. Auschwitz (Campo de concentração) – Aspectos psicológicos 4. Trauma I. Título. II. Série.

22-3043 CDD 150.195

Índice para catálogo sistemático:
1. Psicanálise

Sobre a Série Dor e Existência

A presente série se dedica a publicar livros que tratam das dores da existência no contexto dos fenômenos sociais e políticos contemporâneos, tendo como referencial a teoria e a clínica psicanalítica em diálogo com outros discursos. Abordar esses fenômenos não para catalogá-los, mas essencialmente interrogar aquilo que os determina e, principalmente, cingir suas incidências subjetivas e os modos possíveis de respostas em face do Real, ou, de outra forma, os modos de "resistir, para seguir vivendo", como diz a música popular.[1]

Nos idos de 1930, Freud[2] ressaltou que, apesar dos inúmeros benefícios que o processo civilizatório nos proporciona, ele também é fonte inesgotável de dissabores e mal-estar. Viver inserido na civilização implica em renúncias, privações e adiamentos, que ocasionam perda de satisfação e limitam sobremaneira a ânsia humana por felicidade. Estruturalmente restringida, a felicidade só é alcançada

---

1 "*Resistiré, para seguir viviendo*", no original. "Resistiré", canção composta por Carlos Toro Montoro e Manuel de la Calva Diego.

2 Freud, S. (1930). *O mal-estar na civilização*. São Paulo: Companhia das Letras, 2010.

em momentos breves e esporádicos, enquanto o sofrimento é uma constante que nos ameaça a partir de três fontes principais: as forças prepotentes da natureza, a fragilidade de nosso próprio corpo e as relações com os outros seres humanos dada a insuficiência das normas que regulam os vínculos afetivos e sociais. Freud considerou esta última fonte o sofrimento que mais nos deixa estremecidos.

Dos tempos de Freud para os nossos, poder-se-ia esperar que o sofrimento humano tivesse sido abrandado graças às melhorias e às notáveis conquistas nos campos científico, tecnológico, econômico e até social. É um paradoxo, mas as pessoas não parecem mais felizes que outrora. Em uma época vetorizada pelas conquistas de mercado, ou seja, produção-consumo-descarte tanto quanto possível, as pessoas se sentem cada vez mais pressionadas a ser produtivas, competitivas, eficientes e bem-sucedidas, em paralelo ao desmantelamento dos laços sociais e do sentido de pertencimento a uma determinada comunidade ou grupo. Sem contar com o anteparo das redes e dos mecanismos de solidariedade e apoio comunitário, as pessoas certamente se encontram mais vulneráveis. Promovem-se assim pensamentos e relações de teor mais individualista em que o consumo de objetos acena como a principal fonte de satisfação e realização. Em vez da prometida felicidade oriunda do progresso, redobram-se os alertas para o aumento significativo das taxas de depressão, suicídio e obesidade. Por toda parte, queixas de solidão e liquidez dos laços sociais.

Decantadas por filósofos e artistas, as dores da existência são inerentes à condição humana diante da constatação da vida como pura e insuportável contingência, sem sentido *a priori*. Para Lacan, a dor de existir irrompe no momento extremo, limiar em que se esgotam para o sujeito todas as vias do desejo, quando nada mais o habita "senão esta existência mesma, e que tudo, no excesso do sofrimento, tende a abolir esse termo inextirpável que é o desejo de viver".[3] Na última fronteira da existência nua e crua, há o despertar para o Real. Porém, a dor de existir denota também uma face humana, que ocorre com a perda inaugural no momento de entrada no campo da linguagem, que imprime em nós as suas leis, os seus limites na falta do significante último da existência, mas que nos concede, em contrapartida, nessa falta mesma, o desejo para nos sustentar para além desse ponto intolerável da existência. Logo, a dor de existir é constituinte de nossa humanidade, em que estamos sempre no risco da perda.

Se Freud apontou que viver em sociedade cerceia nossas pretensões de satisfação, ou seja, nossas possibilidades de gozo, Lacan, por sua vez, considera que a perda de gozo não se deve à sociedade, mas ao fato de sermos seres falantes, "maldição que o discurso, antes, modera", ponderou Colette Soler,[4] em livro que abre esta série. Logo, o discurso é tanto fonte de sofrimento quanto de tratamento possível para as dores da existência. Eis aí um dos grandes paradoxos humanos: se a existência não tem sentido em si mesma e não há nenhum sentido a ser encontrado, sobra para cada um a invenção dos modos possíveis de se continuar vivendo.

Entretanto, há situações extremas, adventos do Real, que levam o sujeito ao esgotamento das vias de seu desejo. A dor irrompe nesse ponto limite arrasando os ideais e as ficções de si mesmo, restando simplesmente a crueza da existência quando todo o desejo nela se desvanece. Poderá o sujeito resistir? De que modo ou por quais vias?

Importa-nos justamente levar ao público títulos que tratam, em suas diferenças, das dores que acompanham as situações-limite – perdas radicais, violência, racismo e outras intolerâncias e abusos diversos –, considerando que a patologia do particular está

3 Lacan, J. (1958-1959). *Seminário 6: O desejo e sua interpretação*. Rio de Janeiro: Zahar, 2016, p. 133.

4 Soler, C. (2021). *De um trauma ao Outro*. São Paulo: Blucher, p. 25.

intrinsecamente relacionada com as patologias do social. Sem a pretensão de esgotar essas situações e seus efeitos disruptivos, desejamos que cada livro possa contribuir para enlaçar e intercambiar saberes e experiências, na aposta de que algo sempre se transmite, ainda que com furos e, às vezes, de modo artificioso.

Miriam Ximenes Pinho, Cibele Barbará
e Sheila Skitnevsky Finger

Organizadoras da Série Dor e Existência

Aos que sonharam.

Aos que sonham.

Aos sonhos que virão.

Agradecimentos

Agradeço imensamente a Renato Mezan, meu orientador na dissertação de mestrado, pelas precisas indicações e pelos valiosos comentários em ao menos três âmbitos: na elaboração de uma escrita, no feitio de uma pesquisa e no campo teórico freudiano. Admiro sua simplicidade e sua generosidade ao compartilhar sua monumental cultura e, sobretudo, sua posição ética na função de orientador.

Michele Roman Faria, agradeço fortemente por ter me acompanhado ao longo de todo o percurso da dissertação, com suas reflexões e suas orientações preciosas. Mais ainda, pela escrita do prefácio deste livro e por ter me transmitido, desde sempre, seu rigor e seu amor pela leitura do texto lacaniano.

Sandra Leticia Berta, muito obrigada por ter acreditado e buscado incansavelmente o desejo em mim.

Sou grata de maneira especial aos sobreviventes que se dispuseram a um encontro: Ana Calmanovici, Andor Stern (*in memoriam*), Carol Strul, Julio Gartner (*in memoriam*), Kiwa Kozuchowicz (*in memoriam*), Miriam Brik Nekrycz (*in memoriam*) e Magdalena Sussmann.

Milena Liberman, agradeço demais por topar a jornada à Polônia e ainda por todas as trocas realizadas constantemente.

Agradeço de coração às amigas e interlocutoras mais constantes nesta jornada, que compartilham comigo o amor pela psicanálise: Carolina Escobar, Ana Paula Pires, Adriana Grosman, Cibele Barbará, Daniele Salfatis, Glaucia Nagem, Isabel Napolitani, Luciana Guarreschi, Rita Vogelaar e Sheila Skitnevsky Finger.

À minha querida avó Anna, aos meus avós Arno, Geni e Nahum (*in memoriam*), aos meus irmãos Gabriella e Alexandre, e aos meus pais Heloisa e, especialmente, Leivi, muito obrigada! Sem o apoio de vocês, sei que não seria possível trilhar o percurso que tanto amo.

Não poderia deixar de agradecer ainda aos meus queridos filhos, Marcelo, Daniel e Suzana, pelo partilhar constante, pelo carinho e pelo tanto que me ensinam a cada dia.

E, por último, agradeço ao meu companheiro de alma, Henrique, o presente mais inesperado e incrível que recebi da vida nos últimos anos.

A terceira facticidade, real, sumamente real, tão real que o real é mais hipócrita ao promovê-la do que a língua, é o que torna dizível o termo campo de concentração, sobre o qual nos parece que muitos pensadores, vagando do humanismo ao terror, não se concentraram o bastante.

Jacques Lacan[1]

1 Lacan, J. (2003). Proposição de 9 de outubro de 1967 sobre o psicanalista da Escola. In J. Lacan, *Outros Escritos* (p. 263). Rio de Janeiro: Jorge Zahar.

Prefácio

Michele Roman Faria

O que pode uma psicanalista dizer sobre o indizível? Como abordar o que a linguagem não pode alcançar, este real que a psicanálise define como o inapreensível que se encontra no limite da palavra? É a este tema que o livro de Samantha Abuleac corajosamente nos conduz, em sua reflexão sobre um dos períodos mais sombrios da história da humanidade: o Holocausto, ou Shoah, tema ao qual se dedica mobilizada por sua história pessoal e pelos efeitos de sua análise, trazendo na bagagem uma longa e sólida formação em psicanálise.

O livro é fruto da pesquisa de dissertação de mestrado realizada sob a orientação de Renato Mezan, defendida na Pontifícia Universidade Católica de São Paulo (PUC-SP) em 2020, a qual resulta numa narrativa surpreendentemente sensível e delicada, em que o rigor teórico exigido de um trabalho acadêmico encontra a sensibilidade de quem se aproxima do tema com grande cuidado e respeito.

Logo no início do mestrado, movida pelo desejo de entrar no tema de forma responsável (mas não sem a apreensão de ser tomada por uma tristeza tão avassaladora que a impediria de reerguer-se depois), Samantha faz uma viagem para conhecer os campos da Polônia com um grupo da comunidade judaica em uma visita guiada.

Acompanhada das leituras de relatos das vivências nos campos, visita Auschwitz e seu anexo de extermínio Birkenau, e também Majdanek e Treblinka, conduzida por uma guia que ela define como "extremamente preparada e sensível".

Em seu livro, Samantha também se revela uma guia preparada e sensível, reunindo uma bibliografia e uma filmografia que já são um presente para o leitor. Embarcamos na viagem da autora com grande interesse de ver o que ela viu, de ler os livros que ela leu, de assistir os documentários que ela assistiu.

Uma guia generosa, que apresenta obras de arte como a Stolpersteine, de Gunter Demnig, e nos leva a conhecer os mais variados relatos de vivência nos campos, extraídos de livros de Primo Levi, Imre Kertész, Paul Celan, Jean Cayrol, entre outros. Samantha recupera textos, livros, cartas, documentários, em um excelente levantamento bibliográfico que conta com preciosidades como a tradução do hebraico para o português da pesquisa da jornalista israelense Yifat Erlich, realizada em 2008 na Universidade Hebraica de Jerusalém (tradução encomendada por Samantha, que mereceria, aliás, ser publicada na íntegra). Todos esses relatos são costurados com reflexões de autores como Agamben, Arendt, Bauman, Blanchot e Didi-Huberman e, finalmente, com a psicanálise de Freud e Lacan.

O recorte escolhido para sua investigação nos coloca em contato com o lado mais angustiante e dolorido da opressão do homem pelo homem: a vivência dos prisioneiros dos campos de concentração e de extermínio nazistas. Como abordar pela psicanálise o invivível, o inimaginável, o indizível dessa experiência?

Assumindo uma posição em que a psicanálise não se presta à produção de um saber sobre a verdade da vivência nos campos, a autora explora seu tema atenta aos riscos do uso interpretativo da psicanálise. A verdade, que não pode ser senão semidita, funciona como causa da investigação da qual seu livro é fruto. É o que ela deixa claro logo nas primeiras páginas, quando se faz acompanhar da advertência de Primo Levi: os psicanalistas não estariam aptos a explicar a vivência dos campos, uma vez que o saber da psicanálise foi construído e verificado fora deles – no mundo que, nas palavras de Levi, "por simplicidade chamamos de civilizado". Essa lembrança ecoa por todo o texto e dá o tom – ético, político, poético – de sua investigação.

Samantha sabe que tomar o indizível, o invivível, o inimaginável como tema de pesquisa é caminhar nos limites da interpretabilidade – *Die Grenzen der Deutbarkeit* –, e é justamente dessa posição assumida ao longo do livro que resulta uma costura delicada na qual os sonhos, esse tema central da obra freudiana, são o inusitado e intrigante ponto de articulação entre a vivência nos campos e a psicanálise.

A autora traz relatos de sonhos que foram narrados em livros, escritos em papéis, escondidos sob as roupas, enterrados para serem encontrados. Eles são cuidadosamente ordenados por temas – sonhos de pão, de amor, de narração, de ruptura de fé, oraculares, sonhos fora do tempo.

No limite da mais desumana condição de angústia e desamparo, sonha-se. Teriam os sonhos nos campos contribuído para a sobrevivência daqueles que puderam contá-los depois? – pergunta-se Samantha. Mesmo nessa condição em que aparentemente já não resta mais traço de humanidade, o psiquismo trabalha a serviço da vida e o sonho revela sua mais básica função psíquica, a de fazer dormir.

E então, dos sonhos à teoria, somos apresentados pela autora ao que os sonhos ensinam, pelo caminho do que puderam ensinar a Freud. Somos levados a conhecer o papel privilegiado dos sonhos enquanto formação do inconsciente, a revelar os mistérios do funcionamento psíquico, nos dois tempos da interrogação freudiana sobre o inconsciente e os sonhos: o primeiro, em que define o sonho como expressão do desejo inconsciente (1900); e o segundo, em que explica as razões pelas quais o traumático paradoxalmente retornaria nos sonhos de angústia e repetição (1920).

Nesses dois tempos, aprendemos sobre a descoberta da relação dos sonhos com o desejo inconsciente, dimensão simbólica que dá ao sonho seu caráter de rébus a ser decifrado, mas também sobre os limites de sua interpretabilidade, o umbigo dos sonhos, esse real do qual ele brota, "tal como um cogumelo de seu micélio".

E assim chegamos a Lacan, com sua formulação do real enquanto função de causa daquilo que o desejo estrutura, passo importante para entendermos por que os sonhos são um recurso psíquico que permite dar lugar ao indizível desamparo – *Hilflosigkeit* – que espreita no fundo de nossa condição humana, ora tentando recobri-lo – como na aparente obviedade dos sonhos de pão ou de amor –, ora circunscrevendo sua presença angustiante – como no impactante e fantasmático sonho em que, no retorno, não se crê nos relatos sobre o que foi vivido nos campos.

É assim que o livro de Samantha tece uma preciosa costura entre a experiência indizível, invivível, inimaginável dos campos e o real definido logicamente pela psicanálise. Seguir sonhando na mais cruel condição de aniquilação subjetiva é talvez a mais paradoxal expressão dos mistérios de um psiquismo que é recurso diante do real – o que não é articulável nem por isso deixa de ser articulado.

Terminamos a leitura alimentados por essa importante reflexão promovida pela autora, mas também tomados pela angustiante impressão de que há algo estranhamente familiar – *Unheimliche* – naquilo que os relatos dessa experiência revelam, de que há algo sombriamente humano neste que está longe de ser um passado superado, que segue e seguirá se repetindo nas mais variadas formas de aniquilamento e opressão do homem pelo homem.

Por fim, levamos conosco a lição a ser relembrada sempre, e que aqueles que lutam para preservar a memória deste e de outros acontecimentos traumáticos da história da humanidade conhecem: é preciso conceber o inimaginável, o inconcebível, pois é do destino dado a ele que depende a repetição, que é sua expressão mais perigosa.

Conteúdo

Abertura

Vozes

Vozes mudas desde sempre, ou de ontem, ou recém-extintas;
Se apurar o ouvido ainda vai notar seu eco.
Vozes roucas de quem já não sabe falar,
Vozes que falam e já não sabem dizer,
Vozes que creem dizer,
Vozes que dizem e não se fazem entender:
Coros e címbalos para contrabandear
Um sentido à mensagem que não tem sentido,
Puro rumor para simular
Que o silêncio não é silêncio.
A vous parle, compaings de galles:
Digo a vocês, companheiros de farras
Embriagados como eu de palavras,
Palavras-espada e palavras-veneno

Palavras-chave e gazua,

Palavras-sal, máscara e nepente.

O lugar aonde vamos é silencioso

Ou surdo. É o limbo dos solitários e surdos.

A última etapa deve percorrê-la surdo.

A última etapa deve percorrê-la só.

Primo Levi[1]

---

1 Levi, P. (2019). *Mil sóis: poemas escolhidos* (pp. 80-81). Maurício Santana Dias, Trad. São Paulo: Todavia.

1. Uma aproximação possível

Este livro, fruto de uma dissertação de mestrado, apenas pôde surgir como produto de um tempo final de minha análise. Ela materializa algo que não vislumbrara antes: reunir dois temas de atração que se mantinham absolutamente disjuntivos em minha vida – a catástrofe do Holocausto e a psicanálise.

O Holocausto desde sempre despertou meu interesse, sem que eu soubesse muito bem o porquê. Há histórias de família. Em 1933, um avô materno, que não cheguei a conhecer, saiu pequeno de Berlim com seus pais, logo após Hitler se tornar chanceler na Alemanha; houve também uma bisavó paterna, que provavelmente esteve num campo de concentração e sobreviveu, cujo filho, meu avô, não pôde falar disso a seus descendentes, já na diáspora. Restou este dado escrito a lápis, numa cartolina, recolhido por mim ainda jovem para que os rastros da história familiar não se perdessem. Muitos anos depois, mudando de casa, ingressando no mestrado, deparo com uma árvore genealógica no fundo do armário. Meus avós já não estavam vivos, e seus filhos não sabiam nada do ocorrido. Sim, neste caso há a minha história familiar. Porém, não se trata apenas disso. O evento me atravessa, se impõe. Como pôde ter ocorrido? Por quê? O que se faz com tamanho horror? Perguntas em suspensão no decorrer dos anos. Adormecidas, talvez.

O outro tema, a psicanálise, está em mim desde os treze anos, quando inicio uma análise de orientação inglesa. Depois, a faculdade de Psicologia, o encontro com os textos de Sigmund Freud e Jacques Lacan. Assim, o estudo e a experiência psicanalítica não mais cessaram de me acompanhar, na posição de analista e principalmente de analisante.[1] Do tempo de análise resultou o atravessamento de uma posição fóbica.

Remeto-me a um apólogo: a lenda do poço, de Valter Hugo Mãe. Seu personagem é Itaro, um artesão, descido por outros ao fundo de um poço escuro, condenado a meditar lá durante sete dias e sete noites: "Mal preparado para ficar sozinho e para ter medo de ficar sozinho", vê-se absolutamente próximo a um animal terrível, de enormes dimensões, bafo horrendo. Em dado momento, o animal pousa a cabeça sobre a perna de Itaro, não sabemos se por piedade ou para atacá-lo, e se achega mais e mais: "o inimigo poderia devorar-lhe o rosto ou beijá-lo".

Transcorridos alguns dias no poço junto ao animal e após sonhar que um urso gigante devorava seus inimigos, Itaro é tomado por uma estranha euforia. A cabeça monstruosa do bicho passa a lamber afetuosamente suas feridas e Itaro cogita carregá-lo à superfície. Decide salvá-lo, levá-lo consigo ao final do castigo. Ao chegar na parte de cima do poço, alçado por homens que já o aguardavam, receosos e precavidos contra o enorme monstro, "Itaro levantou um pouco a cabeça e, como todos os outros, viu nada". Assim, Hugo

1 Pretendo uma posição de analisante em relação aos sonhos, posição que entendo se articular ao discurso histérico proposto por Lacan, no qual o sujeito dividido se encontra no lugar do agente e endereça um saber ao Outro.

Mãe conclui: "apavorado com o escuro, se amigou do próprio medo, sentindo-lhe carinho".[2]

Talvez tenha me amigado igualmente de um certo horror. O efeito foi a disponibilidade subjetiva para esta pesquisa, vislumbrada como uma abertura às demais áreas do saber e ao objeto de estudo que tanto me atraía e repelia: o Holocausto[3] (ou *Shoah*, em hebraico).

Nos últimos anos, tive ainda a experiência de ser passadora no dispositivo do passe,[4] proposto e sustentado pela Escola da Internacional dos Fóruns do Campo Lacaniano. Depois de atravessá-la, sustentei que minha função no dispositivo consistira em "dar voz ao texto do passante", àquele que pretendia dizer de sua travessia e do final de sua experiência analítica. A proposta do dispositivo do passe consiste numa transmissão indireta e, de certa forma, algo desse funcionamento também se apresenta nesta pesquisa.

Muitos sobreviventes se impuseram a tarefa de narrar e transmitir algo no lugar e em nome dos que se foram, dos que não tiveram chance nem voz. Primo Levi[5] traz essa ideia ao abordar os "muçul-

---

2 Mãe, V. H. (2016). *Homens imprudentemente poéticos* (pp. 122-142). São Paulo: Biblioteca Azul.

3 Giorgio Agamben faz uma reflexão importante concernente ao uso do termo Holocausto. O autor explica que Eli Wiesel o forja e logo depois se arrepende, pois "o termo não só supõe uma inaceitável equiparação entre fornos crematórios e altares, mas acolhe uma herança semântica que desde o início traz uma herança antijudaica". O autor ainda afirma que o termo é bastante infeliz, uma vez que "origina-se dessa inconsciente exigência de justificar a morte *sine causa*, de atribuir um sentido ao que parece não poder ter sentido". Agamben, G. (2008). *O que resta de Auschwitz: o arquivo e a testemunha* (pp. 37-40). Selvino J. Assmann, Trad. São Paulo: Boitempo. (Homo Sacer III).

4 Steinberg, S. A. (2018, jun.). A função do passador: dar voz ao texto do passante? *Wunsch*, Rio de Janeiro, Paris, *18*.

5 Primo Levi nasceu em Turim, em 1919, e formou-se pela Faculdade de Química antes que as leis fascistas impedissem o acesso dos judeus às universidades. Deportado para o campo de concentração de Auschwitz, na Polônia, em 1944,

manos",[6] aqueles que nos campos cruzaram a tênue linha entre a vida e a morte. Levi os considera como as verdadeiras testemunhas, as testemunhas "integrais", os que verdadeiramente chegaram ao limite da experiência de morte; não puderam ser enterrados, tornaram-se cinzas e fumaças nos céus dos campos de extermínio.

Aqueles que ficaram[7] muitas vezes testemunharam pelos que pereceram, a fim de que não desaparecessem sem nome, sem história. Era preciso dar-lhes um lugar, uma sepultura simbólica.[8] Primo Levi diz testemunhar por Hurbinek: "Nada resta dele, seu testemunho se dá por meio de minhas palavras". Hurbinek, menino de três anos nascido em Auschwitz, não chegou a ter um nome, a falar. As palavras que lhe faltavam comprimiam seu olhar com uma "urgência explosiva", ao mesmo tempo "selvagem e humano", "maduro e judicante, que ninguém podia suportar, tão carregado de força e de tormento".[9] Um dos prisioneiros lhe atribuiu o nome. O menino não resistiu e morreu logo após a libertação.

---

voltou à Itália em 1945. Suicidou-se no dia 11 de abril de 1987, tendo publicado nove livros de testemunhos.

6 O termo *muselmann*, ou "muçulmanos", era atribuído pelos prisioneiros dos campos aos fracos, ineptos, aqueles que haviam atravessado um limiar entre a vida e a morte, destinados inevitavelmente à "seleção".

7 Recomendo um filme húngaro muito sensível que retrata a difícil condição daqueles que sobreviveram a Auschwitz: *Aqueles que ficaram*, de Barnabás Tóth (2019).

8 Remeto à excepcional obra *Stolpersteine* (Pedras do tropeço, em português), do artista plástico alemão Gunter Demnig. O artista produz placas de latão com a inscrição de um nome, uma data de nascimento e um local de destino (um campo de concentração, na maioria das vezes) e as incrusta em calçadas, diante do último lar onde os deportados para os campos escolheram viver. Em 1996, colocou as primeiras, ilegalmente, nas calçadas de Berlim. Atualmente, há por volta de 65 mil pedras-lápides espalhadas predominantemente pela Europa, tornando-se o maior memorial descentralizado do Holocausto no mundo. Recuperado de: www.stolpersteine.eu.

9 Levi, P. (2010). *A trégua* (pp. 19-21). Marcos Lucchesi, Trad. São Paulo: Companhia das Letras.

A literatura de Imre Kertész e a poesia de Paul Celan constituem outros exemplos paradigmáticos do testemunho indireto. A morte dos campos não cessa de se presentificar nos ofícios que puderam exercer. Imre Kertész,[10] escritor e ensaísta húngaro e sobrevivente de Auschwitz, nos interpela:

> *Como eu poderia explicar à minha mulher que minha esferográfica é minha pá? Que escrevo somente porque tenho que escrever, e que tenho que escrever porque sou chamado pelo apito, dia após dia, a afundar mais a pá, a alisar mais gravemente o violino e tocar mais docemente a morte?*[11]

A escrita como sua pá. Uma pá que escava a terra e enterra os mortos que não puderam ter sua oração, o *Kadish*,[12] nem uma sepultura. O trecho citado se encontra num livro excepcional, *Kadish para uma criança não nascida*, que transmite a impossibilidade de um nascimento após essa experiência de atravessamento da morte. A vida indissociável da morte, o futuro que não se realiza sem um trabalho de luto e memória do passado.[13]

---

10 Imre Kertész nasceu em Budapeste em 1929. Aos quinze anos foi deportado para Auschwitz e depois para Buchenwald e Zeitz, onde permaneceu por um ano, até a libertação em 1945.

11 Kertész, I. (1995). *Kadish: por uma criança não nascida* (p. 92). Raquel Abi-Sâmara, Trad. Rio de Janeiro: Imago.

12 *Kadish* é a "oração dos mortos", uma oração em aramaico recitada três vezes ao dia durante o período de luto dos familiares.

13 Jeanne Marie Gagnebin retoma essa obra de Kertész para nos transmitir que a impossibilidade do luto corresponde à do nascimento, pois apenas o reconhecimento da morte pode permitir a plenitude da vida. Gagnebin, J. M. (2000). Palavras para Hurbinek. In A. Nestrovski, M. Seligmann-Silva (Orgs.), *Catástrofe e representação* (pp. 109-110). São Paulo: Escuta.

Paul Celan,[14] eminente poeta e sobrevivente de um campo de trabalho forçado, igualmente parece testemunhar sem cessar pelos que morreram – seus pais especialmente, mas não apenas – por meio de sua poesia. Nascido Paul Ancel em Bukovina, ao norte da Romênia, de pais judeus-alemães, o poeta modifica seu sobrenome após a guerra, revirando suas letras e compondo um anagrama. A relação de sua poesia com a língua é preciosa para nós. Apesar de ter escolhido morar e dialogar com a cultura francesa, Celan não pôde deixar de escrever suas poesias em alemão. Assim se justifica para seu biógrafo Israel Chalfen: "Somente na língua materna se pode expressar a própria verdade. O poeta mente em uma língua estrangeira".[15]

Celan precisou escrever na língua de seus pais para enterrar seus mortos.[16] Sobrepõe-se ainda o fato de a língua alemã representar a

---

14 Paul Celan nasceu em 1920, em Czernowitz, Bukovina. Em 1942, seus pais são deportados para um campo de concentração. Celan consegue escapar, no entanto, é enviado para um campo de trabalhos forçados, no qual arrasta entulhos e junta pedras durante dezoito meses. Seus pais foram mortos, assassinados pelos SS. Uma história publicada em jornal alemão no final de 1970 sugere que Celan teria escapado à execução no campo atravessando uma linha divisória, trocando de lugar *in extremis*, de uma formação destinada à morte para o trabalho escravo. Depois da guerra, estabelece-se em Paris e realiza uma série de traduções poéticas do francês para o alemão, bem como de sua poesia. Em abril de 1970, suicida-se afogando-se no Sena.

15 Cf. Shoshana Felman, que assim o referencia: Celan, P. Washburn, 1986; p. vii. Felman, S. (2000). Educação e crise, ou as vicissitudes do ensino. In A. Nestrovski, M. Seligmann-Silva (Orgs.), *Catástrofe e representação* (p. 39). São Paulo: Escuta.

16 Seligmann-Silva traz um interessante comentário a respeito desta dimensão da poesia de Celan, conforme o próprio o teria definido: "sua poética visa construir '*Einfriedungen um das grenzenlos Wortlose*' ('Cercamentos em torno do sem-palavra, sem-limites'). *Einfriedung deriva de Frieden* (paz), no sentido bíblico dessa palavra: '*Fried auf Erde*' (Paz na terra), de onde derivou, no alemão, o termo para cemitério: *Friedhof*. Uta Werner, não sem razão, definiu a poesia de Celan como uma fala (*Rede*) que se dirige para a exposição (*Darstellung*) do emudecer, vale dizer, como uma poesia que tenta criar uma 'sepultura no texto', literalmente: enterrar os mortos (terra em alemão, *Erde*, é um anagrama de fala,

língua dos assassinos de seus pais e dos milhões de mortos do *Shoah*. Língua da qual emergiram incontáveis formas de humilhação, tortura, destruição. Em sua poesia se acresce a condição de embate com a língua alemã numa tentativa de "aniquilar sua própria aniquilação presente nela".[17] Surge uma poesia que, além da função de sepultar os mortos, como a literatura de Kertész, trava luta com a própria língua e com a morte que nela se instalou. O autor parece precisar desmantelar algo dessa língua de amor e de morte em busca de algum sentido possível de realidade:

> *Estes são os esforços de quem, sobrevoado por estrelas – que são trabalhos humanos –, sem teto, também neste sentido até hoje não pressentido e com isso da forma mais sinistra, ao ar livre, vai até a língua com seu ser, ferido de realidade e em busca da realidade.*[18]

Celan pergunta-se "pelo sentido do ponteiro do relógio",[19] tentando encontrar o sentido perdido da língua e, assim, recuperar algo de uma realidade.

Notemos, portanto, que o testemunho deve ser vislumbrado em suas diversas camadas ou dimensões. Os sobreviventes testemunharam pelos que pereceram, mas também experimentaram o

---

Rede)". Seligmann-Silva, M. (2000). A história como trauma. In A. Nestrovski, M. Seligmann-Silva (Orgs.), *Catástrofe e representação* (p. 97). São Paulo: Escuta.

17 Felman, S. (2000). Educação e crise, ou as vicissitudes do ensino. In A. Nestrovski, M. Seligmann-Silva (Orgs.), *Catástrofe e representação* (p. 39). São Paulo: Escuta.

18 Celan, P. (1983). Gesammelte Werke, Frankfurt a.M: Suhrkamp, v. III, p. 185, citado em Felman, S. (2000). Educação e crise, ou as vicissitudes do ensino. In A. Nestrovski, M. Seligmann-Silva (Orgs.), *Catástrofe e representação* (p. 40). São Paulo: Escuta.

19 *Ibid.*, p. 40.

"invivível",[20] o limiar do inimaginável, e se tornaram as testemunhas que efetivamente puderam transmitir algo da experiência-limite: as testemunhas diretas. Seus testemunhos estarão sempre enlaçados à dimensão da verdade, pelo lugar dado à função da fala na psicanálise, e transmitirão um dizer. No ato de testemunhar, o sujeito da psicanálise já se encontra em função: um sujeito lógico, dividido entre dois significantes, que também se enlaça a um objeto bastante particular, o objeto *a*.

20 Remeto ao testemunho de Semprun: "vem-me uma dúvida sobre a possibilidade de contar. Não que a experiência vivida seja indizível. Ela foi invivível, o que é outra coisa, como se compreenderá facilmente". Semprun, J. (1995). *A escrita ou a vida* (p. 22). Rosa Freire D'Aguiar, Trad. São Paulo: Companhia das Letras.

2. Delineando a pesquisa

Como escolhi o tema? Ao iniciar o mestrado, o que sabia? Tão somente que havia dois temas de grande atração – psicanálise e *Shoah* – a partir dos quais almejava trabalhar uma interseção possível. O disparador havia sido o encontro com o livro *Modernidade e Holocausto*, de Zygmunt Bauman, que sustenta o acontecimento como uma janela, uma abertura, que deveria nos levar a refletir acerca do modo de funcionamento de nossa sociedade hoje. Recorto um fragmento:

> *O indizível horror que permeia nossa memória coletiva do Holocausto (ligado de maneira nada fortuita ao premente desejo de não encarar essa memória de frente) é a corrosiva suspeita de que o Holocausto possa ter sido mais do que uma aberração, mais do que um desvio no caminho de outra forma reto do progresso, mais do que um tumor canceroso no corpo de outra forma sadio da sociedade civilizada; a suspeita, em suma, de que o Holocausto não foi uma antítese da civilização moderna e de*

> *tudo o que ela representa (ou pensamos que representa). Suspeitamos (ainda que nos recusemos a admiti-lo) que o Holocausto possa ter meramente revelado um reverso da mesma sociedade moderna cujo verso, mais familiar, tanto admiramos. E que as duas faces estão presas confortavelmente e de forma perfeita ao mesmo tempo. O que a gente talvez mais tema é que as duas faces não possam mais existir uma sem a outra, como o verso e o reverso de uma moeda.*[1]

Um evento-limite que nos questiona, explicita a engrenagem de nossas instituições e transcende, portanto, as questões de determinada comunidade. Bauman sustenta que a sociedade moderna e o Holocausto apresentam muito em comum: a burocracia, o espírito racional, o princípio de eficiência, a mentalidade científica, entre outros. O nazismo edificou um império industrial absolutamente eficiente e amplo. O que nos aterroriza é o fato de que seus produtos consistiam em corpos numerados, desumanizados, cadáveres, e não qualquer outro bem de consumo. Um evento que se configura como o calcanhar de Aquiles de nossa ideia de civilização, nosso ponto de fragilidade. Bauman tem como um de seus interlocutores Freud, cujas ideias e reflexões incluiu em seu primeiro livro, *Mal-estar na pós-modernidade.*

No entanto, como a psicanálise poderia entrar nesse diálogo? Há algo a contribuir aí? Houve outras questões que perpassaram os debates na rede de pesquisa Sujeito barrado ◊[2] Contemporâneo, do Fórum do Campo Lacaniano de São Paulo, a qual coordenava

---

1 Bauman, Z. (1998). *Modernidade e Holocausto* (p. 26). Rio de Janeiro: Zahar.

2 Lacan empresta o símbolo ◊ (lido como punção) da matemática para ler a relação de disjunção e conjunção do sujeito barrado com o objeto *a*, na fórmula do fantasma.

no período com mais três colegas, em que procurávamos articular o lugar e os limites da psicanálise nos debates da atualidade. No trabalho de elaboração me apercebi do objeto próprio à psicanálise, bem definido e extremamente subversivo, para abordar a atualidade e mesmo o *Shoah*. Seu objeto somente poderia consistir na *experiência do inconsciente*, descoberta por Freud e relida por Lacan e vários outros autores.

Concomitantemente, houve uma crucial conversa com meu orientador, Renato Mezan, e sua pergunta precisa: mas e a experiência? Não seria necessária a vertente da experiência própria à psicanálise para que ela pudesse acrescentar algo aos demais campos de pesquisa relacionados ao tema? Saí daquele encontro absolutamente impactada pela questão e me lembrei de outro livro inspirador, o da jornalista e ensaísta Charlotte Beradt, intitulado *Sonhos no Terceiro Reich*.[3] A autora recolheu aproximadamente trezentos sonhos de pessoas que viveram desde a ascensão até a consolidação do nazismo, entre 1933 e 1939. Ao escutar os sonhos, Beradt discerne os sinais da catástrofe, do que estaria por vir, tomando-os como fatos históricos[4] a revelar algo do coletivo e do totalitarismo em progressão.

Para nós, psicanalistas, a função primária dos sonhos não é indicar algo da conjuntura social, apesar de não se dissociarem dela. Na vertente psicanalítica, os sonhos serão lidos como formações do inconsciente que remetem ao mais singular em cada um. Escolhi então meu objeto de estudo: centrar as atenções nos escritos dos

---

3 Beradt, C. (2017). *Sonhos no Terceiro Reich: com o que sonhavam os alemães depois da ascensão de Hitler*. São Paulo: Três Estrelas.

4 Reinhart Koselleck, historiador alemão, discute esse aspecto no posfácio de *Sonhos no Terceiro Reich*, de Beradt, e, mais detalhadamente, no capítulo 12 de seu livro. Koselleck, R. (2006). *Futuro passado: contribuição à semântica dos tempos históricos*. Wilma Patrícia Maas e Carlos Almeida Pereira, Trads. Rio de Janeiro: Contraponto, PUC-Rio.

sonhos do *Shoah*, especificamente os provenientes dos campos de concentração e/ou extermínio do período.

O que teria sido possível sonhar no momento máximo do totalitarismo? Iniciei o trabalho de pesquisa sem nenhuma ideia do que poderia encontrar sobre o tema. Haveria sonhos nos campos? Imaginei neste tempo que provavelmente não seria possível sonhar nesta condição tão extremada de aniquilação do homem pelo homem e que as teorias de Freud e Lacan não mais se mostrariam válidas nesta condição. Um sonho de fome seria simplesmente e somente um sonho de fome. Afinal, como falar em desejo com tamanha privação? Parecia haver algo de insensato neste pensamento.

Ao iniciar a busca, deparei com uma infinidade de materiais, testemunhos e, surpreendentemente, sonhos. E o percurso se fez bastante desconcertante, pois, ao ler os sonhos de Auschwitz, lá estavam o terror, o traumático, claro, mas também o desejo.

A bibliografia era gigantesca e, ao longo do primeiro ano e meio de pesquisa, imaginei que poderia me debruçar no estudo de sonhos que transcorreram em Auschwitz[5] e daqueles sonhados pós-Auschwitz

5 A partir deste momento, usarei o termo Auschwitz como símbolo dos campos de concentração e extermínio. Auschwitz foi o nome com que os alemães rebatizaram, em setembro de 1939, a cidadezinha polonesa de Oświęcim, a cinquenta quilômetros de Cracóvia. O lugar ideal para construir um campo de concentração estendido por quarenta quilômetros quadrados, com mais de quarenta subcampos: isolado, portanto, fácil de esconder, e já dispondo de alojamentos numa antiga caserna do exército polaco. Sobretudo, aquele lugar estava próximo de um nó ferroviário com mais de três quilômetros de comprimento e 44 linhas. O primeiro comboio de prisioneiros chegou em 14 de junho de 1940, com 728 dissidentes poloneses e alguns judeus deportados da cadeia de Tarnów, na Polônia. Depois da visita do comandante das forças nazistas, Heinrich Himmler, no dia 1º de março de 1941, Auschwitz foi ampliado até consistir em três partes: Auschwitz I (o campo principal), Auschwitz II – Birkenau (o campo de extermínio onde estavam as câmaras de gás e os quatro fornos crematórios) e Auschwitz III – Monowitz (local das fábricas onde trabalhava a mão de obra

que retornassem à experiência lá vivenciada. Recolhia sem parar uma série de relatos e me sentia constantemente angustiada, sem saber muito bem o porquê. Num certo momento, constatei que os sonhos nestes dois tempos teriam especificidades importantes a trabalhar. O primeiro, articulado ao tempo do acontecer do terror totalitário e de seus efeitos no sonhar. O segundo, obrigatoriamente entrelaçado às questões concernentes ao campo da memória – do esquecer e do lembrar do trauma.

Após uma conversa norteadora e decisiva com uma querida interlocutora psicanalista, Isabel Napolitani, resolvi delimitar o campo de pesquisa e *centrar predominantemente nos sonhos sonhados nos campos de concentração e/ou extermínio*: sonhos relatados e depois transcritos, testemunhos orais e escritos, repetidos ou não.

escrava). Depois da Conferência de Wannsee, em 20 de janeiro de 1942, em que os vértices do Reich decretaram oficialmente a *solução final* da questão judaica, começou em Auschwitz o extermínio em massa de prisioneiros nas câmaras de gás (a partir de março de 1942). No dia 26 de fevereiro de 1943, chegou o primeiro comboio de ciganos. Segundo estimativas, em Auschwitz foram mortos mais de 1,4 milhão de pessoas, das quais cerca de um milhão eram judeus: um décimo dos que residiam na Europa naquele período da Segunda Guerra Mundial. No dia 2 de julho de 1947, o Parlamento polonês instituiu o Museu de Estado Auschwitz-Birkenau. Segre, L. (2015). *Sobreviveu a Auschwitz: uma das últimas testemunhas do Shoah* (p. 59). Emanuela Zuccalà, Ed. São Paulo: Paulinas.

3. Uma viagem aos campos

Decidi viajar à Polônia para conhecer os campos de concentração e extermínio, entrar no tema de forma mais responsável com o próprio evento. Para tal, em agosto de 2018, inseri-me num grupo da comunidade judaica que organizava uma visita guiada aos campos. Na jornada, mais que uma simples viagem, vivi emoções bastante contraditórias. Poderia iniciar a minha inquietação acompanhando Jean Cayrol[1] em suas primeiras palavras de *Noite e neblina*: "mesmo uma paisagem tranquila, mesmo um campo, com voos de urubus e rolos de feno, mesmo uma estrada onde passam carros e pessoas, mesmo um vilarejo com uma feira e um sino, pode conduzir a um campo de concentração".[2]

---

1 Jean Cayrol nasceu em Bordeaux, na França, em 1911. Durante a ocupação nazista na França, participou da resistência francesa em 1941 e foi capturado e enviado ao campo de concentração de Gusen em 1943.

2 Indico o documentário, curto e excepcional, *Noite e neblina* (*Nuit e Brouillard*), de Alain Resnais (curta-metragem, França, 1956, 33 min.), com texto do sobrevivente Jean Cayrol, para todos que desejam enfrentar a temática. É um dos primeiros documentários relativos aos campos.

Encontrei na Polônia belas paisagens, planícies inteiras entremeadas de florestas que não pareciam fazer par com o terror – traziam num primeiro plano memórias de neve, paisagens invernais europeias, a despertar somente uma sensação agradável de paz e recolhimento. Mas lá, junto a encantadoras florestas de bétulas, estavam os campos de concentração e extermínio instalados pelos alemães proposital e premeditadamente em terras polonesas. Estive em Auschwitz e seu anexo de extermínio, Birkenau, além de Majdanek e Treblinka, e uma pergunta teimava em insistir: como tamanho horror poderia ter ocorrido aqui? Uma paisagem tranquila, mas que comporta hoje o maior cemitério do mundo, pois sob ela estão as cinzas de alguns milhões de mortos.

Georges Didi-Huberman escreve uma obra rara partindo de sua dor ao visitar Auschwitz-Birkenau. Aprendemos com ele que o nome Birkenau se relaciona aos bosques de bétulas da região:

> *Bétulas de Birkenau: foram as próprias árvores – "bétulas" é* Birken; *"bosque de bétulas",* Birkenwald *– que deram nome ao lugar que os dirigentes do campo de Auschwitz julgaram por bem, como é sabido, dedicar especificamente ao extermínio das populações judaicas da Europa. . . . Na palavra* Birkenau, *a terminação* au *designa literalmente a pradaria onde crescem as bétulas, sendo portanto uma palavra para o* lugar *como tal. Mas seria também – já – uma palavra para a própria* dor, *como observou um amigo com quem eu trocava ideias a respeito: a exclamação* au!, *em alemão, corresponde à interjeição mais espontânea do sofrimento, como* aïe! *em francês ou* ai! *em português.*[3]

3 Didi-Huberman, G. (2017). *Cascas* (pp. 11-12). André Telles, Trad. São Paulo: Editora 34.

O grito e o sofrimento agora integram esta paisagem, este país. *A catástrofe do Shoah* está em toda parte. Em Majdanek, o horror se mostra escancarado, sentimos seu descomunal impacto. Os nazistas não tiveram tempo, antes da chegada do exército soviético, de destruir suas instalações e suas câmaras de gás, esconder os corpos, eliminar as cinzas. Um campo que não foi transformado em museu, como Auschwitz. Lá, atualmente, deparamos com um gigantesco memorial, erigido em 1969, contendo toneladas de cinzas humanas em seu interior: as toneladas de cinzas que restaram.

Tivemos a sorte de contar com uma guia extremamente preparada e sensível, Raquel Orensztajn,[4] que nos transmitia a todo momento, por meio de singulares testemunhos dos sobreviventes, o horror dos campos e, acima de tudo, a complexidade da temática em que estávamos adentrando. Tratou-se de um universo formulado e imposto por um regime, uma ideologia totalitária, mas posto em prática "por gente comum que vivia e atuava numa sociedade moderna não muito diferente da nossa". E não se mostrou nada fácil entrar naquele universo de terror criado por seres humanos.

Assim sintetiza Saul Friedländer:

> *A relação entre o incomum e o habitual, a fusão das potencialidades assassinas largamente compartilhadas de um mundo que é também o nosso e o furor peculiar da compulsão apocalíptica nazista direcionado contra o inimigo mortal, o judeu, deram tanto o significando universal quanto a singularidade histórica da "Solução Final da Questão Judaica".*[5]

4 Rachel Orensztajn é orientadora educacional e conferencista da Escola Internacional do Ensino do Holocausto, do Yad Vashem.

5 Friedländer, S. (2012). *A Alemanha Nazista e os Judeus: os anos de perseguição, 1933-1939* (Vol. I, p. 33). Fany Kon et al., Trad. São Paulo: Perspectiva.

Humanos aniquilando outros humanos, sistemática e industrialmente. Após Auschwitz, a representação é colocada em questão e será preciso considerar seriamente um mais além.

4. Um mais além da representação

Antes da viagem, sentia-me um tanto apreensiva e temerosa com o que poderia dela advir. Imaginei que imergiria numa tristeza avassaladora da qual não mais teria forças para me reerguer. Como seria mergulhar de cabeça nessa temática? Estar nos locais daquele acontecimento terrível e de proporções inimagináveis? Ao final, surpreendi-me, não sucumbira à tristeza abismal antes presente em meu horizonte. Havia momentos em que me afligia, emocionava, imaginava ter me aproximado um tanto do que se passara ali, especialmente quando escutava a voz embargada da guia ao ler um testemunho do vivido no local onde nos encontrávamos.

No decorrer daqueles dias, li testemunhos e diários. Falarei especialmente de um deles: *Fragmentos*, de Binjamin Wilkomirski.[1] Testemunho de um músico, historiador e pesquisador que, aos cinquenta anos, recupera fragmentos de memória de seu passado em busca da própria identidade. A narrativa nos leva a sua estada

---

1 Wilkomirski, B. (1998). *Fragmentos: memórias de uma infância, 1939-1948*. Sergio Tellaroli, Trad. São Paulo: Companhia das Letras.

forçada em alguns campos de concentração quando criança. Posteriormente, na Suíça, adotado, relata que sua mãe ordenava violentamente: "Esqueça isso! Tudo não passou de um pesadelo!". O livro me emocionou demais, especialmente ao ler uma cena tocante do reencontro dele com sua mãe biológica, quase morta nos barracões do campo. Os sonhos também me captaram na leitura: estavam lá, absolutamente reais.

Ao voltar para São Paulo, fiz uma série de recortes do livro e pensei em dedicar a ele alguma seção nestes meus ensaios. Havia um sonho riquíssimo que perpassava as recordações do narrador. No entanto, meses depois descobri, no decorrer de minhas investigações, que houve uma grande celeuma em torno do "testemunho". Tratava-se de uma "fraude"! Era mais uma obra de ficção, não existira nenhum Binjamin Wilkomirski. O nome verdadeiro do autor era Bruno Doesseker e ele não estivera de fato em nenhum campo de concentração ou extermínio. Ao saber, não pude acreditar. Como ele pôde transmitir tamanha realidade sem ter vivido nos campos?

"A tentação de delinear fronteiras entre o documento verdadeiro e o verossímil literário esbarra na evidência de que mesmo o testemunho vivido é um texto escrito e, às vezes, mais que isso: um texto literário".[2] Então, tive um *insight* bastante significativo: não há mesmo como se deslocar para aquela experiência. Há um abismo aí. Aquele livro que me fazia identificar com a vivência de uma criança no campo ensinou-me que eram somente palavras. A palavra tem grandes poderes. Mas não é toda. Tem seus limites. E, na transmissão, contamos apenas com ela. Daí se torna fundamental estarmos advertidos de sua incompletude. Maurice Blanchot, referindo-se à Gershom Scholem e ao abismo que se abriu entre alemães e judeus após o evento, escreve: "Impossível portanto de esquecê-lo, impossível de lembrá-lo. Impossível também, quando se fala dele, de falar dele – e,

---

2 Basevi, A. (2013). Silêncio e Literatura: as aporias da testemunha. *ALEA*, *15*(1), 168.

finalmente, como não há nada a dizer a não ser esse acontecimento incompreensível, é a fala só que deve levá-lo sem dizê-lo".[3]

É a fala que deve desfiar o acontecimento sem, contudo, dizê--lo. Lacan se atém ao campo da linguagem e à função da fala e nos auxilia na diferenciação dos registros – real, simbólico e imaginário[4] – concernentes à linguagem. Nesse sentido, alguns dos testemunhos portarão uma íntima articulação com o real; talvez possamos associar aquelas "palavras que carregam (*porten*), levam, transmitem, como se carrega (*porte*) uma criança na barriga e como se leva (*porte* também) um morto ao cemitério".[5] São as palavras que sabem que é impossível tudo dizer; "reconhecem seu desnudamento e, simultaneamente, ou talvez por isso mesmo, se *encarregam* da transmissão".[6] No cerne da consideração em torno dos testemunhos se assenta a dimensão do impossível, referida também como um dos nomes do real lacaniano.

Falemos um pouco mais do impossível ou inimaginável articulado à vivência e à transmissão da experiência nos campos. Vejamos como Robert Antelme,[7] sobrevivente do campo de Gandersheim e Dachau, inicia o prefácio do seu testemunho em *A espécie humana*:

---

3 Blanchot, M. (2007). *A conversa infinita 2: a experiência limite* (p. 87). João Moura Jr., Trad. São Paulo: Escuta.

4 Os três registros – real, simbólico e imaginário – estarão presentes ao longo de todo o ensino lacaniano. Podemos considerá-los os eixos epistemológicos de seu ensino. Conferir o extenso e rigoroso trabalho de Michele Roman Faria sobre o tema.

5 Gagnebin, J. M. Palavras para Hurbinek. In A. Nestrovski, M. Seligmann-Silva (Orgs.), *Catástrofe e representação* (p. 110). São Paulo: Escuta.

6 Gagnebin, J. M. Palavras para Hurbinek. In A. Nestrovski, M. Seligmann-Silva (Orgs.), *Catástrofe e representação* (p. 110). São Paulo: Escuta.

7 Robert Antelme nasceu em 1917 em Sartène, na França. Poeta e jornalista, tinha 26 anos quando, em 1943, entrou para uma unidade da resistência francesa em Paris. Um ano depois foi preso pela Gestapo e deportado para Gandersheim, até a primavera de 1945, e depois para Dachau.

> *Há dois anos, nos primeiros dias após nosso retorno, fomos todos, creio eu, tomados por um verdadeiro delírio. Queríamos falar, ser enfim ouvidos. Disseram-nos que nossa aparência física já era, por si só, bastante eloquente. Mas acabávamos de voltar, trazíamos conosco nossa memória, nossa experiência ainda viva, e experimentávamos um desejo frenético de contá-la exatamente como ela se passara. Entretanto, desde os primeiros dias parecia impossível superar a distância que descobríamos entre a linguagem de que dispúnhamos e essa experiência que, na maior parte dos casos, ainda operava em nossos corpos. Como nos resignarmos a não tentar explicar como chegáramos àquele estado? No qual ainda estávamos. Contudo, era impossível. Mas começávamos a contar, sufocávamos. A nós mesmos, o que tínhamos a dizer principiava então a nos parecer* inimaginável.[8]

É relevante que mesmo um sobrevivente no *après-coup* da experiência nos relate que começou a lhe parecer inimaginável o que tinha a narrar. Um inimaginável outro, certamente não o mesmo dos que não vivenciaram Auschwitz. Há um fosso que separa todos nós, os não sobreviventes, do que fora a vivência, ou melhor, o "invivível" da experiência dos campos. Visitei alguns campos de concentração e extermínio e ainda assim não pude imergir ou me aproximar *minimamente* daquela experiência-limite.[9]

---

8 Antelme, R. (2013). *A espécie humana* (p. 9). Maria de Fátima Oliva do Coutto, Trad. Rio de Janeiro: Record.

9 Geoffrey Hartman introduziu um novo ponto de vista em torno do debate da representabilidade ou não do Holocausto: em vez de centralizar a reflexão nos modos de reproduzir a realidade, pôr em questão a possibilidade de experienciar tal realidade. Citado em Seligmann-Silva, M. A história como trauma. In

Recorro a Marcio Seligmann-Silva ao se referir ao Holocausto, bem apoiado em Levi,[10] como um "poderoso buraco negro" na história que "reorganiza toda a reflexão sobre o real" e a "possibilidade da sua representação".[11] O autor sustenta a necessidade de uma nova concepção de representação para incluir o Holocausto. Retoma Friedländer, cientista político, historiador, o qual sublinha o "excesso" daquele evento: "esse excesso não pode ser definido, exceto via uma afirmação geral sobre algo que deve ser posto em frases mas não pode sê-lo".[12] Friedländer tenta delinear um limite para a representação do Holocausto, exatamente pela afirmação da ausência de limites de seu objeto. Como poderíamos representar algo que vai além de nossa capacidade de imaginar e representar?

O excesso pode também ser abordado como a via de acesso para o real lacaniano, articulado ao objeto *a*, um operador lógico que Lacan inventa para nos permitir operar e orientar uma análise. Lacan formaliza nesse registro uma impossibilidade lógica de partida. Não há como acessá-lo. Estaríamos nesse campo no mais além de representação. Entretanto, como tratar o mais além da representação, o *inimaginável*, se não conseguimos acessá-lo por definição? Uma

---

A. Nestrovski, M. Seligmann-Silva (Orgs.), *Catástrofe e representação* (pp. 83-84). São Paulo: Escuta.

10 Primo Levi refere-se aos campos de extermínio, como Treblinka ou Chelmno, como "buracos negros", pois não forneciam trabalho, não eram campos de concentração, "mas 'buracos negros' destinados a homens, mulheres, crianças cuja única culpa era de serem judeus, onde se descia dos trens somente para entrar nas câmaras de gás, das quais ninguém saiu vivo". O autor marca em seu artigo a diferença entre os campos nazistas e os *Gulags* soviéticos. Levi, P. (2016). Buraco negro de Auschwitz. In P. Levi, *A assimetria e a vida: artigos e ensaios 1955-1987* (p. 157). São Paulo: Unesp.

11 Seligmann-Silva, M. (2000). A história como trauma. In A. Nestrovski, M. Seligmann-Silva (Orgs.), *Catástrofe e representação* (p. 75). São Paulo: Escuta.

12 *Ibid.*, p. 78.

questão importante para Lacan, que se preocupa em mostrar que "o que escapa à linguagem tem uma função lógica".

Michele Roman Faria esclarece que "o que não pode ser simbolizado não deve ser reduzido a um resto que ficaria simplesmente fora do alcance da linguagem, mas que esse resto tem uma função de causa da própria estrutura que a linguagem empresta ao inconsciente".[13] Não temos acesso ao real por definição,[14] contudo, podemos escrevê-lo e assim operar com ele na direção de um tratamento analítico e na leitura do inconsciente.

Didi-Huberman se detém, com outros referenciais, precisamente nesse ponto após sua visita a Auschwitz-Birkenau. Articula que tal espaço de dor o faz enunciar, como todos os outros: "É inimaginável", porém defende a necessidade de diferenciar o inimaginável que corresponde à "experiência vivida" de outro mais ligado à "experiência concebida". É preciso conceber o inimaginável ou corremos o risco de "realizar o próprio anseio dos idealizadores da 'Solução Final', que a queriam, com efeito, inimaginável, impensável e invisível aos olhos do mundo circundante".[15] O filósofo ainda sustenta, partindo de algumas cascas de bétulas e um punhado de fotografias, que é nosso dever imaginar o inimaginável:

> *"Isto é inimaginável". Foi o que eu disse, claro, como todo mundo. Mas, se devo continuar a escrever, ajustar o foco, fotografar, montar minhas imagens e pensar isso tudo, é precisamente para tornar uma frase desse tipo*

---

13 Faria, M. R. (2019). *Real, simbólico e imaginário no ensino de Lacan* (p. 20). São Paulo: Toro.

14 "Esse real de que estou falando, o discurso analítico é a conta certa para nos lembrar que o acesso a ele é o simbólico. Não acessamos o referido real senão no e através do impossível que somente o simbólico define". Lacan, J. (2012). *O seminário* (Livro XIX, p. 136). Rio de Janeiro: Zahar.

15 Didi-Huberman, G. (2017). *Cascas* (p. 97). São Paulo: Editora 34.

> *incompleta. Cumpriria dizer: "Isso é inimaginável, logo devo imaginá-lo apesar de tudo." Para representar alguma coisa pelo menos, um mínimo do que é possível saber.*[16]

O inimaginável deve ser imaginado, mesmo sabendo que é impossível representá-lo. É curioso notar que o sonho imagina uma cena, ou alguns recortes de cenas, e realiza a figuração de representações. O inimaginável, articulado ao real, e o imaginável, da ordem do simbólico, conjugam-se para sua formação.

16 *Ibid.*, p. 30.

5. O pesquisador e os testemunhos

Shemà[1]

Vós que viveis seguros
Em vossas casas aquecidas
Vós que achais voltando à noite
Comida quente e rostos amigos:

Considerai se isto é um homem.
Que trabalha na lama
Que não conhece paz
Que luta por um naco de pão
Que morre por um sim ou por um não
Considerai se isto é uma mulher,

---

1 Em hebraico, *Shemà* significa "Escuta!". É a primeira palavra da prece fundamental do judaísmo em que se afirma a unidade de Deus. Alguns versos do poema representam uma paráfrase dela.

Sem cabelos e sem nome
Sem mais força de recordar
Vazios os olhos e frio o ventre
Como uma rã no inverno.

Meditai que isto aconteceu:
Vos comando estas palavras.
Gravai-as em vossos corações
Estando em casa, caminhando na rua,
Deitando, levantando:
Repeti-las a vossos filhos.
Ou que vossa casa se desfaça,
A doença vos impeça,
Vossa prole desvie o rosto de vós.

Primo Levi[2]

Nesta seção, incluo uma inquietação que justificadamente não cessa de se fazer presente a muitos sobreviventes, pesquisadores, filósofos, historiadores, cientistas sociais, psicanalistas: o que podemos fazer como civilização para não repetir os campos? Questão à qual me sinto absolutamente concernida, apesar de não se articular diretamente ao meu propósito na pesquisa. Logo, apoiada por autores de referência, trarei somente breves entradas ao tema.

Theodor Adorno, sobrevivente, filósofo da Escola de Frankfurt, foi um dos primeiros a se debruçar e refletir sobre essa inquietação,

2 Levi, P. (2019). *Mil sóis: poemas escolhidos* (pp. 24-25). Maurício Santana Dias, Trad. São Paulo: Todavia.

tornando-a o fundamento de sua conhecida transformação do imperativo categórico kantiano:

> *Hitler impôs um novo imperativo categórico aos homens em estado de não-liberdade: a saber, direcionar seu pensamento e seu agir de tal forma que Auschwitz não se repita, que nada de semelhante aconteça. Esse imperativo é tão resistente à sua fundamentação como outrora o ser-dado [*die Gegebenheit*] do imperativo kantiano. Querer tratá-lo de maneira discursiva é blasfemo: nele se deixa sentir de maneira corpórea [*leibhaft*] o momento, no ético, de algo que vem por acréscimo [*des Hinzutretenden*].*[3]

Adorno postula, alguns anos após a Segunda Guerra, este novo imperativo categórico para a humanidade. Um imperativo que comenta ter sido imposto, não mais escolhido. Segundo o autor, não se mostra mais factível uma legislação universal ancorada na autonomia e na responsabilidade moral de uma humanidade esclarecida depois de termos vivenciado um modo de razão orientado para a aniquilação de outros seres vivos. Gagnebin comenta o trecho adorniano e enfatiza a sua indignação absoluta diante do horror. Uma indignação que faz nascer uma *ética* a fim de que nunca mais algo semelhante a Auschwitz possa vir a ocorrer.

Indignação compartilhada por Levi, que a expressa, anos após a libertação dos campos, no ensaio "Um passado que acreditávamos não mais voltar":

> *Se há 29 anos, na libertação dos campos de concentração, alguém predissesse que o mundo livre, pelo qual estávamos*

3 Citado em: Gagnebin, J. M. (2009). Após Auschwitz. In J. M. Gagnebin, *Lembrar escrever esquecer* (pp. 74-75). São Paulo: Editora 34.

> *para ser reabsorvidos, viria a ser menos que perfeito, não teríamos acreditado. Acharíamos um absurdo, uma hipótese tão idiota que não poderia ser levada em consideração.*
>
> *Era um sonho ingênuo, mas todos o tivemos: nossa experiência nos teria parecido sem o menor sentido, portanto ainda mais cruel, a morte de nossos companheiros teria parecido mais injusta se pudéssemos prever que aquele fascismo que havíamos combatido, que nos reduzira a escravos, que nos marcara como gado, estava derrotado, mas não morto, e se transplantaria de país em país. Nossa condição de prisioneiros sem prazo, condenados sem processo a uma existência de fome, surras, frio, cansaço e, no fim, à morte por gás como os ratos, era em si tão injusta que, pensávamos, teria sido mais do que suficiente para desqualificar o nazifascismo aos olhos de todos, para demonstrar sua iniquidade, assim como os teoremas demonstram a verdade da geometria: aliás, para fazê-lo desaparecer por gerações, talvez para sempre.*
>
> *Só quem não quisesse ver não veria: os testemunhos eram tão abundantes e eloquentes que qualquer ser pensante deveria perceber que aquilo que foi chamado de universo concentracionário, na Alemanha nazista e nos países ocupados e aliados, não era de modo algum um fenômeno secundário e acessório, mas a própria essência do fascismo, seu coroamento, sua realização última e definitiva.*[4]

Levi concebe o universo concentracionário como a realização máxima do nazifascismo e nos lembra como era completamente

---

4 Levi, P. (2016). Um passado que acreditávamos não mais voltar. In P. Levi, *A assimetria e a vida: artigos e ensaios 1955-1987* (pp. 53-54). São Paulo: Unesp.

absurdo e descabido para os sobreviventes imaginar que depois de Auschwitz o mundo continuaria exatamente o mesmo, como se nada tivesse transcorrido. Auschwitz faria certamente uma função de corte, de parada: *Não mais, nunca mais!*

Hoje, passados 75 anos da libertação de Auschwitz, perguntamo--nos, mais uma vez, o porquê de não conseguirmos tirar lições daí. Tampouco conseguimos nos livrar do peso de Auschwitz. Kertész interroga: "como pode o mundo se livrar de Auschwitz, do peso do Holocausto?". E um pouco adiante responde: "Seja como for, as décadas ensinaram que a única via para a libertação passa sempre pela lembrança".[5]

Freud aponta o caminho da "perlaboração", do enfrentamento da doença, das lembranças, para se fazer possível não mais repetir em ato o passado.[6] Os autores referidos são unânimes em marcar quão imprescindível e necessário se torna cuidar da memória, do lembrar, não esquecer o horror dos campos, para o nosso caminhar como civilização: não mais repetir o mesmo. No entanto, parece um alerta de pouca função. Se, por um lado, chama a atenção o paradoxal interesse dedicado ao *Shoah* em nossa cultura, uma vez que se tornou um dos eventos mais abordados pelo cinema, pela literatura testemunhal, pela comunidade científica, por outro, mais e mais se erige um muro de indiferença em torno do assunto. É mais fácil ainda esquecê-lo quanto mais nos aproximamos da morte dos últimos sobreviventes, das últimas testemunhas diretas. Há os que sabem e não querem, ou podem, se defrontar com o tema. Mas há aqueles que ignoram completamente o assunto, desconhecem a

---

5 Kertész, I. (2004a). A quem pertence Auschwitz? In I. Kertész, *A língua exilada* (pp. 173-174). Paulo Schiller, Trad. São Paulo: Companhia das Letras.

6 Para Freud, repetir é também lembrar, mas em ato, sem elaboração. Um texto de referência freudiano sobre o tema é "Recordar, repetir e elaborar" (1914). As propostas terapêuticas de Freud contidas neste texto foram tomadas por Paul Ricœur para melhor compreender os processos coletivos de elaboração do passado.

existência dessa catástrofe na história. Em nosso país, e mesmo na Europa, muitos jovens ignoram o que representa o termo Auschwitz. E no último caso nem se coloca a questão do esquecer ou lembrar.

Gagnebin nos recorda que o esquecimento ou a denegação de genocídios perpetrados na história não se dão sem consequências. Ela relembra um argumento decisivo utilizado por Hitler em sua política de extermínio, em 21 de agosto de 1939: "Eu dei ordem às unidades especiais da SS de se apoderarem do *front* polonês e de matarem sem piedade homens, mulheres e crianças. Quem ainda fala dos extermínios dos armênios, hoje?".[7] O genocídio armênio, perpetrado em 1915 pelo governo turco, e sobretudo sua denegação constante e ativa (até hoje a comunidade internacional não o reconheceu e poupa os interesses dos dirigentes turcos) forneceram um argumento a Hitler para similarmente exterminar os judeus. Por isso, lutar contra o esquecimento e a denegação não deixa de ser também uma luta contra a repetição do horror.

Com relação ao trabalho de manutenção da memória, vale dizer que a comunidade judaica e suas instituições o realizam primorosamente. Construíram numerosos museus que se dedicam a transmitir o ocorrido no *Shoah* e rememorar a história, a dar lugar aos testemunhos e nomear os mortos. E a pergunta insiste: por que é tão difícil o *Shoah* ensinar? Vejamos algumas hipóteses. O *Shoah* deveria ter sido tomado como um tema para a *humanidade*, e não como relativo apenas à história judaica ou alemã. O *Shoah* ensina a respeito dos riscos das ideologias totalitárias, das ambiguidades do humano e de sua tendência a subjugar e eliminar o diferente, o estrangeiro. Ainda corremos o risco a todo momento de a memória do *Shoah* restar no passado, desarticulada do presente ou do futuro: restringir-se a uma reverência às vítimas, mantendo-se num círculo

7 Citado em: Gagnebin, J. M. (2009). Verdade e memória do passado. In J. M. Gagnebin, *Lembrar escrever esquecer* (p. 47). São Paulo: Editora 34.

de "culpabilidade", "autoacusação" ou "autojustificação".[8] É nosso dever não repetir *no presente* qualquer tipo de violência que se assemelhe ao que lá transcorreu, até porque não haveria como repeti-lo identicamente: nunca se sucederam repetições assim na história. Talvez seja importante ainda outro apontamento, o de que o *Shoah* foi único: erigiu-se um universo concentracionário de terror, dotado de suas próprias leis, que se realizou integralmente nos campos.

Levi sublinha brilhantemente que, se o Terceiro Reich tivesse ganho a guerra, talvez estivéssemos vivendo nos dias de hoje numa sociedade de senhores absolutos e escravos:

> *O caráter experimental dos campos de concentração hoje é evidente e provoca intenso horror retrospectivo. Hoje sabemos que os campos de concentração alemães, tanto os de trabalho quanto os de extermínio, não eram, digamos, um subproduto de condições nacionais de emergência; não era uma triste necessidade transitória, mas sim os primeiros precoces rebentos da Nova Ordem. Na Nova Ordem, algumas raças humanas (judeus, ciganos) seriam extintas; outras, como os eslavos em geral e os russos em especial, seriam subjugadas e submetidas a um regime de degradação biológica precisamente estudado, para transformar seus*

8 Jeanne Marie Gagnebin trabalha este importante aspecto no seu artigo: "O que significa elaborar o passado?": "A aproximação operada por Ricœur entre o trabalho de elaboração, que permite sair da repetição, e o trabalho de luto, que possibilita uma nova ancoragem na vida, sugere que haja muitas afinidades ente a compleição melancólica e a 'obsessão comemorativa' que descreve Pierre Nora, obsessão denunciada por Todorov em seu pequeno panfleto citado no início deste texto. Uma obsessão que também pode reinstalar, infinitamente, os sujeitos sociais num círculo da culpabilidade, da autoacusação e da autojustificação, que permite, em suma, permanecer no passado em vez de ter coragem de ousar enfrentar o presente". Gagnebin, J. M. (2009). O que significa elaborar o passado? In J. M. Gagnebin, *Lembrar escrever esquecer* (p. 105). São Paulo: Editora 34.

> *indivíduos em bons animais de trabalho, analfabetos, sem qualquer iniciativa, incapazes de se rebelar e de criticar.*
>
> *Portanto, os campos de concentração foram, substancialmente, "instalações piloto", antecipações do futuro destinado à Europa nos planos nazistas. À luz dessas considerações, frases como a de Auschwitz, "O trabalho liberta", ou como a de Buchenwald, "A cada um, o seu", assumem um significado preciso e sinistro. São antecipações das novas tábuas da Lei ditada pelo patrão ao escravo e válida só para este último.*
>
> *Se o fascismo tivesse prevalecido, a Europa inteira estaria transformada num complexo sistema de campos de trabalho forçado e de extermínio, e tais palavras, cinicamente edificantes, seriam lidas na porta de entrada de todas as fábricas e de todos os canteiros de obras.*[9]

Sim, podemos e devemos estudar e aprender com a unicidade do *Shoah*. No entanto, paradoxalmente, não podemos defender a unicidade exclusivamente. Ele é similarmente um evento, dentre outros, produzido por uma ideologia totalitária. É *um entre outros*. O risco de tomá-lo somente em sua unicidade é o de não o tornarmos um exemplo com possibilidade de ensinar.[10] O efeito é a história reeditar mais e mais semelhantes mecanismos de exclusão, violência, aniquilação.

Tzvetan Todorov tirou algumas lições de Auschwitz em seu precioso trabalho *Diante do extremo*. Como efeito deste percurso, preconiza que precisaríamos nos tornar concomitantemente testemunhas,

---

9 Levi, P. (2016). Arbeit Macht Frei. In P. Levi, *A assimetria e a vida: artigos e ensaios 1955-1987* (pp. 12-13). São Paulo: Unesp.

10 Todorov diferencia a reminiscência literal e a exemplar, apontando os riscos da primeira. Todorov, T. (2017). *Diante do extremo* (pp. 374-375). Nícia Adan Bonatti, Trad. São Paulo: Unesp.

juízes e intérpretes de tal evento e, assim, agir em três frentes: "na manutenção da memória, no julgamento que fazemos sobre o passado e nas lições que tiramos dele".[11] Não basta preservarmos a memória e reviver os princípios da justiça, devemos igualmente nos empenhar em compreender as razões profundas da existência de Auschwitz. Sim: compreender o incompreensível. Dessa forma, Todorov propõe que nos debrucemos a sério na questão: "Por que e como o mal acontece?".[12] Um questionamento que em nenhuma hipótese se confunde com desculpar os nazistas. O autor sustenta que, se bem compreendemos algum acontecimento, podemos julgá-lo mais crítica e seriamente, extrair alguma lição daí. Isso porque os acontecimentos jamais revelam sozinhos seu sentido, não são transparentes por si mesmos. Assim, para que possam nos ensinar algo, os acontecimentos devem ser interpretados.

É provável que o compreender proposto por Todorov tenha sido influenciado pela proposta adorniana de uma *Aufklärung*, ou esclarecimento. *Aufklärung* é "o que fala com clareza à consciência racional – contra a magia, o medo, a superstição, a denegação, a repressão, a violência".[13] Adorno sustenta que o realmente importante consiste na maneira pela qual o passado é tornado presente: se ele "permanece na mera recriminação ou se resiste ao horror através da força de ainda compreender o incompreensível".[14]

Não é uma tarefa qualquer entrarmos para valer nas interrogações que nos são impostas num evento de tal dimensão. Como sublinha Didi-Huberman: "Enfrentar esse assunto com certa precisão volta

---

11 Todorov, T. (2017). *Diante do extremo* (p. 367). Nícia Adan Bonatti, Trad. São Paulo: Unesp.

12 *Ibid.*, pp. 375-376.

13 Gagnebin, J. M. (2009). O que significa elaborar o passado. In J. M. Gagnebin, *Lembrar escrever esquecer* (pp. 101-102). São Paulo: Editora 34.

14 Citado em: Gagnebin, *Lembrar escrever esquecer* (p. 102). São Paulo: Editora 34.

a nos perturbar e nos transformar para sempre".[15] Talvez a primeira dificuldade a enfrentar resida no fato de que as histórias extremadas de sofrimento nos perturbam e torna-se penoso aproximar-se delas, escutá-las. Logo, tendemos a arrastar para fora de nós o que nos perturba, a denegá-lo.

Observemos que o pesadelo de narração de Levi porta algo dessa assertiva. Ele retorna dos campos, chega em casa, encontra sua irmã, seus amigos, precisa desesperadamente narrar os horrores que vivenciou, no entanto, todos lhe são indiferentes. O pesadelo de Levi se tornou realidade para muitos sobreviventes que retornaram dos campos e encontraram pessoas que se recusavam a acreditar e igualmente a escutar suas histórias, "pois se o fizessem seriam obrigados a repensar radicalmente suas próprias vidas".[16]

Gagnebin propõe que nos tornamos uma testemunha quando conseguimos escutar esse inenarrável. A testemunha não seria mais apenas aquela que viu com seus próprios olhos, ou seja, a testemunha direta. A testemunha se tornaria também aquela

> *que não vai embora, que consegue ouvir a narração insuportável do outro e que aceita que suas palavras levem adiante, como num revezamento, a história do outro . . . [não] por culpabilidade ou compaixão, mas somente porque a transmissão simbólica, assumida apesar e por causa do sofrimento indizível, somente essa retomada reflexiva do passado pode nos ajudar a não repeti-lo infinitamente, mas a ousar esboçar um outra história, a inventar o presente.*[17]

---

15 Didi-Huberman, G. (2017). *Cascas* (p. 105). São Paulo: Editora 34.

16 Todorov, T. (2017). *Diante do extremo* (p. 371). São Paulo: Unesp.

17 Gagnebin, J. M. (2009). Memória, história, testemunho. In J. M. Gagnebin, *Lembrar escrever esquecer* (p. 57). São Paulo: Editora 34.

Escutar os testemunhos e se orientar para um movimento de retomada reflexiva do passado talvez reclame uma articulação em dois tempos, duas voltas. A primeira delas se dá na confrontação com o horror. O testemunho do horror nos toca, somos afetados por ele. Ele se endereça a nós e, sem perceber, também nos tornamos uma testemunha, ouvintes do horror, sem sermos capazes de dar um destino a esse afeto. Recorro à minha experiência no tempo de produção da pesquisa. Num primeiro tempo fui tomada pela inibição – o inimaginável tende a nos paralisar –, especialmente após topar com a advertência de Levi e suas ressalvas quanto ao referencial psicanalítico. Levi não crê que nós, psicanalistas, estejamos aptos a explicar a vivência dos campos, uma vez que nosso saber foi construído e verificado "fora" dos campos, "no mundo que por simplicidade chamamos de civilizado".[18] A teoria da neurose se mostra insuficiente e descabida para adentrar o que lá ocorrera. Ao ler seu alerta, fez-se premente mais ainda a questão: como, então, nos aproximar e entrar teoricamente nesse campo de estudo? Restaria a nós somente testemunhar o inimaginável? O que mais poderíamos fazer na condição de pesquisadores e psicanalistas? Como tratar o tema de forma respeitosa com a experiência transcorrida dos sobreviventes, sem interpretações selvagens e descabidas? Estava sem ação, não sabia o que poderia ou não ousar elaborar acerca do tema.

Mas há ainda outra interferência na escuta dos testemunhos. Sabemos que, independentemente do objeto de pesquisa, o pesquisador se encontra sempre subjetivamente implicado, muitas vezes sem o saber. No caso dos testemunhos, há uma especificidade a mais: o endereçamento transferencial. As testemunhas se endereçam a nós e nos pedem uma posição de ouvintes e destinatários perante o sofrimento inenarrável que tentam descrever. Trata-se de

18 Levi, P. (1990). *Os afogados e os sobreviventes* (p. 48). Luiz Sérgio Henriques, Trad. Rio de Janeiro: Paz e Terra.

uma transferência particular, maciça, provavelmente articulada à própria estrutura do universo concentracionário, na qual se rompe a possibilidade de endereçamento e testemunho.

Nesse sentido, é valioso o relato de Shoshana Felman, educadora, que se põe a refletir, pela escrita, sobre a alteração significativa que se instalou em sua turma depois de uma proposta de trabalho transformativa e performativa em torno de testemunhos. Após assistirem em vídeo ao testemunho de uma sobrevivente, o grupo imerge numa significativa crise de angústia:

> *Estavam obcecados. Se sentiam à parte e, ao mesmo tempo, não se sentiam totalmente juntos. Buscavam-se uns aos outros, mas achavam, ainda assim, que não conseguiam se alcançar. Continuavam se voltando uns para os outros e para mim. Se sentiam sozinhos, repentinamente, privados de seus vínculos com o mundo e de uns com os outros. Enquanto escutava eles se descarregarem, me dei conta de que a classe estava se sentindo perdida, desorientada e desenraizada.... Dei-me conta, ao mesmo tempo, de que as consequências imprevisíveis da projeção eram, em si mesmas, uma intensificação psicanalítica da maneira pela qual a classe se sentia ativamente* endereçada, *não somente pelo vídeo, mas também pela intensidade e intimidade do envolvimento com o testemunho ao longo do curso.*[19]

Os alunos parecem ter se sentido intensamente implicados pela intimidade e pela força dos testemunhos e foram enredados

19 Felman, S. (2000). Educação e crise... In A. Nestrovski, M. Seligmann-Silva (Orgs.), *Catástrofe e representação* (p. 60, grifo meu). São Paulo: Escuta.

afetivamente. Outros autores também observaram a mesma especificidade no trabalho testemunhal. Friedländer notou que os historiadores alemães e judeus, e igualmente os de qualquer outra procedência, não podiam evitar "certa transferência frente a esse passado".[20] Seligmann-Silva cita e afirma que a escrita do Holocausto se faz como um "trabalho transferencial, como necessidade de dominar um trauma". E completa: "Não pode haver mais espaço para uma antiquada objetividade dentro desse registro da história como trauma".[21] Não há mais, portanto, nenhuma ilusão de objetividade, o pesquisador está absolutamente enredado e afetado ao entrar no território dos testemunhos.

E, de certa maneira, traumatizamo-nos ao escutar os testemunhos. A morte, que está para todos e a qual procuramos evitar a qualquer custo, numa pesquisa como essa não cessa de se fazer presente. Dessa forma, nossa tendência imediata é nos identificarmos com a testemunha, sermos tomados pelo sofrimento, pela compaixão ou pelo ódio contra os algozes. Todavia, há um risco nessa primeira aproximação. E o risco consiste em nos mantermos girando em torno do mesmo eixo, num beco sem saída, paralisante e pouco transforma(dor). A complexidade e a obscuridade do evento nos pedem uma volta a mais, que não se faz sem um necessário deslocar-se do lugar primeiro no qual fomos instalados transferencialmente. É preciso cavarmos um pequeno intervalo que nos permita fazer perguntas, compreender o incompreensível, uma retomada reflexiva, como indica Gagnebin, e ademais poder ainda interpretar os testemunhos a partir de um determinado referencial teórico-clínico.

Lerei os sonhos a partir do referencial teórico-clínico psicanalítico, trazendo questões que se impuseram no texto do sonhar

---

20 Friedländer, S. (2012). *A Alemanha nazista e os judeus: os anos de perseguição, 1933-1939* (Vol. I, p. 33). São Paulo: Perspectiva.

21 Seligmann-Silva, M. (2000). A história como trauma. In A. Nestrovski, M. Seligmann-Silva (Orgs.), *Catástrofe e representação* (p. 89). São Paulo: Escuta.

particular dessa condição-limite. Apoio-me no arcabouço teórico construído por Sigmund Freud e por Jacques Lacan, que nos permite interpretar o sonho a partir de certos paradigmas e referenciais. Os sonhos foram tratados mais precisamente como *testemunhos do inconsciente*: testemunhos do próprio funcionamento do inconsciente nos campos de concentração e extermínio.

Retornando à proposta de Todorov, talvez o evento exija que sejamos mais que meros narradores, ouvintes ou passadores de sonhos. É preciso que também sejamos intérpretes e, quem sabe, juízes.

6. Sonho e testemunho

Hoje não tenho a certeza de que aquilo
que escrevi seja verdadeiro.
Tenho a certeza de que é verídico.

Charlotte Delbo[1]

O sonho inaugura a possibilidade de um testemunho *inconsciente*. Felman sublinha que Freud concebe que "de fato *existe* algo como um *testemunho inconsciente* e que esse testemunho não proposital e não intencional tem, como tal, um valor heurístico e um valor investigativo incomparáveis".[2] Podemos considerar que a psicanálise repensa e renova o próprio conceito de testemunho ao reconhecer que "não é necessário *possuir* ou *ser dono* da verdade para testemunhar sobre ela", pois o discurso é sempre "testemunhal sem o saber".[3] Aquele

1 Delbo, C. (2018). *Auschwitz e depois* (p. 11). Joana Morais Varela, Trad. Lisboa: BCF.

2 Felman, S. (2000). Educação e crise... In A. Nestrovski, M. Seligmann-Silva (Orgs.), *Catástrofe e representação* (p. 27). São Paulo: Escuta.

3 *Ibid.*

que fala testemunha uma verdade que continuamente lhe escapa, justamente porque a verdade lhe é inacessível. É instrutivo observar que Freud afirma a possibilidade de um testemunho inconsciente por meio de seu próprio testemunho.

Em *A interpretação dos sonhos*, Freud se fez uma testemunha no momento que nos apresentou seu próprio sonho, o da injeção de Irma, a fim de exemplificar sua nova forma de interpretar os sonhos. Assim, inaugurava um modelo singular de formação do conhecimento a partir do processo testemunhal: "O testemunho inconsciente de um sonho – na sua confluência com o testemunho de outros sonhos – é transformado em caminho pioneiro do testemunho consciente de uma *teoria* universal *dos sonhos*, que, por sua vez, funda por si mesma toda a *teoria psicanalítica*".[4]

Nesse sentido, podemos tomar *A interpretação dos sonhos* como a "obra testemunhal mais revolucionária"[5] de Freud. Uma obra que permaneceu como ponto de ancoragem e sustentação dentro de seu processo de construção de conhecimento. Também é significativo considerar que Freud relaciona a escrita desse monumental testemunho à morte de seu pai. Escreve no prefácio à segunda edição:

> *Pois para mim este livro ainda tem uma outra importância subjetiva, que pude compreender apenas após terminá-lo. Ele se mostrou como uma parte de minha autoanálise, como minha reação à morte de meu pai, ou seja, ao acontecimento mais significativo, à perda mais decisiva, na vida de um homem. Depois de*

4 *Ibid.*, p. 28.

5 *Ibid.*

> *reconhecer isso, me senti incapaz de apagar as marcas dessa influência.*[6]

Freud articula o seu processo de luto, a sua reação à morte da pessoa mais importante de sua vida, à escrita de sua obra testemunhal mais revolucionária.

Felman enlaça sonho e testemunho de uma maneira interessante, destacando o quão surpreendente pode ser considerada a forma como, no sonho, uma generalidade se articula ao acidental, às "contingências de um sonho particular, idiossincrático e sintomático".[7] O acidente aqui reside no próprio sonho, que, paradoxalmente, somente pode ser conhecido "ao mesmo tempo prematuramente e apenas após sua consumação", a partir de seus efeitos para o sonhador. Ou seja, podemos dizer que o "acidente" é conhecido tanto à medida que "persegue" a testemunha quanto "pelo fato de a testemunha, por sua vez, persegui-lo".[8]

Para transmitir essa reflexão, é sensível e precioso o sonho de José Leonilson, que assim relata um sonho repetitivo:

> *É a segunda vez que eu sonho que eu tenho medo de uma pessoa que vive livre assim fora. Ele vive fora de casa e é completamente lírico, é um pan.*
>
> *Toda vez que vejo ele se aproximar, eu fecho a porta. Fico fechando fechadura por fechadura, os trincos, tudo. Sei que ele é totalmente inofensivo, quer dizer, não sei*

---

6 Freud, S. (2017a). *A interpretação dos sonhos* (p. 6). Renato Zwick, Trad. Porto Alegre: L&PM.

7 Felman, S. (2000). Educação e crise... In A. Nestrovski, M. Seligmann-Silva (Orgs.), *Catástrofe e representação* (p. 29). São Paulo: Escuta.

8 *Ibid.*, p. 35.

> *nada. Nem sei por que fecho tanto as portas, fico horas fechando as fechaduras das portas.*
>
> *Mas fico horas fechando as fechaduras das portas. E ele fica tocando as grades da janela, tipo uma harpa, e não consigo encarar, não consigo nem pensar nisso.*[9]

O sonho está nesse lugar de alteridade, acidente, que "fica tocando as grades da janela, tipo uma harpa", e o sonhador tem dificuldade de encará-lo, mesmo o sabendo inofensivo. O *Unheimliche*,[10] o inquietante, o estranho em cada um de nós se faz presente.

O aspecto da compulsão à repetição se apresenta quando o acidente *persegue a testemunha*. A testemunha é "ao mesmo tempo coagida e atada ao que, no impacto inesperado do acidente, é igualmente incompreensível e inesquecível". Há algo de que a testemunha não consegue se desgarrar; o acidente não a solta. Porém, se por outro lado é a testemunha quem *persegue o acidente*, isso provavelmente ocorre "porque a testemunha, ao contrário, entendeu que uma liberação pode se processar e que a acidentalização é, inesperadamente, também, de alguma forma, uma libertação".[11]

No caso dos sonhos de Auschwitz, houve os dois movimentos: numerosos sonhos e pesadelos que perseguiram os sobreviventes e também sonhadores que perseguiram seus sonhos, talvez por terem

9 Em 1990, o artista José Leonilson, aos 33 anos, começa a gravar em fita cassete um diário íntimo, impactado pela descoberta de ser portador de HIV. Retirado do documentário *A paixão de JL*, de Carlos Nader (1h22min, Brasil, 2015, disponível no Canal Curta!).

10 *Heimlich* significa familiar. O termo precedido pelo prefixo un- já remete ao infamiliar, ou ao estranho familiar. Referência ao texto freudiano "O infamiliar", de 1919. Freud, S. (2019). *O infamilar [Das Unheimliche]*. Ernani Chaves e Pedro Heliodoro Tavares, Trad. Belo Horizonte: Autêntica.

11 Felman, S. (2000). Educação e crise... In A. Nestrovski, M. Seligmann-Silva (Orgs.), *Catástrofe e representação* (p. 35). São Paulo: Escuta.

lhes dado intuitivamente o estatuto de testemunho inconsciente. Nesse sentido, diria que todos os sonhadores da pesquisa foram testemunhas de um "acidente" e ainda que seus sonhos se fizeram, por si mesmos, testemunhos inconscientes.

7. A sobrevivência do sujeito

Primeiro, desapareceram mesmo os vaga-lumes? Desapareceram todos? Emitem ainda – mas de onde? – seus maravilhosos sinais intermitentes? Procuram-se ainda em algum lugar, falam-se, amam-se apesar de tudo, apesar do todo da máquina, apesar da escuridão da noite, apesar dos projetores ferozes?

Didi-Huberman[1]

Comecemos com uma formulação de Hanna Arendt em *Origens do totalitarismo*. A autora concebe que são necessários três passos para uma dominação total do humano: o aniquilamento da pessoa jurídica, da pessoa moral e da pessoa individual. Quanto ao primeiro, propõe que "a destruição dos direitos de um homem, a morte de sua pessoa jurídica, é a condição primordial para que seja inteiramente

1 Perguntas com as quais Didi-Huberman inicia a parte "Sobrevivências". Didi-Huberman, G. (2011). *Sobrevivência dos vaga-lumes* (p. 45). Vera Casa Nova e Marcia Arbex, Trad. Belo Horizonte: UFMG.

dominado",[2] pois, quando desamparado pelas leis, o ser humano se torna um indivíduo sem qualquer proteção ou direito de reinvindicação. O segundo passo faz com que os sentimentos humanos deixem de ter significado. E o terceiro, o mais difícil dos passos do aniquilamento, objetiva destruir o desejo e os gestos de espontaneidade dos seres humanos. Dessa forma, destrói-se "a capacidade do homem de iniciar algo novo com seus próprios recursos".[3]

Realizei nesta travessia que o totalitarismo, em sua máxima realização – os campos de concentração e extermínio –, não se fez capaz de aniquilar o sujeito do inconsciente, ou o sujeito desejante. Na linguagem de Arendt, podemos nos remeter aos passos dois e três, o moral e o individual, que não puderam ser eliminados. Assim enuncia David Rousset,[4] sobrevivente de Buchenwald: "Poucos concentracionários regressaram, e sãos, ainda menos. Quantos não serão mais do que cadáveres vivos, incapazes de outra coisa que não o repouso e o sono! No entanto, em todas as cidades deste estranho universo os homens resistiram".[5]

Uma resistência que associo neste escrito ao desejo e ao sujeito na concepção psicanalítica. Podemos afirmar que é o sujeito do inconsciente que se manifestou de modo intermitente, raro, como os vaga-lumes referidos por Didi-Huberman. A metáfora trazida pelo autor de *Sobrevivência dos vaga-lumes* nos convoca a refletir sobre o que poderia ser uma política da sobrevivência.

---

2 Arendt, H. (2006). *Origens do totalitarismo* (p. 502). São Paulo: Companhia das Letras.

3 *Ibid.*, p. 506.

4 David Rousset nasceu em 1912 em Roanne, na França. O filósofo e autor francês foi capturado pela Gestapo em 1943 e deportado para Buchenwald e Neuengamme. Libertado em 1945, redigiu poucos meses depois *O universo concentracionário*, o primeiro testemunho dos campos de concentração.

5 Rousset, D. (2016). *O universo concentracionário* (p. 110). João Tiago Proença, Trad. Lisboa: Antígona Editores Refractários.

Em *Cascas*, seu ponto de partida, seu referente, residiu em quatro pequenas fotografias tiradas por um prisioneiro do Sonderkommando dentro do crematório V de Birkenau, em pleno agosto de 1944, um dos piores meses de matança nas câmaras de gás e fornos crematórios, tempos da chegada dos judeus húngaros.[6] Didi-Huberman considera que as quatro imagens deixaram de ser simples fotografias para se transmutarem num ato de resistência: quatro luzinhas acesas "no espaço de uma imensa noite de horror".[7] Pergunta-se como teria sido possível, naquele tempo implacável, que um membro do Sonderkommando decidisse transformar aquele real histórico em possibilidade de memória para o futuro.[8] Didi-Huberman resolve, após esse encontro, questionar a força psíquica, o desejo que pode fazer alguém se sublevar tanto nas alienações mais banais quanto nas tragédias históricas mais extremadas.

Por sua vez, os sobreviventes Levi[9] e Viktor Frankl[10] testemunharam e narraram a existência de uma série de "discretos" atos nos campos. Assim enuncia Frankl:

---

6 Em 1944, os alemães invadem a Hungria por medo do avanço soviético no território, e em 15 de maio começaram as deportações dos judeus húngaros para Auschwitz-Birkenau. O novo governo húngaro, indicado pelos nazistas, começa a enviar aproximadamente 12 mil judeus por dia do leste da Hungria a Auschwitz. Trens chegaram a levar 21 mil pessoas para Birkenau de uma só vez.

7 Didi-Huberman, G. (2017). *Cascas* (pp. 106-107). São Paulo: Editora 34.

8 O fotógrafo de Birkenau morreu dias depois de ter feito as fotos, mas esses vestígios, películas, sobreviveram à sua morte.

9 Indico o ensaio de Primo Levi intitulado "A resistência nos campos de concentração", em: Levi, P. (2016). *A assimetria e a vida: artigos e ensaios 1955-1987* (pp. 27-33). São Paulo: Unesp.

10 Viktor Emil Frankl nasceu em Viena, em 1905, numa família de origem judaica. Estudou Medicina na Universidade de Viena e se especializou em Neurologia e Psiquiatria. Trabalhou no Hospital Psiquiátrico de Viena e, entre 1940 e 1942, dirigiu o departamento de neurologia do Hospital Rothschild (único hospital de Viena onde se admitiam judeus na época). No outono de 1942, foi deportado com a esposa e seus pais para Theresienstadt. Em 1944, foi transferido

> *A experiência da vida nos campos de concentração mostrou-nos que a pessoa pode muito bem agir "fora do esquema". Há suficientes exemplos, muito deles heroicos, que demonstraram ser possível superar a apatia e reprimir a irritação; e que continua existindo, portanto,* um resquício de liberdade do espírito humano, *de atitude livre do eu frente ao meio ambiente, mesmo nessa situação de coação aparentemente absoluta, tanto exterior como interior. Quem dos que passaram pelo campo de concentração não saberia falar daquelas figuras humanas que caminhavam pela área de formatura dos prisioneiros, ou de barracão em barracão, dando aqui uma palavra de carinho, entregando ali a última lasca de pão? E mesmo que tenham sido poucos, não deixou de constituir prova de que no campo de concentração se pode privar a pessoa de tudo, menos da liberdade última de assumir uma atitude alternativa frente às condições dadas. E havia uma alternativa! A cada dia, a cada hora no campo de concentração, havia milhares de oportunidades de concretizar essa decisão interior, uma decisão da pessoa contra ou a favor da sujeição aos poderes do ambiente que ameaçavam privá-la daquilo que é a sua característica mais intrínseca – sua liberdade – e que a induzem, com a renúncia à liberdade e à dignidade, a virar mero joguete e objeto das condições externas, deixando-se por elas cunhar um prisioneiro "típico" do campo de concentração.*[11]

---

para Auschwitz e, posteriormente, para Kaufering e Türkheim, dois campos dependentes de Dachau. Após a guerra, fundou a Logoterapia em Viena.

11 Frankl, V. E. (2018). *Em busca de sentido: um psicólogo no campo de concentração* (p. 88). Walter O. Schlupp e Carlos C. Aveline, Trad. São Leopoldo: Sinodal; Petrópolis: Vozes.

Portanto, o sujeito do inconsciente parece ter se mostrado nos campos em algumas variações de forma. Relembrarei brevemente algumas poucas. Atualmente, do lado de fora dos portões de Auschwitz deparamos com uma curiosa escultura de um B invertido, de Michèle Déodat. Uma escultura a nos relembrar a história de coragem dos prisioneiros que fabricavam os letreiros colocados acima do complexo de Auschwitz I, *ARBEIT MACHT FREI*, "o trabalho liberta". No decorrer de sua fabricação, os prisioneiros invertem a letra B de *Arbeit*. Na palavra "trabalho", no portão de entrada dos campos, esteve registrada a marca de resistência dos prisioneiros.

Christian Dunker[12] compartilha um detalhe que o marcou em sua visita ao Yad Vashem, museu do Holocausto, em Jerusalém: uma vestimenta do campo de Theresienstadt com uma pequenina missanga, que havia sido costurada nele. A costura da missanga indica um ato do sujeito, um mínimo ponto que não cede à desumanização, como o B invertido. Houve ainda as numerosas partituras com criações musicais encontradas nos arredores dos campos, em fragmentos de papéis, muitas vezes escritas com pedaços de carvão, recolhidas incansavelmente pelo maestro Francesco Lotoro[13] no pós-Auschwitz. Prisioneiros compuseram músicas absolutamente singulares naquela condição inimaginável.

E a moral e a ética? Compareceram aos campos? Todorov afirmou, com base nos testemunhos, que houve, sim, uma vida moral nos campos. As regras de sociabilidade não desapareceram, apesar de

12 Christian Dunker. Live realizada em 6 de maio de 2020 pelo Museu do Holocausto em torno do livro de Beradt, *Sonhos no Terceiro Reich*. Recuperado de: https://youtu.be/dC3JSEIYWzQ e https://youtu.be/nRRhdXBGuF0.

13 O maestro Francesco Lotoro recolheu aproximadamente 8 mil partituras, de aproximadamente 1,6 mil compositores prisioneiros dos campos. Programa *O maestro – em busca da última música*, de 5 de fevereiro de 2020, exibido pela TV Cultura. Recuperado de: https://youtu.be/83-r7FtkOc0. A capa conta com a imagem de uma destas partituras encontradas.

terem se modificado.[14] Em seu livro, discute e recolhe ações morais nos campos, distinguindo nelas dois tipos de valores: os vitais e os morais. O valor de se manter vivo, custe o que custar, e os valores morais, assim definidos: "há algo mais precioso que a própria vida: permanecer humano é mais importante que permanecer vivo".[15] São eles: a dignidade, o cuidado e as atividades do espírito.

A grande maioria dos indivíduos opta pelos valores vitais e somente alguns poucos escolhem a outra via, o que não seria muito diferente na vida comum. Para nós, psicanalistas, trata-se de um livro sobre *o ato e as respostas possíveis do sujeito* diante do extremo. Uma resposta que, segundo Lacan, está ao lado do real, articulada ao objeto *a* e ao discurso analítico: "toda moral deve ser buscada, em princípio e em sua proveniência, do lado do real".[16] Lembremos que o seminário 7, "A ética da psicanálise", representa a resposta de Lacan aos campos de concentração; uma ética centrada no real, ancorada no objeto *a*, em sua função de causa do desejo.

Houve inúmeros *atos* nos campos. Compartilho o relato de Andor Stern,[17] sobrevivente de Auschwitz. No mês de dezembro de 1944, no

---

14 Todorov descreve algumas fases atravessadas pelos prisioneiros quanto à moralidade: "As pessoas, mesmo as mais dignas, passam por várias fases. No decorrer da primeira fase, anterior ao campo, houve o despertar da consciência moral. Durante a segunda, que frequentemente corresponde aos primeiros meses de campo, ocorre o desmoronamento dos valores morais anteriores, diante da brutalidade das novas circunstâncias. Descobre-se um mundo sem piedade e percebe-se que se é capaz de habitá-lo. Entretanto, se se consegue sobreviver a esse segundo período, pode-se aceder a um terceiro, no decorrer do qual se resgata um conjunto de valores morais, mesmo que não seja exatamente o mesmo que se tinha antigamente; as brasas não se haviam apagado, e basta um alívio ínfimo para que as chamas retornem". Todorov, T. (2017). *Diante do extremo* (pp. 63-64). São Paulo: Unesp.

15 Todorov, T. (2017). *Diante do extremo* (p. 62). São Paulo: Unesp.

16 Lacan, J. (2005). *O seminário – livro 10: a angústia* (p. 164). Vera Ribeiro, Trad. Rio de Janeiro: Jorge Zahar.

17 Andor Stern nasceu em São Paulo, em 1928, mas ainda pequeno foi morar com seus pais na Índia e depois na Hungria. Em 1944, com a ocupação nazista da

último inverno, findadas suas forças, depois de o *kapo* ter lhe obrigado a vestir sua roupa completamente congelada, Stern decide "dar um fim a tudo isso" e corre em direção ao arame eletrificado. Enuncia:

> *Se tivesse sorte nem chegaria a alcançá-lo. Seria executado por qualquer um dos atiradores que ficavam nas torres de vigias. Enquanto eu corria e a roupa derretia no meu corpo, o vento gelado batia no rosto. Dei-me conta que depois de muito tempo estava fazendo alguma coisa com a minha própria vontade. Um tímido sorriso rompeu-se na face enrijecida. Experimentava a liberdade de novo. Alcancei essa sensação nos tempos de infância já adormecida na memória. Ela que tinha sido arrancada de mim. Naquele tempo corria e brincava livremente no quintal do meu avô paterno. Lembrei que ele me chamava carinhosamente de "meu garoto brasileiro". Naquela hora, interrompi a minha corrida para a morte. Um antigo desejo se colocou a minha frente como uma promessa: "Ainda vou voltar para o Brasil".*[18]

O instante da lembrança de liberdade e o desejo de voltar ao Brasil o fazem interromper sua corrida para a morte e escolher a vida. Como este, houve inúmeros atos nos campos e, similarmente, *formações do inconsciente*. Vemos numerosas piadas ou ditos espirituosos que os presos puderam enunciar nos campos de concentração, que o psicanalista Abrão Slavutzky recolheu e analisou em seu livro

Hungria, é deportado para Auschwitz no mês de junho do mesmo ano. Depois ainda passa por Dachau, Mühldorf e Waldlager, até a libertação.

18 Pierin, G. D. (2015). *Uma estrela na escuridão: a incrível história de Andor Stern, o único brasileiro sobrevivente ao holocausto* (pp. 46-47). Santos: Ateliê de Palavras.

Humor é coisa séria.[19] Além disso, há os sonhos, mais uma formação do inconsciente, nos quais nos deteremos a partir de agora.

Didi-Huberman escreve: "Até mesmo os sonhos, esses enigmas ocultos no mais profundo, podem chegar até nós – em pedaços, evidentemente, por lampejos intermitentes – como tantas 'imagens-vaga-lumes'",[20] e os articula ao saber clandestino, hieroglífico, das realidades constantemente submetidas à censura. Refere-se ao comentário de Blanchot a respeito de Antelme: "o homem é indestrutível e, no entanto, ele pode ser destruído", e comenta esse paradoxo por meio de uma certa noção de sobrevivência, sustentando que encontramos a sobrevivência dos signos ou das imagens quando a sobrevivência dos próprios protagonistas se encontra comprometida:

> *Não vivemos em apenas um mundo, mas entre dois mundos pelo menos. O primeiro está inundado de luz, o segundo atravessado por lampejos. No centro da luz, como nos querem fazer acreditar, agitam-se aqueles que chamamos hoje – por uma cruel e hollywoodiana antífrase – alguns poucos* people, *ou seja, as* stars *– as estrelas, que, como se sabe, levam nomes de divindades – sobre as quais regurgitamos informações na maior parte inúteis. Poeira nos olhos que faz sistema com a glória eficaz do "reino": ela nos pede uma única coisa que é aclamá-las unanimemente. Mas, nas margens, isto é, através de um território infinitamente mais extenso, caminham inúmeros povos sobre os quais sabemos muito pouco, logo, para os quais uma contrainformação parece*

19 Slavutsky, A. (2014). *Humor é coisa séria* (pp. 243-261). Porto Alegre: Arquipélago Editorial.

20 Didi-Huberman, G. (2011). *Sobrevivência dos vaga-lumes* (p. 133). Belo Horizonte: UFMG.

> *sempre mais necessária.* Povos-vaga-lumes, *quando se retiram na noite, buscam como podem sua liberdade de movimento, fogem dos projetores do "reino", fazem o possível para afirmar seus desejos, emitir seus próprios lampejos e dirigi-los a outros.*[21]

Neste livro, me aproximo do segundo mundo, o escuro, atravessado por alguns lampejos, o mundo dos "povos vaga-lumes" que procuram a todo custo afirmar seus desejos. O desejo inconsciente é o que apresenta o caráter de indestrutibilidade para a psicanálise, e os sonhos certamente explicitam essa condição como nenhuma outra formação do inconsciente.

O sonho ainda pode ser considerado o espaço no qual o Outro totalitário estava impedido de entrar, "o espaço de liberdade que resta em uma sociedade que torna tudo público".[22] Como disse Robert Ley, chefe de organização do Partido Nazista: "A única pessoa que tem uma vida privada na Alemanha é aquela que dorme".[23]

O sonho de um médico, passado um ano do início do Terceiro Reich, em 1934, transmite algo dessa condição:

> *Perto das nove da noite, depois de minhas consultas, quando quero me esticar calmamente no sofá com um livro sobre Matthias Grünewald, minha sala e meu apartamento ficam de repente sem paredes. Olho apavorado*

---

21 *Ibid.*, p. 155.

22 Dunker, C. (2017). O sonho como ficção e o despertar do pesadelo. In C. Beradt, *Sonhos no Terceiro Reich: com o que sonhavam os alemães depois da ascensão de Hitler* (p. 22). São Paulo: Três Estrelas.

23 Citado em: Beradt, C. (2017). *Sonhos no Terceiro Reich: com o que sonhavam os alemães depois da ascensão de Hitler* (p. 29). São Paulo: Três Estrelas.

> *ao meu redor e, até onde meus olhos conseguem alcançar, os apartamentos estão todos sem paredes. Ouço gritarem em um megafone: "De acordo com o edital sobre a eliminação de paredes, datado do dia 17 deste mês . . .".*[24]

Sim, não há mais paredes, no entanto, paradoxalmente, o tempo do sono e do sonho pôde erguer uma pequenina separação da vivência de terror dos campos e estabelecer certa proteção narcísica. Trata-se do espaço mais íntimo, marcado pelo singular e pelo desejo de cada um. Na aterradora luminosidade de Auschwitz, os vaga-lumes acenderam suas luzinhas intermitentes e raras. O máximo do totalitarismo e da dominação sobre o indivíduo, a eliminação das paredes de proteção do eu, não conseguiu eliminar totalmente o sujeito do inconsciente.

---

24 *Ibid.*, pp. 43-44.

8. Perguntas norteadoras

Parto, portanto, da proposição de que o sujeito do inconsciente sobreviveu nos sonhos de Auschwitz. O sujeito[1] é sempre efeito da linguagem e não há outra maneira de apontar sua presença a não ser no plano do significante. No que concerne ao sonho, podemos tomá-lo como o seu "organizador",[2] ainda que esteja encoberto pelos significantes e se apresente pelo desejo. Há sempre "uma certa passagem do sujeito para o sentido do desejo"[3] no sonho. Partimos desta enunciação.

Adentramos o espaço de interseção entre os sonhos e a catástrofe do *Shoah*. Recordemos que selecionei exclusivamente os

1 Podemos precisar uma dupla causação na estrutura do sujeito lacaniano. Uma causação simbólica, o sujeito como efeito da demanda inconsciente, e outra real, o sujeito determinado pelo objeto-causa, pelo objeto *a*. Cf. Godino Cabas, A. (2009). *O sujeito na psicanálise de Freud a Lacan* (p. 223). Rio de Janeiro: Jorge Zahar.

2 Lacan, J. (1998a). A direção do tratamento e os princípios de seu poder. In J. Lacan, *Escritos* (p. 629). Vera Ribeiro, Trad. Rio de Janeiro: Jorge Zahar.

3 *Ibid.*, p. 628.

sonhos sonhados *no tempo do acontecer dos campos de concentração e extermínio*. Então, como o real dos campos teria incidido nesses sonhos? Recorro à pergunta sensível de Lili Jaffe, sobrevivente de Auschwitz, para sua filha Noemi,[4] passados muitos anos da Segunda Guerra. Lili telefona para a filha e pergunta: "O que os cegos estão sonhando?". A pergunta vira título de um livro[5] que estava em processo de escrita e publicação pela filha. Um livro que contém o diário de Lili Jaffe, escrito logo após sua libertação de Auschwitz. A pergunta poderia ser também: "O que os cegos podem sonhar?", pois a mãe sempre trocava o presente do indicativo pelo presente contínuo. De qualquer modo, o sonho está no título. A mãe quer saber como os cegos sonham, uma vez que não enxergam.

Na reflexão a que me propus aqui, talvez a pergunta possa ser virada do avesso: o que puderam sonhar os que enxergaram demais? Aqueles que enxergaram o impossível? Esse impossível retorna nos sonhos?

Como então articular o sujeito do inconsciente, referido sempre ao simbólico, ao real dos sonhos de Auschwitz? A questão do traumático se apresenta invariavelmente, bem como a maneira como cada sujeito responderá diante do que excede a possibilidade de representação.

Freud escreve que "a singularidade e autonomia da vida onírica"[6] se revelam no modo como o sonho reage aos estímulos corporais ou psíquicos introduzidos. Cada sonhador reagirá de uma maneira singular aos mesmos estímulos. Em Lacan, é o objeto *a* que confere a singularidade ao sujeito.[7] A linguagem divide o sujeito e o posiciona

---

4 Entrevista concedida por Noemi Jaffe a Jô Soares em 29 de julho de 2013.

5 Jaffe, N. (2012). *O que os cegos estão sonhando?* São Paulo: Editora 34.

6 Freud, S. (2014). Conferências introdutórias à psicanálise (1916-1917). In S. Freud, *Obras completas* (Vol. 13, p. 322). Sérgio Tellaroli, Trad. São Paulo: Companhia das Letras.

7 "Saber que o sonho é possível, isso deve ser sabido. É o fato de ser assim, isto é, de o inconsciente ter sido descoberto, que nos indica *a proporção singular*

sempre entre dois significantes. Contudo, para cada um há uma marca que se produz de maneira inédita, singular, articulada ao objeto *a*.

O sonho será, portanto, sempre uma resposta do sujeito ao traumático e, nesse sentido, já se delineia uma certa função subjetiva. Uma resposta ficcional simbólica que encobre o real do trauma e lhe confere sentido. Mas e os sonhos de Auschwitz? Houve alguma particularidade na estrutura do sonhar no universo concentracionário?

Minha hipótese consiste no fato de que a condição extremada dos campos deixa à mostra a estrutura do sonhar. Todorov propõe que a situação extremada dos campos expôs o que não conseguíamos ver nas relações cotidianas entre os seres humanos. Na "existência ordinária", os contrastes não aparecem da mesma forma:

> *Na vida comum, os gestos egoístas são camuflados em atos rotineiros, e assim a aposta de cada um deles é bem limitada, pois as vidas humanas não dependem deles. No campo, onde por vezes é preciso escolher entre salvar seu pão e salvar sua dignidade, entre a inanição física e a inanição moral, tudo é realçado.*[8]

Então, a vida nos campos "projeta em tamanho grande e torna eloquente aquilo que, na rotina cotidiana, poderia facilmente escapar à percepção".[9] Proponho considerarmos algo análogo em relação aos sonhos. Todavia, o que se explicita em Auschwitz?

---

que podemos escrever com a ajuda do termo a *como efeito original da inscrição*, desde que apenas lhe demos um empurrãozinho suplementar – o de ele poder renovar-se, conjugando repetição e diferença nessa operação mínima que é a adição." Lacan, J. (2008). *Seminário 16: de um Outro ao outro* (p. 195, grifo meu). Rio de Janeiro: Jorge Zahar.

8 Todorov, T. (2017). *Diante do extremo* (p. 65). São Paulo: Unesp.

9 *Ibid.*, p. 66.

Koselleck, importante historiador alemão da atualidade, amparado pela experiência de Cayrol, sobrevivente de Mauthausen, e pelos sonhos trazidos por Beradt em *Sonhos no Terceiro Reich*, propõe haver importantes diferenças temporais e estruturais entre os sonhos do pré-Auschwitz e os sonhos no acontecer dos campos. O autor entende que, antes dos campos, as testemunhas "dispunham de uma liberdade que lhes permitia fazer prognósticos", antever algo do futuro, a partir do que percebiam em seu entorno. Mas nos campos isso "se modificava radicalmente":

> *O terror diabólico do sistema de vigilância paralisava os prisioneiros, restringindo-lhes de tal forma os movimentos que, salvo raras exceções, lhes era retirada toda percepção espontânea e direta. O medo, puro e simples, tapava-lhes os olhos, ou, pelo menos, lhes alterava o rumo do olhar. Com as formas distorcidas de comportamento, também o mundo dos sonhos tinha que se modificar.*[10]

Teria sido o "terror diabólico do sistema de vigilância" que alterou o sonhar? Em que sentido? Estruturalmente? Em sua forma? Em sua função para os sonhadores? E o tempo do sonho? E a censura no sonho?

As perguntas que faço nesta pesquisa se dirigem especialmente ao funcionamento dos sonhos nessas condições. É importante notarmos que os campos parecem ter restringido as possibilidades do sonhar. Poderíamos supor que a aniquilação do eu dos sonhadores teria contribuído para a constrição do sonhar?

---

10 Koselleck, R. (2006). *Futuro passado: contribuição à semântica dos tempos históricos* (pp. 256-257). Wilma Patrícia Maas e Carlos Almeida Pereira, Trads. Rio de Janeiro: Contraponto, PUC-Rio.

Freud destaca que é "possível influenciar o *tema* do sonho, mas jamais se consegue interferir no *que* o sonhador vai sonhar".[11] A sua tese consiste no fato de que o mecanismo do trabalho do sonho e o desejo onírico inconsciente estariam imunes a toda influência externa. Os sonhos nos campos teriam confirmado sua tese?

Devemos considerar que a maior parte dos sonhos deste livro foram relatados e lembrados numa ocasião posterior. Dessa forma, se lembrados após a libertação, deduzimos que impactaram necessariamente os sonhadores. Mas como os impactaram? Quais teriam sido as funções do sonhar naquela condição extremada de sofrimento e horror?

Freud se fez a mesma indagação no decorrer de sua obra, especialmente ao topar com os sonhos traumáticos dos soldados que voltavam da Primeira Guerra Mundial, em *Além do princípio do prazer*. Qual a função daqueles sonhos que repetiam a experiência traumática da guerra? Por que uma experiência vivida na guerra, de extremo horror, retornaria nos sonhos? Aqueles sonhos levaram Freud a deparar com o mais além do desejo no sonho e a formular a *pulsão de morte*: uma pulsão que atua independentemente da pulsão de vida, e não mais relacionada diretamente ao princípio do prazer.

Nesse sentido, alterou-se algo da função do sonhar em Auschwitz? Num universo que se movia determinado e direcionado para a completa aniquilação dos prisioneiros, os sonhos realizaram, por exemplo, uma função imaginária, de restauração do eu do sonhador? Aqui retomo o sonho de Zaratustra, personagem de Nietzsche que sonha e se pergunta por que teria se assustado tanto. No sonho, um menino aparece e mostra a ele um espelho, dizendo: "olha-te

11 Freud, S. (2014). Conferências introdutórias à psicanálise (1916-1917). In S. Freud, *Obras completas* (Vol. 13, p. 322). Sérgio Tellaroli, Trad. São Paulo: Companhia das Letras.

no espelho!". Ao se olhar, Zaratustra se assusta e grita, pois não é a sua imagem que lá está, mas "a careta e o riso galhofeiro de um demônio".[12] Formaram-se sonhos nessa direção, a reapresentar ao sonhador uma imagem perdida, odiada ou amada?

Remeto-me também à obra de Banksy, nomeada *Batom do Holocausto*, inspirada no excerto[13] do diário do tenente-coronel

---

12 Nietzsche, F. (2018). *Assim falou Zaratustra: um livro para todos e para ninguém.* Paulo César de Souza, Trad. São Paulo: Companhia de Bolso.

13 "Eu não posso fazer uma descrição adequada do campo de horrores em que os meus homens e eu passaríamos o mês seguinte das nossas vidas. Era apenas um local ermo e seco, tão despido como um galinheiro, cadáveres jaziam em toda parte, alguns em enormes pilhas, outras vezes isoladamente ou aos pares, no lugar onde tinham caído. Demorou um pouco a habituarmo-nos a ver homens, mulheres e crianças a sucumbir quando passávamos por eles, e a deixarmos de ir em seu auxílio. Tínhamos de nos habituar depressa à ideia de que o indivíduo não contava. Sabíamos que estavam a morrer quinhentos por dia e que iam continuar a morrer quinhentos por dia, durante semanas, até que qualquer coisa que fizéssemos tivesse o menor efeito. No entanto, não era fácil ver uma criança asfixiar até a morte por difteria, sabendo que uma traqueotomia e cuidados de enfermagem a salvariam. Vimos mulheres afogadas no seu próprio vômito, porque estavam demasiado fracas para se virarem, e homens a comer vermes enquanto seguravam um pedaço de pão, só porque tiveram que comer vermes para sobreviver e agora mal conseguiam ver a diferença. Pilhas de cadáveres, nus e obscenos, com uma mulher demasiado fraca para se aguentar em pé apoiando-se neles, enquanto cozinhava os alimentos que lhe tínhamos dado numa fogueira; homens e mulheres a agachar-se em qualquer lado ao ar livre, aliviando-se da disenteria que descascava as suas entranhas, uma mulher de pé, nua, lavando-se com um pouco de sabão na água de um tanque onde os restos de uma criança flutuavam. Foi pouco depois da chegada da Cruz Vermelha Britânica, embora possa não ter relação, que chegou uma quantidade muito grande de batom. Não era nada do que os homens queriam, nós gritávamos por centenas e milhares de outras coisas e não sei quem pediu o batom. Mas desejava tanto descobrir quem foi, porque foi uma ação de gênio, de uma genialidade pura e completa. Acho que nada fez mais por esses reclusos do que o batom, as mulheres deitadas na cama sem lençóis nem camisa de dormir, mas com os lábios de um vermelho escarlate; víamo-las a vaguear apenas com um cobertor sobre os ombros, mas com os lábios de um vermelho escarlate. Vi uma mulher morta na mesa da

Mervin Willett Gonin, que estava entre os soldados britânicos na libertação de Bergen-Belsen, em 1945. Banksy apresenta a imagem das prisioneiras em seus uniformes listrados, atrás dos arames farpados do campo, com batons vermelhos nos lábios e sombras azuis nos olhos.

Lerei os sonhos especialmente em sua dimensão universal, supraindividual, uma vez que somente os próprios sonhadores poderiam acessar algo do singular de seus sonhos. Renato Mezan nos auxilia na diferenciação ao precisar que as dimensões universal e singular sempre se atravessam, mas o funcionamento psíquico do ser humano pode ser descrito independentemente de suas manifestações singulares, principalmente quando o consideramos metodologicamente. Podemos distinguir que "à teoria interessam os processos psíquicos na sua dimensão supraindividual, ao passo que à terapia interessa a maneira singular pela qual eles se organizam e se manifestam em cada paciente".[14] Entretanto, o mais preciso consiste em articular que temos "um modo específico de inerência do universal no singular, que exige a consideração da forma singular dessa inerência".[15]

O universal e o singular estarão sempre presentes no sonhar. O analista estará orientado para a escrita do singular na interpretação de um sonho, para o que há de mais íntimo e mais estranho em cada um. Uma formulação freudiana preciosa o orienta: "Wo es war, soll

---

autópsia que apertava nas suas mãos um pedaço de batom. Por fim, alguém tinha feito alguma coisa para torná-las de novo indivíduos, elas eram alguém, e não mais apenas o número que tinham tatuado no braço. Por fim, podiam interessar-se pela sua aparência. Aquele batom começou a devolver-lhes a sua humanidade." Texto extraído da exposição *Banksy. Genius or Vandal?* Cordoaria Nacional, Lisboa, 14 de junho a 27 de outubro de 2019.

14 Mezan, R. (2002). Sobre a epistemologia da psicanálise. In R. Mezan, *Interfaces da psicanálise* (p. 484). São Paulo: Companhia das Letras.

15 *Ibid.*, pp. 484-485.

Ich werden", ou "onde o real estava, o sujeito deve advir". A aposta da psicanálise recai em que o sujeito possa advir onde estava o real; e ainda que a escrita do sonho do analisante lhe faça questão, interrogue seu saber, e que algo do singular do sonho possa se escrever a partir do trabalho de elaboração do sujeito.[16]

Paulo Endo se refere a cada relato dos sonhos de Auschwitz como um libelo,

> *a prova de que a transmissão é efeito de um dizer que funda, no seio do traumático, um mais além dele e que, não raro, percorre o itinerário da delicadeza para se confirmar como o que precisa ser dito, ainda que imperfeitamente, ainda que fragmentariamente e ainda que flutue muito tempo ao léu, como uma garrafa ao mar, cuja mensagem busca um leitor.*

Uma garrafa que guarda um papel-alvo e sobrevive às tempestades, na imensidão do mar azul, especialmente "por sua pequenez e fragilidade".[17] Dentre os sonhadores dos campos, alguns poucos

---

16 Um primeiro exemplo clínico da interpretação do analista e do trabalho de um sonho em análise encontra-se no livro de Silvia Amigo: "O sonho é um fazedor por excelência do trabalho *poiético*, pessoal. O sonho é escriba privilegiado da escrita própria do sujeito, é tradutor privilegiado da linha de corte universal, em termos absolutamente singulares. É no sonho que pode-se pôr em jogo o traçado da grafia do traço pessoal, e por assim dizer, de marca registrada". Amigo, S. (2007). *Clínica dos fracassos da fantasia* (p. 88). Rio de Janeiro: Companhia de Freud. Um segundo exemplo clínico no qual o próprio sonho, sob transferência, interpreta o sujeito e o faz despertar encontra-se no artigo de Luciana Guarreschi "Maktub ou um bebê sai pelo umbigo do sonho". Guarreschi, L. F. (2018). Maktub ou um bebê sai pelo umbigo do sonho. *Stylus Revista de Psicanálise*, (37).

17 Endo, P. C. (2018a). O arquivo de sonhos de ex-prisioneiros de Auschwitz do Museu - Memorial Auschwitz-Birkenau. *Percurso Revista de Psicanálise*, ano XXX, (60), 95.

tiveram a possibilidade de sonhar sem ser assassinados. Dois dos sonhadores presentes neste livro foram assassinados nos campos, mas seus sonhos sobreviveram, como garrafas lançadas ao mar, em busca de um leitor. Os demais sonhadores presentes na pesquisa sobreviveram aos campos e tentaram transmitir seus sonhos ao final da guerra, de formas diversas. Os sonhos parecem ter se imposto para grande parte dos sonhadores, provavelmente pelo valor que portaram naquela condição ou por sua realidade alucinada, impossível de esquecer.

Ordenei os conjuntos de sonhos a partir de uma concepção estrutural do inconsciente lacaniano, utilizando os termos recorrentemente referidos pelo autor em seu ensino: significante, objeto *a*, sujeito barrado, Outro, verdade, saber. Nomeei-os como sonhos de pão, de amor, de narração, de ruptura da fé, oraculares e sonhos "fora" do tempo – explicito melhor a maneira pela qual os ordeno no capítulo dedicado aos sonhos de Auschwitz.[18] Recolhi os sonhos em fontes diversas e os deixei praticamente na íntegra, por considerá-los materiais preciosos de estudo a nós, psicanalistas, e a outros campos do saber.

Encontrei alguns deles em livros testemunhais de sobreviventes, publicados no Brasil ou em Portugal. No entanto, recortei a maior parte da pesquisa da jornalista israelense Yifat Erlich, realizada em 2008 na Universidade Hebraica de Jerusalém, intitulada: "Como

---

18 Outros autores propuseram diferentes ordenações dos sonhos de Auschwitz. Yifat Erlich apresenta quatro tipos distintos de sonhos no Holocausto: sonhos de terror, sonhos de comida, sonhos de revelação e sonhos de saudades. Erlich, Y. (2008). *Como sonho voa: sonhos do Holocausto em forma de diários, testemunhos e memórias*. Tese apresentada ao Instituto do Judaísmo Contemporâneo da Universidade Hebraica de Jerusalém. Paulo Endo cita o artigo de Owxzarski, que examinou o sonho de ex-prisioneiros e cunhou três modalidades de sonho: sonhos de autocuidado, sonhos de liberdade e sonhos metafóricos. Endo, P. C. (2018a). O arquivo de sonhos de ex-prisioneiros de Auschwitz do Museu - Memorial Auschwitz-Birkenau. *Percurso Revista de Psicanálise*, ano XXX, (60), 89.

sonho voa: sonhos do Holocausto em forma de diários, testemunhos e memórias". Contratei os trabalhos cuidadosos de tradução da língua hebraica para o português de Suely Pfeferman Kagan e Eliana Rosa Langer.

Infelizmente, a maioria dos sonhos com os quais trabalho aqui passou por uma ou mais traduções. E a língua importa, pois cada uma apresenta suas próprias ressonâncias, associações, além de, no limite, definirem um modo de apreensão do mundo. Podemos apreender uma estrutura de funcionamento independente da língua em questão, mas algo de uma singular transmissão do sujeito provavelmente se perdeu nas traduções.

Sonho e psicanálise

Podemos considerar o estudo dos sonhos o caminho mais seguro para a investigação dos processos psíquicos profundos.

Sigmund Freud[1]

---

1 Freud, S. (2010). Além do princípio do prazer (1920). In S. Freud, *História de uma neurose infantil, Além do princípio do prazer e outros textos (1917-1920)* (p. 169). Paulo Cesar de Souza, Trad. São Paulo: Companhia das Letras.

9. Um breve apanhado sobre os sonhos antes da psicanálise

O sonho

Quando os relógios da meia-noite prodigarem
Um tempo generoso,
Irei mais longe que os vogas-avante de Ulisses
À região do sonho, inacessível
À memória humana.
Dessa região imersa resgato restos
Que não consigo compreender:
Ervas de singela botânica,
Animais um pouco diferentes,
Diálogos com os mortos,
Rostos que na verdade são máscaras,
Palavras de linguagens muito antigas
E às vezes um horror incomparável
Ao que se pode conceder o dia.

Serei todos ou ninguém. Serei o outro
Que sem saber eu sou, o que fitou
Esse outro sonho, minha vigília. E a julga,
Resignado e sorridente.

Jorge Luis Borges[1]

"Quão misteriosa e mágica não terá sido a noite na Idade da Pedra? Longuíssima noite estrelada de êxtases oníricos através de glaciações e degelos, imemorial nascimento matinal da pergunta: será isso real?"[2] O que poderia significar este filme noturno singular tão real? Como fora apreendido nos primeiros tempos? Desde o início da civilização temos notícias dos sonhos, "este curioso estado de viver para dentro".[3] Não apenas notícias, mas evidências históricas, marcadas em "cascos de tartaruga, tabletes de barro, paredes de templos ou papiros".[4] Farei aqui um breve apanhado da história e entendimento dos sonhos anterior ao advento da psicanálise, sustentada especialmente pelo valioso livro de Sidarta Ribeiro, *O oráculo da noite: a história e a ciência do sonho*.

Os sonhos foram especialmente valorizados na Grécia, situando-se no cerne da medicina e da política, o mesmo ocorrendo em civilizações mais antigas, como Egito e Mesopotâmia. Os antigos tinham certamente outro nível de intimidade com os sonhos, deixando-se muitas vezes guiar por eles.

Podemos começar com uma certa genealogia greco-romana dos sonhos e seus laços de parentesco. *O sonho* é irmão ou filho

---

1 Borges, J. L. (2009). O sonho. In J. L. Borges, *Poesia* (p. 166). Josely Vianna Baptista, Trad. São Paulo: Companhia das Letras.

2 Ribeiro, S. (2019). *O oráculo da noite: a história e a ciência do sonho* (p. 37). São Paulo: Companhia das Letras.

3 *Ibid.*, p. 14.

4 *Ibid.*, p. 21.

do *sono,* mas os dois não são o mesmo. No mito grego, Morfeu é o responsável pelos sonhos: irmão – segundo o poeta grego Hesíodo – ou filho – segundo o poeta romano Ovídio – de Hipnos, deus grego do sono. Já Hipnos tem certa relação com a morte: é irmão gêmeo de Tânatos, o deus da morte, ambos filhos da deusa Nix, a Noite. Morfeu leva aos reis as mensagens dos deuses e lidera uma multidão de irmãos, os Oneiros:

> *Esses espíritos de asas escuras emergem a cada noite através de dois portões, um feito de chifre e outro de marfim, como morcegos em revoada. Quando cruzam o portão de chifre – que, quando adelgaçado, é transparente como o véu que recobre a verdade –, geram sonhos proféticos de origem divina. Quando passam pelo portão de marfim – sempre opaco mesmo quando reduzido a espessura mínima –, provocam sonhos enganadores ou desprovidos de sentido.*[5]

Nesse mito, os sonhos carregam somente duas possibilidades: ou são mensagens dos deuses ou sonhos enganadores, sem sentido. Também podemos recuperar Artemidoro e Macróbio, filósofos da Antiguidade. Tanto Artemidoro, no século II, como Macróbio, no século V, propuseram algumas distinções preciosas dos sonhos conforme seu conteúdo, sua causa e sua função.

Artemidoro, considerado por Freud como a máxima autoridade em interpretação dos sonhos da Antiguidade, nasceu na colônia grega de Éfeso, hoje Turquia, mas vivia em Roma quando se tornou conhecido como sábio, médico e intérprete onírico. Com base em extensas leituras e consultas orais provenientes de viagens por Ásia

5 *Ibid.*, p. 14.

Menor, Grécia e Itália, escreveu um tratado clássico sobre sonhos composto por cinco livros, chamado *Oneirokritika*.[6]

No tratado, compilou sonhos exemplares, teorizou fartamente sobre suas causas e ainda diferenciou os sonhos simples, que podem descrever situações atuais (*enhypnia*), e os sonhos oníricos, que remetem ao futuro (*oneiros*). Os sonhos oníricos podem antecipar o futuro, pois são os deuses que se expressam por meio deles.

Já Ambrósio Teodósio Macróbio, erudito filósofo e gramático que viveu alguns poucos séculos depois no período marcado pela queda do Império Romano e pela resistência do Império Bizantino, baseia suas reflexões numa obra de ficção, o *Sonho de Cipião*, escrita três séculos antes pelo cônsul romano Cícero. No comentário à obra, Macróbio propôs uma classificação dos sonhos bastante pertinente e amplamente aceita no pensamento teológico medieval. Para ele, *visium* (*phantasma* em grego) consiste em aparições oníricas "sem significado profético" que ocorrem na transição entre vigília e sono: o sonhador imagina "espectros" à sua volta; *insomnium* (*enhypnion* em grego) representa o pesadelo, considerado também "sem significado profético" e reflexo de problemas emocionais ou físicos; *visio* (*horoma* em grego) representa o sonho profético que se torna realidade; *oraculum* (*chrematismos* em grego) significa o sonho oracular em que uma pessoa venerada revela o futuro e oferece conselhos; enquanto *somnium* (*oneiros* em grego) é o sonho enigmático com símbolos estranhos, os quais necessitam da intervenção de um intérprete para serem compreendidos.

As duas primeiras categorias elencadas por Macróbio compreendem sonhos influenciados apenas pelo presente ou pelo passado, sem nenhuma relevância para o futuro. As três últimas categorias abrangem a clarividência de eventos futuros: *visio*, *oraculum*

---

6 Esta obra foi a única de suas produções que chegou até nós. Artemidorus, D. (2009). *Sobre a interpretação dos sonhos*. Eliana Aguiar, Trad. Rio de Janeiro: Jorge Zahar.

e *somnium* (o sonho simbólico), que requerem o intérprete. Se tomarmos a classificação dos sonhos de Macróbio, podemos dizer que no contexto dessa pesquisa se fizeram presentes majoritariamente os *insomnium* (pesadelos), influenciados pelo presente, e os sonhos *visio* e *oraculum*, de futuro.

Adentremos nos pesadelos, presentes desde tempos imemoriais. A noite era temida sobretudo na ausência da lua e em especial durante o inverno, com a escuridão sem fim. Na Idade Média, por exemplo, disseminou-se a crença de que demônios, chamados íncubos e súcubos, poderiam invadir os sonhos das pessoas e ter relações sexuais com elas. Lacan recorre a esta crença no seminário 10, "A angústia", que abordarei adiante. Talvez não por acaso, o primeiro sonho registrado na história tenha sido o pesadelo de um homem mítico perseguido por assassinos impiedosos.

O sonhador mítico foi Dumuzid, o Pastor, quinto rei pré-dinástico da Suméria, que reinou no período lendário antes do dilúvio, há cerca de 5 mil anos. Diz a tradição que Dumuzid foi o esposo da deusa Inanna, com quem viveu um idílio erótico seguido de trágico desfecho, conforme registrado anonimamente em caracteres cuneiformes em tábuas de argila antiquíssimas. No início do poema *O sonho de Dumuzid*, aos prantos e desesperado, ele chama por sua sábia irmã para que interprete a visão assustadora que tivera:

> *Um sonho, minha irmã! Um sonho! Em meu sonho, juncos estavam se levantando contra mim, juncos crescendo à minha frente, uma única haste balançava sua cabeça para mim, juncos gêmeos – um estava sendo separado de mim. Árvores altas na floresta subiam juntas sobre mim. Água foi derramada sobre meu braseiro sagrado, a tampa de minha manteigueira sagrada foi removida, minha taça sagrada foi derrubada da cavilha de onde*

> *pendia, meu cajado de pastoreio desapareceu. Uma coruja tomou um cordeiro do curral de ovelhas, um falcão pegou um pardal na cerca de junco, meus bodes arrastavam suas barbas escuras na poeira por mim, meus carneiros arranhavam a terra com suas robustas pernas por mim. As manteigueiras estavam deitadas de lado, nenhum leite era servido, os copos estavam deitados ao lado, Dumuzid estava morto, o curral estava assombrado.*[7]

Dumuzid sonha que está sendo perseguido, é tomado por visões que o aterrorizam e se vê morto ao final. Alguns pesquisadores conjecturam que o primeiro de todos os sonhos, o sonho protótipo, só poderia ser mesmo o pesadelo. Os finlandeses Antti Revonsuo e Katja Valli, por exemplo, consideraram sua capacidade de "simular possíveis perigos a serem evitados na vida real", ao entender que o pesadelo prepara o sonhador para "enfrentar os perigos do dia seguinte, treinando roteiros de ação ou simplesmente aumentando o alerta".[8]

O pesadelo de Dumuzid também nos convida a refletir quanto à função do intérprete. O sonhador se pergunta, inquieto: o que ele poderia querer dizer? O estranhamento aparece e é endereçado à irmã, que porta um saber sobre o significado do sonho. É interessante que, por toda parte, ao longo da história, os sonhos encontravam seus intérpretes e se integravam ao dia a dia das pessoas,

> *independentemente se provocados por costumes mágicos, se vivenciados como mensagens vindas de um reino de fantasmas e demônios, se compreendidos como resultado*

---

7 Ribeiro, S. (2019). *O oráculo da noite: a história e a ciência do sonho* (p. 276). São Paulo: Companhia das Letras.

8 *Ibid.*, pp. 274-275.

> *de influências telúricas e cósmicas transmitidas pelo ar ou se surgidos na tradição judaico-cristã como revelação de Deus, no lugar de quem um anjo ou até o diabo podiam aparecer.*[9]

Ao menos em parte, as decisões importantes da vida desperta dependiam "dos bons ou maus auspícios revelados nas imagens noturnas".[10]

A concepção de que o sonho se articula especialmente ao futuro era frequente e recorrente em diferentes culturas. Muitas interpretaram esta *outra cena* como uma mensagem advinda de outra dimensão, outro mundo, portadora de um *saber*: um lugar com estrutura oracular. O sonho poderia desvendar o futuro, determinar presságios, ler a sorte e adivinhar o desígnio dos deuses. Se concebemos o sonho como uma mensagem proveniente dos deuses, não nos é difícil apreender o quão importante se fazia para os imperadores e mandantes da Antiguidade a interpretação de seus sonhos antes de tomarem decisões ou mesmo o fato de existirem intérpretes oficiais e clericais de sonhos nas instituições políticas e religiosas. Os sonhos poderiam saber algo da consequência de suas ações no futuro.

Um exemplo de interpretação que se tornou paradigmático na psicanálise é extraído da obra de Artemidoro. Freud o menciona duas vezes em suas *Conferências introdutórias à psicanálise.* Para os gregos e outros povos do Oriente, pelas razões já mencionadas, não se faziam campanhas militares sem a presença de intérpretes de sonhos. Alexandre Magno levara consigo o mais famoso deles,

---

9 Koselleck, R. (2017). Posfácio. In C. Beradt, *Sonhos no Terceiro Reich: com o que sonhavam os alemães depois da ascensão de Hitler* (p. 166). São Paulo: Três Estrelas.

10 Ribeiro, S. (2019). *O oráculo da noite: a história e a ciência do sonho* (p. 43). São Paulo: Companhia das Letras.

Aristandro, em seu conhecido cerco à cidade de Tiro. O povo resistia tão obstinadamente que Alexandre estava quase desistindo de seus propósitos. Então sonhou com um sátiro que dançava, como em triunfo. Aristandro, intérprete convocado diante do imperador, faz um corte na palavra *Satyros*, obtendo, com perfeita homofonia, *sa Turos*: "Tua é Tiro". Alexandre mantém o cerco à cidade e finalmente a subjuga.

O sonho porta um saber e parece ter instalado uma divisão determinante no mundo dos homens. No Paleolítico, surge pela primeira vez a noção de um duplo, como alma ou espírito, provavelmente por intermédio dos sonhos e êxtases místicos dos xamãs.

Emile Durkheim, fundador da sociologia e estudioso da religiosidade dos aborígenes australianos, propõe que a ideia de alma foi sugerida a nossos ancestrais pelo sonho:

> *se, durante o sono, se vê conversando com um de seus companheiros que ele sabe estar distante, conclui que também este último é composto de dois seres: um que dorme a uma certa distância, e outro que veio manifestar-se por meio do sonho. Dessas experiências repetidas desprende-se pouco a pouco a ideia de que existe em cada um de nós um duplo, um outro, que em determinadas condições, tem o poder de deixar o organismo onde reside e sair a peregrinar ao longe.*[11]

Haveria um outro, um duplo, em cada um nós. Uma alma?

Nietzsche, no mesmo sentido, escreve que os sonhos teriam sido a origem de toda a metafísica:

---

11 *Ibid.*, pp. 43-44.

> *Sem o sonho não teríamos achado motivo para uma divisão do mundo. Também a decomposição em corpo e alma se relaciona à antiquíssima concepção do sonho, e igualmente a suposição de um simulacro corporal da alma, portanto a origem de toda crença nos espíritos e também, provavelmente, da crença nos deuses: "Os mortos continuam vivendo, porque aparecem em sonho aos vivos": assim se raciocinava outrora, durante muitos milênios.*[12]

Os sonhos muitas vezes faziam retornar os parentes mortos. Como essas aparições eram interpretadas pelos xamãs e intérpretes de sonhos? Como uma revelação? Uma forma de comunicação entre o mundo dos vivos e o mundo dos mortos? Muito provavelmente, "a crença na vida após a morte" tenha se confundido com "a crença no sonho como portal entre vivos e mortos".[13] O sonho instaura a crença no mundo dos mortos, no para além do mundo terreno. Para a psicanálise, o sonho também se relaciona a uma divisão, pois o sujeito barrado encontra-se sempre dividido pela linguagem, pelo inconsciente e pelo desejo.

Sidarta Ribeiro sublinha o começo da escrita como um ponto fundamental de virada na apreensão do significado do sonhar e sustenta que "a escrita foi o começo do fim para o culto aos deuses e ancestrais, o início do ocaso dos sonhos". Propõe que é exatamente "quando nossos ancestrais inventaram modos de registrar em pedra ou barro os comandos auditivos dos deuses" que foram

---

12 Nietzsche, F. (2005). *Humano, demasiado humano: um livro para espíritos livres* (p. 18). Paulo Cesar de Souza, Trad. São Paulo: Companhia das Letras.

13 Ribeiro, S. (2019). *O oráculo da noite: a história e a ciência do sonho* (p. 45). São Paulo: Companhia das Letras.

criadas as condições necessárias para a "progressiva irrelevância desses comandos".[14]

A reclamação de que os deuses teriam se calado se tornou prevalente por volta de 1200 a.C. a 800 a.C. A *Ilíada* e a *Odisseia* transmitem bem essa transição. Em vez de um Aquiles típico da mentalidade do passado, sem planos para o futuro e que "só age a mando dos deuses", "a mentalidade nova de Ulisses utiliza estratagemas para lograr seus objetivos, imaginados persistentemente na vigília". Há o início de uma mentalidade introspectiva que não deixa ainda de escutar as vozes dos deuses, mas passa a "produzir um poderoso diálogo interno, prático e utilitário, para imaginar o futuro e assim moldá-lo";[15] vislumbra-se a aparição de um ser humano que conversa o tempo todo consigo mesmo.

Entre o *logos* grego e a razão iluminista transcorreu um longo tempo de transição em que a influência histórica dos sonhos variou enormemente, enfrentando altos e baixos. Platão, por exemplo, acreditava que não havia lugar na gestão do Estado ao sonho e à loucura. A verdade deveria advir apenas do "exercício lógico do pensamento, com primazia para a dedução de formas perfeitas da realidade, capaz de ir além do véu ilusório das aparências".[16] Aristóteles, seu principal discípulo, também atribuiu às experiências da vigília o fator determinante para a explicação dos conteúdos oníricos. O sonho consistiria numa cópia inexata da realidade, uma memória de eventos passados, um vívido relembrar sem vontade ou querer.

A atitude dos filósofos a respeito dos sonhos a partir da Idade Média também se mostrou bastante contraditória. Baruch Spinoza atribui um lugar singular aos sonhos, entendendo que temos no

---

14 *Ibid.*, p. 67.
15 *Ibid.*, p. 69.
16 *Ibid.*, p. 73.

sonho a experiência do limite de nossa livre vontade, conforme escreve na *Ética*:

> *Não creio que exista nenhum homem que, durante seu sonho, pense ter o livre poder de suspender seu juízo sobre aquilo com que está sonhando, e de se fazer não sonhar com aquilo com que está sonhando; e, no entanto, mesmo nos sonhos, sucede-nos suspender nosso juízo quando sonhamos que estamos sonhando.*[17]

Já René Descartes depreciara significativamente os sonhos. O curioso é que relata ter experimentado importantes revelações oníricas na juventude: sonhos à margem do Danúbio que "inspiraram a geometria analítica e o método da dúvida sistemática".[18] Aos 23 anos, já havia estudado no colégio jesuíta, concluído o curso de Direito, se alistado no exército holandês, escrito um compêndio de música e viajado pela Europa. Procurando escapar de uma tempestade às margens do Danúbio, encostado num fogão a lenha em busca de calor, "teve três sonhos que revolucionaram o modo como entendemos o mundo":

> *No primeiro sonho, um pesadelo: Descartes era acossado por fantasmas e carregado por um redemoinho. Tentava retornar para a escola, mas era incapaz de sustentar o próprio corpo e caminhava tropeçando. Apareceu então uma pessoa que lhe informou respeitosamente que um sr. N. tinha um presente para lhe*

17 Citado em: Roudinesco, E., Plon, M. (1998). *Dicionário de psicanálise* (p. 722). Vera Ribeiro e Lucy Magalhães, Trad. Rio de Janeiro: Zahar.

18 Ribeiro, S. (2019). *O oráculo da noite: a história e a ciência do sonho* (p. 81). São Paulo: Companhia das Letras.

> *oferecer. Descartes pensou que deveria ser uma fruta de terras distantes e então notou que as pessoas que se juntavam em volta estavam todas eretas, enquanto ele mal podia se manter em pé. Despertou assustado e rezou para afastar quaisquer malefícios oriundos do pesadelo. Pouco depois adormeceu, sonhou com trovões e despertou assustado, abrindo e fechando os olhos repetidamente até se tranquilizar. Mais uma vez adormeceu e teve então um sonho transformador, completamente diferente dos anteriores. Num ambiente quieto e contemplativo, Descartes encontrou sobre uma mesa um livro chamado* Dicionário *– e por trás dele uma coletânea de poemas. Abriu uma página ao acaso e encontrou num verso em latim do poeta Ausônio:* Que caminho devo seguir na vida? *Um desconhecido surgiu de repente e mostrou um fragmento de verso:* Sim e não. *Descartes tentou indicar em que parte do livro o poema poderia ser encontrado, mas o volume desapareceu e depois reapareceu misteriosamente. Teve a sensação de que algum conhecimento havia se perdido, até que disse ao homem que lhe mostraria um poema melhor principiando com o mesmo verso. Nesse ponto o homem, o livro e em seguida todo o sonho desapareceram.*[19]

Descartes, extremamente impressionado com este sonho, ora e pede proteção à Virgem Maria para peregrinar a pé da Itália à França. Interpreta que "os livros sonhados apontavam para a unificação de toda a ciência através de uma mesma linguagem e

19 Citado em: *ibid.*, pp. 236-237.

de um mesmo método".[20] Ao publicar o *Discurso sobre o método para bem conduzir a razão na busca da verdade nas ciências*, após 18 anos, "preconizou aceitar somente o que é evidente a ponto de não deixar dúvidas; dividir cada pergunta em perguntas menores; construir o pensamento do simples para o complexo; e verificar conclusões à luz do mais amplo conhecimento possível".[21] Estranhamente, apesar do papel de seus sonhos em seu importante projeto intelectual, expressa mais tarde grande desconfiança quanto à serventia do sonho, definindo-o como "mero estado de ilusão derivado das impressões da vigília".[22]

Aproximadamente cem anos depois, Georg Wilhelm Friedrich Hegel igualmente sustenta que o sonho deveria ser rejeitado em função de sua "condição de atividade que escapa à análise dialética racional". No outro extremo, para a grande maioria dos filósofos do romantismo alemão e alguns de seus sucessores, de Wilhelm von Schelling, passando por Friedrich Nietzsche, a Arthur Schopenhauer, o sonho se localizava "no cerne das preocupações, sistemas e teorias".[23] Porém, transcorrido certo tempo, com o declínio do romantismo e o desenvolvimento de um pensamento positivista, o sonho é "relegado à categoria de puro produto da atividade cerebral",[24] desprovido de sentido.[25] O sonho passa a ser visto como "reflexo das

---

20 Citado em: *ibid.*, pp. 236-237.

21 Citado em: *ibid.*, pp. 237.

22 Citado em: *ibid.*, pp. 81.

23 Roudinesco, E., Plon, M. (1998). *Dicionário de psicanálise* (p. 723). Vera Ribeiro e Lucy Magalhães, Trad. Rio de Janeiro: Zahar.

24 *Ibid.*

25 Freud, ao se perguntar, nas *Conferências introdutórias,* qual seria a origem do desdém dos círculos científicos pelo sonho, responde que talvez seja uma reação à tendência a superestimá-lo verificada em épocas passadas: "Tanto quanto sabemos, os antigos, em sua totalidade, davam grande importância aos sonhos, aos quais também atribuíam aplicação prática. Extraiam deles sinais referentes ao futuro, e neles buscavam augúrios". Freud, S. (2014). Conferências

sensações residuais do corpo passivamente adormecido pela falta de estimulação" e como "um espelhamento trivial do estado corporal presente, seja ele fome, sede ou outra necessidade do momento".[26] Michel Foucault profere: "O sonho era como o sem-sentido da consciência. Sabemos como Freud inverteu a proposição, e fez do sonho o sentido do inconsciente".[27]

A extrema desvalorização dos sonhos, paradoxalmente, faz multiplicar os tratados populares de explicação onírica centrados na interpretação predeterminada de seus elementos. O surgimento da imprensa também parece ter criado as condições para a comercialização dos manuais de interpretação de sonhos baseados em chaves fixas para a decodificação de símbolos, "um eco extemporâneo do *Ziqiqu* assírio".

Curiosamente, é nesse contexto de relegação do fenômeno onírico aos folhetins populares que Sigmund Freud desenvolve sua teoria, "na qual o sonho nasce como objeto de estudo racional, fenômeno biológico de suma relevância para a compreensão da mente humana".[28]A psicanálise "marca um retorno de olhos abertos às práticas oníricas da Antiguidade, ao encarar o sonho como ferramenta essencial para desbravar as redes simbólicas e seus nós cegos".[29]

---

introdutórias à psicanálise (1916-1917). In S. Freud, *Obras completas* (Vol. 13, p. 113). Sérgio Tellaroli, Trad. São Paulo: Companhia das Letras.

26 Ribeiro, S. (2019). *O oráculo da noite: a história e a ciência do sonho* (p. 81). São Paulo: Companhia das Letras.

27 Citado em: Yazbek, A. C. (2015). É preciso ser justo com Freud. Michel Foucault e os desdobramentos de Histórias(s) da loucura. *Revista Princípios: Revista de Filosofia, 22*(38).

28 Ribeiro, S. (2019). *O oráculo da noite: a história e a ciência do sonho* (p. 81). São Paulo: Companhia das Letras.

29 *Ibid.*, pp. 81-82.

10. A subversão do saber na psicanálise: o advento do inconsciente

FALA TAMBÉM TU
fala por último,
diz teu falar.

Fala –
Mas não separa o não do sim.
Dá ao teu falar também o sentido:
dá-lhe a sombra.

Dá-lhe sombra bastante,
dá-lhe tanta
quanto sabes dividir em ti entre
meia-noite e meio-dia e meia-noite.

Olha em volta
vê a vida ao redor –
Na morte! Viva!
Fala a verdade quem sombras fala.

Mas então se esvai o lugar em que estás:
Para onde agora, desnudado de sombra, para onde?
Sobe. Vá tateando.
Tornas-te mais magro, mais irreconhecível, mais fino!
Mais fino: um fio,

por onde ela quer descer, a estrela:
para embaixo nadar, embaixo,
onde se vê cintilar: no ondear
de palavras errantes.

Paul Celan[1]

Sigmund Freud, imerso nesta conjuntura histórica e social, certamente recoloca o sonho na ordem dos sentidos. No entanto, não foi o único, outros também o fizeram. O que o diferencia dos demais pensadores? Como podemos ler a virada epistemológica instaurada pela psicanálise? E os sonhos? Como incluí-los?

Não é possível apreender o giro discursivo freudiano sem retornar a Descartes. Caterina Koltai nos auxilia na elaboração da questão ao expor que "o fundamento da ciência moderna deve ser procurado no cogito cartesiano e na divisão que ele estabeleceu entre saber e verdade".[2] Nesta divisão entre saber e verdade, o saber se enlaça radicalmente à ciência enquanto a verdade é relegada ao âmbito do *divino*. A ciência rechaça a verdade para fora da dialética do sujeito e do saber. Podemos afirmar que a elaboração freudiana responde ao cogito cartesiano como a "narrativa mais contundente

---

1 Celan, P. (1999). *Cristal* (pp. 58-61). Claudia Cavalcanti, Trad. São Paulo: Iluminuras.

2 Koltai, C. (2000). Política e psicanálise. In C. Koltai, *O estrangeiro* (pp. 107-108). São Paulo: Escuta.

da impossibilidade da supressão do sujeito" e também da verdade. O sujeito, excluído do campo da ciência, "retorna nas formações do inconsciente, que se constituem como testemunhas da divisão do sujeito".[3]

O sujeito da psicanálise carrega consigo uma dupla divisão: "como sujeito da ciência é dividido entre saber e verdade; e, como sujeito do inconsciente – expressão introduzida por Lacan para lidar com o inconsciente na sua dimensão de não sabido –, é dividido entre saber e gozo, o saber sendo uma renúncia ao gozo".[4] A psicanálise recupera e opera com o que a ciência exclui. Faço um parêntese e aludo ao dizer de Bruno Bettelheim,[5] psicanalista, sobrevivente de Dachau e Buchenwald, em seu testemunho pós-Auschwitz: "Não mais podemos contentar-nos com uma vida onde o coração tem suas razões, que a razão desconhece. Nossos corações precisam conhecer o mundo da razão, e a razão tem que ser orientada por um coração informado".[6]

Lacan afirma, no início do seminário 11, "Os quatro conceitos fundamentais da psicanálise", que Freud recolocou o sujeito moderno de Descartes em seu lugar, ou seja, no inconsciente. Freud o fez retornar à sua casa. A certeza de Freud é a de que existe um pensamento inconsciente no sonho: "o eu penso pelo qual vai revelar-se o sujeito", uma certeza que "muda o mundo para nós".[7]

---

3 *Ibid.*, p. 108.

4 *Ibid.*, p. 108.

5 Bruno Bettelheim nasceu em 1903, em Viena. Após a anexação da Áustria pelo Terceiro Reich, na véspera da Segunda Guerra Mundial, foi deportado com outros judeus austríacos para o campo de concentração de Dachau e, mais tarde, para Buchenwald. Em 1939, é libertado e emigra para os Estados Unidos.

6 Bettelheim, B. (1985). *O coração informado: autonomia na era da massificação* (p. 10). Celina Cardim Cavalcanti, Trad. Rio de Janeiro: Paz e Terra.

7 Lacan, J. (1998b). *O seminário – livro 11: os quatro conceitos fundamentais da psicanálise (1964)* (p. 39). M. D. Magno, Trad. Rio de Janeiro: Jorge Zahar.

Freud "se dirige ao sujeito para lhe dizer o seguinte, que é novo – Aqui, no campo do sonho, estás em casa. *Wo es war, soll Ich werden*".[8] No lugar onde estavam os deuses no mundo antigo, agora está o sujeito.[9] Aí onde estava o real, o sujeito está para ser reencontrado: "Falem de acaso, meus senhores, se isto lhes agrada, eu, em minha experiência, não constato aí nenhum arbítrio, pois isso se entrecruza de tal modo que escapa ao acaso".[10] O sujeito está para ser reencontrado no sonho e também no sintoma.

Em seu texto de abertura dos *Escritos*, dedicado ao sujeito, Lacan propõe que a operação freudiana se distingue essencialmente por "articular às claras o status do sintoma". A realização de Freud consistiu em enlaçar o sintoma ao significante, pois o sintoma apenas pode ser interpretado na ordem do significante e somente adquire sentido em relação a outro significante. Um sintoma que se traduz como a própria verdade, efeito da cadeia significante. Lacan ainda afirma que apenas podemos apreender algo das "fumaças dos fornos crematórios" pelo "seu valor significante", por não haver outro meio. Assim, é somente o sintoma, ou o sujeito do inconsciente, que pode nos trazer alguma "irrupção de verdade".[11]

---

8 *Ibid.*, p. 47.

9 Antonio Quinet comenta que "lá onde Freud descobre o inconsciente como alteridade radical, os religiosos do politeísmo e mesmo do monoteísmo colocam o Outro absoluto, Deus". Temos, assim, o inconsciente como uma alteridade radical, sempre barrado e incompleto, "o que o torna inconsistente e diverso do Deus da religião, cujas características e figuração se aproximam mais da instância do supereu". Quinet, A. (2008). *A descoberta do inconsciente: do desejo ao sintoma* (p. 70). Rio de Janeiro: Jorge Zahar.

10 Lacan, J. (1998b). *O seminário – livro 11: os quatro conceitos fundamentais da psicanálise (1964)* (p. 48). M. D. Magno, Trad. Rio de Janeiro: Jorge Zahar.

11 Lacan, J. (1998a). Do sujeito enfim em questão. In J. Lacan, *Escritos* (p. 235). Rio de Janeiro: Jorge Zahar.

Voltemos a Freud e aos sonhos. Segundo Didier Anzieu,[12] o inventor da psicanálise se interessou desde cedo pelos próprios sonhos e tinha o hábito constante de anotá-los, inserindo-os inúmeras vezes em suas correspondências. Porém, talvez o mais significativo para a psicanálise transcorrera na primavera de 1894, quando Freud anunciou a Breuer que aprendera a *interpretar* os sonhos de seus pacientes e também os seus. Entre 1894 e início de 1895, redige uma nota interessante a respeito do caso de *Frau* Emmy von N., para os *Estudos sobre a histeria*:

> *Por várias semanas tive de trocar minha cama habitual por um leito mais duro, no qual provavelmente sonhei mais ou de modo mais vívido, ou, talvez, apenas não pude atingir a profundidade normal do sono. No primeiro quarto de hora após o despertar, sabia todos os sonhos da noite e me dava o trabalho de anotá-los e tentar decifrá-los.*[13]

Freud troca sua cama habitual no intuito de lembrar mais de seus sonhos e "ensaiar" decifrá-los na manhã seguinte. Em meados de julho de 1895, toma um bonde para encontrar sua esposa grávida e seus cinco filhos em Bellevue, local isolado sobre uma das colinas que cercam Kahlenberg. Lá tem o seu sonho paradigmático: o sonho da injeção de Irma, que servirá como o primeiro exemplo de seu novo método de interpretar sonhos no tratado dos processos oníricos, *Traumdeutung*, publicado poucos anos depois.

---

12 Indico seu excelente livro: Anzieu, D. (1989). *A autoanálise de Freud e a descoberta da psicanálise*. Francisco Franke Settineri, Trad. Porto Alegre: Artes Médicas.

13 Freud, S. (2016). Estudos sobre a histeria (1893-1895), em coautoria com Josef Breuer. In S. Freud, *Obras completas* (Vol. 2, p. 104). Paulo César de Souza, Trad. São Paulo: Companhia das Letras.

Em 1899, Freud termina de escrever *A interpretação dos sonhos*, mas escolhe datá-lo com o ano de 1900. De certa forma, já parecia pressentir que se tornaria uma obra capital para o século que se iniciava. No prefácio à terceira edição inglesa, escrito em 15 de março de 1931, reafirma a atualidade e o valor da obra e seu significado singular: "um *insight* como esse só nos ocorre uma vez na vida". A obra conteria, segundo seu julgamento na data, "a mais valiosa descoberta"[14] que teve a felicidade de realizar. Lacan considera tal publicação "mais ou menos como se o primeiro livro sobre a teoria atômica fosse publicado sem nenhuma espécie de ligação com a física que o precedia".[15]

Podemos conceber que com esse tratado Freud inaugura a psicanálise como ciência do desejo, ao descobrir que todo sonho expressa um *Wunsch,* um voto, um desejo do sonhador. A interpretação do sonho se torna indissociável do relato e das associações do sonhador.

Outro fator essencial para entendermos o sonho na psicanálise consiste em sua articulação com o sintoma histérico, ligação que se fez presente desde muito cedo para Freud e que talvez possamos associar ao seu referido *insight.* Retomo a nota preliminar de *A interpretação dos sonhos*:

> *Ao tentar expor nesta obra a interpretação dos sonhos, creio não ter ultrapassado o âmbito dos interesses da neuropatologia. Pois no exame psicológico o sonho mostra ser* o primeiro termo na série das formações psíquicas anormais *de cujos termos seguintes – a fobia histérica, as ideias obsessivas e as delirantes – o médico precisa se ocupar por motivos práticos. Como veremos, o sonho*

---

14 Freud, S. (2017a). *A interpretação dos sonhos* (p. 13). Porto Alegre: L&PM.

15 Lacan, J. (1999). *O seminário – livro 5: as formações do inconsciente* (p. 388). Vera Ribeiro, Trad. Rio de Janeiro: Jorge Zahar.

> *não pode exigir uma importância prática similar; tanto maior, porém, é o seu* valor teórico como paradigma, *e quem não souber explicar a origem das imagens oníricas também se esforçará em vão para compreender as fobias, as ideias obsessivas e as delirantes, e, eventualmente, exercer uma influência terapêutica sobre elas.*[16]

A nota preliminar mostra-se fundamental, uma vez que Freud localiza o sonho e seu lugar preciso na série das formações do inconsciente. Dentre os estudos relacionados aos demais sintomas, o sonho ganha um valor modelar, paradigmático, ou seja, se compreendemos seu modo de operar, podemos analogamente avançar na teoria da formação dos sintomas.

Como se deu a ligação entre os sonhos e os sintomas? No início de seus estudos a respeito da histeria, Freud deduziu que os sintomas de seus pacientes estavam ligados a experiências traumáticas esquecidas. Logo, se pergunta como e por que fatos tão importantes teriam desaparecido de suas memórias.

Mezan esclarece que houve uma relevante decisão de Freud ao forjar a noção de *Verdrängung*, ou repressão: os pacientes "saberiam algo sem saber", haveria algum saber sob estado de repressão. A decisão fundadora de Freud consistiu em dizer "que os fenômenos que ocorrem na situação clínica ocorrem porque existe uma região da psique, chamada inconsciente, que causa (no sentido forte da palavra) aqueles sintomas e fenômenos".[17] No entanto, Freud apenas pôde chegar a essa conclusão por ter escutado as histéricas e associado seus sintomas aos significantes, como apontou Lacan no trecho com o

16 Freud, S. (2017a). *A interpretação dos sonhos* (p. 3, grifos meus). Porto Alegre: L&PM.

17 Mezan, R. (2002). Sobre a epistemologia da psicanálise. In R. Mezan, *Interfaces da psicanálise* (pp. 456-457). São Paulo: Companhia das Letras.

qual iniciamos esta seção. Em seu exercício de escutá-las, solicitando que associassem "livremente" e falassem o que lhes vinha à cabeça, seus sonhos igualmente compareceram. Assim nos confia que "foi natural tratar o sonho como um sintoma e aplicar-lhe o método de interpretação elaborado para os sintomas", uma vez que também poderiam ser "inseridos no encadeamento psíquico a ser seguido retrospectivamente na memória a partir de uma ideia patológica".[18]

Freud aplica o mesmo método de interpretação aos sonhos e obtém bons frutos. Por estar presente na vida psíquica de qualquer um, o sonho ainda lhe trazia a vantagem complementar de não se mostrar exclusivo de um funcionamento patológico, o que lhe servia para conceber um funcionamento psíquico geral do humano. Alguns anos depois, em suas *Conferências introdutórias* (1916-1917), retoma a ligação entre o sonho e o sintoma:

> *Senhoras e senhores: Certo, dia, descobriu-se que os sintomas que afligem determinados doentes de nervos possuem um sentido. Com base nisso, criou-se o método de tratamento psicanalítico. Nesse tratamento, aconteceu de os pacientes revelarem seus sonhos em vez de apenas relatarem seus sintomas. Assim nasceu a conjectura de que também esses sonhos têm um sentido.*[19]

Mais uma vez, Freud pretende demostrar o sentido dos sonhos "como preparação para o estudo das neuroses". O sonho não somente representaria a melhor preparação para o estudo das neuroses, como se constituiria também num "sintoma neurótico".[20] Como o sintoma, o sentido do sonho não se dá a ver sem disfarce, facilmente. Para

18 Freud, S. (2017a). *A interpretação dos sonhos* (p. 122). Porto Alegre: L&PM.
19 *Ibid.*, p. 110.
20 *Ibid.*, p. 110.

acessar algo desse sentido, contará com o seu novo método de interpretação dos sonhos, dedicando grande parte de sua *Traumdeutung* para sua apresentação. Assim o define e diferencia dos dois métodos existentes até então, o da interpretação simbólica e o da decifração:

> *O primeiro passo na aplicação desse procedimento ensina que não se deve tomar o sonho inteiro como objeto de atenção, mas apenas partes isoladas de seu conteúdo. Se eu perguntar ao paciente o que lhe vem à mente acerca de um sonho, em geral ele não consegue apreender nada em seu campo de visão intelectual. Preciso lhe mostrar o sonho em partes, e então ele me apresenta uma série de ideias a propósito de cada parte, que podemos chamar de "pensamentos ocultos" dessa parcela onírica.*[21]

Freud quebra o sonho em partes e pede associações em torno dos seus fragmentos. A interpretação será sempre "*en détail*", e não "*en masse*", em torno de um sonho lido "como um conglomerado de formações psíquicas".[22] Mais tarde, compara o sonho a uma "brecha calcária",[23] composta de fragmentos diversos unidos por meio de um cimento natural. Cimento que une os fragmentos de sentido variado e consiste no trabalho de elaboração secundária que, na maior parte dos casos, une as partes com um sentido bastante equivocado. Portanto, Freud não procura mais *o* sentido do sonho, como os demais intérpretes na história. Ao contrário, orienta-se a escutar o que pode irromper nas brechas do sentido manifesto do sonho.

Antonio Quinet observa que Freud realiza uma dupla operação de forma a inverter o que a humanidade considerava classicamente

21 *Ibid.*, p. 125.
22 *Ibid.*, p. 125.
23 *Ibid.*, p. 245.

como interpretação dos sonhos. A primeira se relaciona ao intérprete: Freud invoca o sonhador a interpretar o próprio sonho. A segunda consiste numa inversão do conceito de interpretação, pois ele convida o sonhador a associar, deslocar, de palavra em palavra, no intuito de ver aonde chega. É diferente de dizer "diga-me o que acha que significa isso". Agora trata-se de "uma operação pela via metonímica e não pela via metafórica; pela via significante e não pela via do significado".[24]

O pressuposto primeiro de Freud é que o sonho consiste num fenômeno psíquico, e não somático. O sonho sempre se constitui como "obra e manifestação do sonhador".[25] Ou seja, é o sonhador que sabe, "é ele quem deve nos dizer o que o sonho significa". Porém, toda a questão reside no fato de que o sonhador "não sabe que sabe". O sonhador "crê não saber"[26] e, pelo fato de o paciente não saber que sabe, supõe esse saber num Outro. E quem é esse Outro?

Lacan trabalha ao longo de todo o seu ensino com o conceito de Outro. No momento, parece-me importante indicar que o próprio sonho está neste lugar Outro, não sabido por estrutura, para o sujeito. O inconsciente sabe algo, trabalha continuamente e desbanca a crença do humano de que é senhor em sua própria casa. Há um saber desconhecido do próprio sonhador. É interessante o relato de Paul Tillich, filósofo e teólogo teuto-americano. Tillich sonha logo após deixar a Alemanha, em 1933: "Acordei com a sensação de que toda a nossa existência estava sendo transformada. Durante a vigília,

---

24 Quinet, A. (2008). *A descoberta do inconsciente* (p. 64). Rio de Janeiro: Jorge Zahar.

25 Freud, S. (2014). Conferências introdutórias à psicanálise (1916-1917). In S. Freud, *Obras completas* (Vol. 13, p. 134). Sérgio Tellaroli, Trad. São Paulo: Companhia das Letras.

26 *Ibid.*, p. 135.

acreditava que poderíamos escapar do pior, mas meu subconsciente sabia bem mais".[27]

Há um Outro, uma alteridade radical que porta certo saber. A arte da psicanálise será, na maior parte das vezes, simplesmente deixar os sonhos "falarem por si mesmos, sendo escutados em sua força reparadora e transformativa pelo próprio sonhador".[28]

27 Citado em: Beradt, C. (2017). *Sonhos no Terceiro Reich: com o que sonhavam os alemães depois da ascensão de Hitler* (p. 33). São Paulo: Três Estrelas.

28 Dunker, C. (2017). O sonho como ficção e o despertar do pesadelo. In C. Beradt, *Sonhos no Terceiro Reich: com o que sonhavam os alemães depois da ascensão de Hitler* (p. 10). São Paulo: Três Estrelas.

11. O sonho é uma realização de desejo

Que os sonhos comportam votos e aspirações não foi nenhuma novidade. Mas dizer que só existem sonhos de realização de desejo é uma tese nova e chocante da qual Freud nunca abriu mão. É a partir dela que ele constitui o aparelho psíquico e, podemos dizer, a própria psicanálise.

Antonio Quinet[1]

Freud considera que o sonho será sempre da ordem de uma formação de compromisso, como o sintoma. Uma formação de compromisso com *Wünsche* diversos, que estarão em acordo ou desacordo. Uma formulação que seguiu até o final de sua obra, mesmo após suas concepções a respeito do sonho traumático em *Além do princípio do prazer* (1920). Assim apresenta o sonho em 1938, no seu último escrito relativo aos sonhos, o *Compêndio da psicanálise*:

1 Quinet, A. (2008). *A descoberta do inconsciente* (p. 72). Rio de Janeiro: Jorge Zahar.

> *Não se pode esquecer que em todos os casos o sonho é o resultado de um conflito, uma espécie de formação de compromisso. O que é uma satisfação para o isso inconsciente pode, precisamente por isso, ser um motivo de angústia para o eu. . . . Faz-se justiça a todas as experiências quando se diz que o sonho é sempre uma* tentativa *de eliminar a perturbação do sono por meio da realização de desejo; que ele é, portanto, o guardião do sono.*[2]

Wünsche diversos que se apresentam no trabalho de formação de um sonho, mas usualmente estão distorcidos pela censura. Falemos então um pouco da palavra *Wunsch*, ou voto, que Freud eleva à categoria de conceito em *A interpretação dos sonhos*. Ela se tornou uma "palavra *passe-partout* servindo para designar principalmente: as aspirações pré-conscientes, o desejo de dormir (*Wunsch zu schlafen*) e também o desejo inconsciente (*Unbewusster Wunsch)*".[3] Abordemos primeiro o *Unbewusster Wunsch*, desejo inconsciente, que se expressa no sonho como em nenhum outro lugar. Assim Freud se refere a ele na epígrafe de *A interpretação dos sonhos*: "*Flectere si nequeo superos, Acheronta movebo*", ou "Já que no céu nada alcanço, recorro às potências do Inferno".[4] Há algo de infernal, diabólico, no próprio desejo.

Retomemos Freud e sua assertiva de que o sonho não se constitui sem o desejo inconsciente. O desejo inconsciente está continuamente à espreita, pronto a se expressar e transferir sua intensidade maior

---

2 Freud, S. (2017b). *Compêndio da psicanálise* (p. 97-98). Renato Zwick, Trad. Porto Alegre: L&PM.

3 Quinet, A. (2008). *A descoberta do inconsciente* (p. 69). Rio de Janeiro: Jorge Zahar.

4 Virgílio. (1983). *Eneida*, VII, 312. Carlos Alberto Nunes, Trad. Brasília: UnB.

à intensidade menor de uma moção consciente. Já o *Wunsch* pré--consciente, por exemplo, terá de buscar necessariamente um reforço no desejo inconsciente para que tenha alguma chance de integrar o sonho. Os desejos inconscientes são indestrutíveis. Não há meios de destruí-los. Mostram-se sempre prontos a reviver, retornar, estão sempre em movimento.

Desejos que, tal qual narrados na Odisseia, "despertam para uma vida nova tão logo tenham bebido sangue". São "imortais", como "os titãs dos mitos, nos quais há tempos imemoriais pesam as imensas massas rochosas outrora lançadas sobre eles pelos deuses vitoriosos".[5] Recordemos que os titãs foram punidos no mito por tentarem escalar até a morada dos deuses, rumo ao céu. A metáfora dos titãs é vigorosa e nos permite apreender a dimensão do "impossível, de audácia, do escândalo do desejo". Um desejo que nomeia justamente aquilo "que os antigos qualificavam de o demoníaco, o indomável na alma".[6]

O *Wunsch* inconsciente ainda determina o tempo do sonho. De certa forma, o desejo no sonho se realiza sempre no presente e se faz ativo de modo permanente e constante, mesmo quando expressa um desejo de tempos idos. Nele nada se perde, fica para trás ou é esquecido. Podemos considerar que está desde cedo presente e se enlaça invariavelmente à memória, ao passado.

Freud remete o desejo inconsciente ao infantil e a uma primeira "vivência de satisfação" alucinatória. Toma como premissa a experiência do bebê ao nascer, que mama e faz cessar o estímulo interno que o perturba: "Um componente essencial dessa vivência de satisfação é uma percepção específica (a da nutrição, em nosso

5 Freud, S. (2017a). *A interpretação dos sonhos* (p. 581). Porto Alegre: L&PM.

6 Quinet, A. (2008). *A descoberta do inconsciente* (p. 77). Rio de Janeiro: Jorge Zahar.

exemplo) cuja imagem mnêmica fica associada, daí por diante, ao traço mnêmico da excitação produzida pela necessidade".

A ideia de Freud consiste no fato de que, quando a necessidade é despertada pela segunda vez, surge uma moção psíquica para restabelecer aquela experiência de satisfação original. O outro nome dessa moção psíquica é *desejo*. O reaparecimento da percepção se tornará a realização do desejo. Freud ainda presume que houve "um estado primitivo do aparelho psíquico em que esse caminho era realmente percorrido, isto é, em que o desejo terminava em *alucinação*".[7]

Na origem do processo primário se apresenta então uma "força propulsora para a realização de um desejo"[8] e a busca por um objeto a ser reencontrado: um objeto alucinado. Essas elaborações fundamentam a articulação do desejo ao objeto; o desejo inconsciente tenta restabelecer o objeto de satisfação original por meio de uma completa catexia da percepção, mas a satisfação não sobrevém, pois o objeto está perdido, invariavelmente. O desejo passa a ser correlativo à falta, à impossibilidade de se atingir tal objeto real. Freud formula que toda a complexa atividade de pensamento "constitui simplesmente um caminho indireto para a realização de desejo", como o sonho, uma vez que "nada senão o desejo pode colocar nosso aparelho anímico em ação".[9] Ou seja, somente o desejo pode animar nosso aparelho psíquico e o sonho representa o modelo para essa concepção de seu funcionamento.

Em nosso estudo, interessam-nos especialmente as fantasias de fome – predominantes nos campos. Atentemo-nos ao fato de que Freud já se refere a elas na *Traumdeutung*, pareando-as ao

---

7 Freud, S. (1987). A interpretação dos sonhos. In S. Freud, *Edição standard brasileira das obras psicológicas completas de Sigmund Freud* (p. 516). Jayme Salomão, Trad. Rio de Janeiro: Imago.

8 *Ibid.*, p. 515.

9 *Ibid.*, pp. 516-517.

funcionamento das psicoses alucinatórias. Indica que uma catexia somente consegue se manter *incessantemente* nas psicoses alucinatórias e nas fantasias de fome, as quais "esgotam toda sua atividade psíquica no apego ao objeto de desejo".[10]

No seminário 6, "O desejo e sua interpretação", Lacan comenta a elaboração freudiana em torno da primeira vivência de satisfação, deslocando-a radicalmente do princípio da necessidade: "nenhuma necessidade é satisfeita por uma satisfação alucinatória".[11] Temos de saída somente o significante. O processo primário apenas acentua a função do significante, o qual busca um objeto a ser reencontrado "por meio de uma *Vorstellung*,[12] reevocado porque a *Vorstellung* corresponde a um primeiro trilhamento".[13] Assim, o sonho preencherá com significantes a falta constitutiva do desejo. Quinet evoca de modo interessante o enlace do desejo com a *Vorstellung*:

> *O desejo é o vetor que indica a direção do processo alucinatório do sonho, vetor que aponta a* Vorstellung *que deve aparecer em cena. Trata-se aí da característica do processo primário que visa a busca do objeto a ser reencontrado pela via de um significante evocado: o desejo acende a representação tornando-a visível para o sonhador, fazendo-o assim alucinar o objeto. A alucinação, protótipo do sonho, apresenta a característica do processo primário, que é a identidade da percepção (a*

---

10 *Ibid.*, p. 516.

11 Lacan, J. (2016). *O seminário – livro 6: o desejo e sua interpretação* (p. 78). Claudia Berliner, Trad. Rio de Janeiro: Zahar.

12 *Vorstellung* pode ser traduzido como representação ou ideia.

13 Lacan, J. (2016). *O seminário – livro 6: o desejo e sua interpretação* (pp. 80-81). Claudia Berliner, Trad. Rio de Janeiro: Zahar.

> *representação aparece lá onde o objeto falta) por oposição à identidade de pensamento típica do processo secundário. O objeto do gozo está para sempre perdido e em seu lugar há um furo que causa o desejo, rodeado pelos traços que se tornaram sua representação.*[14]

O objeto de gozo está para sempre perdido e em seu lugar há um furo que causa o desejo. "O desejo desliza pelos significantes que volteiam esse furo na trama do inconsciente, o qual podemos escrever com o matema S(Ⱥ), vazio de representações, recoberto por uma cena de gozo."[15]

Retomo a articulação original freudiana pois aí podemos ler a ponte entre o real e o umbigo do sonho freudiano. Freud se refere ao umbigo do sonho em *A interpretação dos sonhos* como "o ponto onde ele (o sonho) mergulha no desconhecido":

> *Os pensamentos oníricos a que somos levados pela interpretação não podem, pela natureza das coisas, ter um fim definido; estão fadados a ramificar-se em todas as direções dentro da intricada rede de nosso mundo do pensamento.* É de algum ponto em que essa trama é particularmente fechada que brota o desejo do sonho, tal como um cogumelo de seu micélio.[16]

---

14 Quinet, A. (2008). *A descoberta do inconsciente* (p. 81). Rio de Janeiro: Jorge Zahar.

15 *Ibid.*, p. 80.

16 Freud, S. (1987). A interpretação dos sonhos. In S. Freud, *Edição standard brasileira das obras psicológicas completas de Sigmund Freud* (p. 516). Jayme Salomão, Trad. Rio de Janeiro: Imago.

Colette Soler comenta:

> *Bela fórmula para dizer que todos os pensamentos se conectam àquilo que não se pode pensar. Paradoxo em Freud: a via régia do inconsciente desemboca, topa com o impossível de se ler, comum furo na legibilidade, legibilidade essa que somente o simbólico permite. No coração da narrativa de sonho, então, tão longe quanto se possa levar as associações, está um centro vazio, portanto, homólogo no sonho ao furo do recalque dito originário, impossível de retirar, e que Lacan nomeou com o termo "a coisa"*, Das Ding.[17]

Todos os pensamentos decorrem daquilo que não se pode pensar. No coração da narrativa do sonho nos deparamos com um centro vazio. O umbigo do sonho é o lugar onde falta significante no campo do Outro, S(Ⱥ), lugar de onde pode brotar o desejo.

Ainda é importante dizer que o *Wunsch* inconsciente freudiano consiste no desejo que Lacan transportará para o seu ensino. Um desejo que estará estruturalmente num lugar de "*ex-sistência*".[18] Por isso Lacan formula que, apesar de o desejo se apresentar articulado por uma trama de significantes, ele se mostrará sempre inarticulável: "que o desejo seja articulado é justamente por isso que ele não é articulável".[19] Esta dimensão do desejo, o *Unbewusster Wunsch*, permanece nos sonhos de Auschwitz.

---

17 Soler, C. *Adventos do real*: *da angústia ao sintoma*. Elisabeth Sapariti, Trad. São Paulo: Aller, 2018, pp. 57-58.

18 Lacan, J. (1998a). A direção do tratamento e os princípios de seu poder. In J. Lacan, *Escritos* (p. 635). Rio de Janeiro: Jorge Zahar.

19 Lacan, J. (1998a). Subversão do sujeito e dialética do desejo. In J. Lacan, *Escritos* (p. 819). Rio de Janeiro: Jorge Zahar.

Retornemos ao sonho para abordar um desejo que, *em todos os casos*, fará par com o desejo inconsciente: o *Wunsch zu schlafen*, ou o *desejo de dormir*.[20] Trata-se de um desejo universal no sonho, "que não é assimilável ao voto, nem ao desejo pré-consciente e tampouco ao desejo inconsciente".[21] Afinal, sonhamos apenas quando dormimos. Podemos dizer que, na leitura freudiana, todo sonho que se efetua é a realização do desejo de dormir. É interessante que Freud o concebe como o "guardião da saúde mental"[22] do sujeito, não se tratando, portanto, de uma função qualquer:

> *Enquanto o desejo do* Ics *consegue encontrar expressão no sonho, depois de sofrer toda sorte de distorções, o sistema dominante se recolhe num desejo de dormir, realiza esse desejo promovendo as modificações que consegue*

---

20 Remeto ao poema "Canção para esquecer Dachau", de Louis Aragon: "Não desperteis esta noite os que dormem... / Ninguém despertará esta noite os que dormem / Não haverá que correr de pés descalços pela neve... / Teu corpo não é mais essa deriva pelas águas da Europa / Teu corpo não é mais essa estagnação esse rancor / Teu corpo não é mais a promiscuidade dos outros / Não é mais sua própria fetidez... / Quando teus olhos estão fechados revês-se / Morrer teria sido tão doce agorinha mesmo / No horror em que o equilíbrio é estratagema / O cadáver de pé à sombra do vagão... / Há neste mundo novo tanta gente / Para quem nunca mais será natural a doçura / Há neste mundo antigo tanta e tanta gente / Para quem qualquer doçura é doravante estranha / Há neste mundo antigo e novo tanta gente / Que seus próprios filhos não poderão compreender / Oh, vós que passais / Não desperteis esta noite os que dormem...". Poema que acompanha Semprun e que ele recita a si mesmo por toda a sua vida. Semprun, J. (1995). *A escrita ou a vida* (pp. 180-183). Rosa Freire D'Aguiar, Trad. São Paulo: Companhia das Letras.

21 Quinet, A. (2008). *A descoberta do inconsciente* (pp. 72-73). Rio de Janeiro: Jorge Zahar.

22 Freud, S. (1987). A interpretação dos sonhos. In S. Freud, *Edição standard brasileira das obras psicológicas completas de Sigmund Freud* (p. 517). Jayme Salomão, Trad. Rio de Janeiro: Imago.

> *produzir nas catexias no interior do aparelho psíquico, e persiste nesse desejo por toda a duração do sono.*[23]

O eu, sistema dominante, realiza o desejo de dormir promovendo as modificações que consegue nas catexias no interior do aparelho psíquico. A censura se exerce nesse sentido, ou seja, a fim de não deixar passar as interpretações que teriam força de despertar o sonhador. Nesse sentido, o desejo de dormir exerce geralmente um efeito facilitador na formação dos sonhos, porque, quando o sistema dominante se retira no desejo de dormir, o sonho pode operar a partir do processo primário, com suas leis próprias de funcionamento (condensação e deslocamento). O desejo de dormir só fracassa no caso de uma força excessiva do desejo inconsciente sobressaltar o eu ou se algo da pulsão irromper no sonho.

Com se dá o seu funcionamento? O desejo de dormir recolhe as cargas de investimento que haviam sido enviadas pelo eu em direção aos objetos e tenta assim produzir "um narcisismo absoluto",[24] que só ocorre parcialmente, uma vez que há uma parcela recalcada pertinente ao sistema *Ics* que não cede ao desejo de dormir. Todo investimento psíquico antes dirigido ao mundo exterior agora se dirige ao eu e o mundo exterior pode então se manter em suspenso para o sonhador.

Freud precisa que no estado de sono há duas regressões diferentes em operação. A primeira, uma regressão do desenvolvimento da libido, responsável pela restauração do "narcisismo primitivo"; a segunda, do desenvolvimento do eu, que faria regredir "até o

23 *Ibid.*, p. 520.

24 Freud, S. (2006). Suplemento metapsicológico à teoria dos sonhos. In S. Freud, *Escritos sobre a psicologia do inconsciente* (Vol. II, p. 82). Luiz Alberto Hanns, Trad. Rio de Janeiro: Imago.

patamar da satisfação (*Befriedigung*) alucinatória dos desejos".[25] Há um estado psíquico do sonhador caracterizado pela quase total retirada do mundo que o circunda e também pela retirada do interesse deste. Os sonhos de Auschwitz parecem confirmar a formulação de Freud de que o desejo de dormir é o guardião de nossa saúde mental.

Lacan se refere ao desejo de dormir no Seminário 6, "O desejo e sua interpretação", como desejo de morte:

> *Primeiramente, esse desejo visa sobretudo à manutenção do sono – Freud articulou isso da forma mais categórica possível –, ou seja, desse estado em que, para o sujeito, a realidade é suspensa. Em segundo lugar, esse desejo é desejo de morte. Ele o é por outro lado e, ao mesmo tempo, o é de modo perfeitamente compatível, na medida em que é muitas vezes por intermédio desse segundo desejo que o primeiro é satisfeito, o desejo de morte sendo aquilo em que o sujeito do* Wunsch *se satisfaz.*[26]

O desejo de dormir está associado a Tânatos, a pulsão de morte, por querer retornar ao estado inanimado, e a uma satisfação para além do princípio do prazer, como concebe Freud na segunda tópica.

Há ainda outro *Wunsch* abundante nos sonhos: o *Wunsch* pré-consciente, o qual, diferentemente do desejo inconsciente, é destrutível.[27] Este desejo pré-consciente expressa o impulso inconsciente

---

25 *Ibid.*, p. 79.

26 Lacan, J. (2016). *O seminário – livro 6: o desejo e sua interpretação* (p. 56). Claudia Berliner, Trad. Rio de Janeiro: Zahar.

27 Quinet tece uma observação bastante interessante a respeito do caráter de destrutibilidade do sistema pré-consciente. Uma análise contaria com isso para operar. Articula que diferentemente do inconsciente, no qual nada se perde, os

a partir dos restos diurnos pré-conscientes, mas não é necessário que tenha existido na vida de vigília, pois pode mostrar o mesmo caráter irracional que qualquer outro material trazido à consciência. Freud nos adverte para que não o confundamos com os pensamentos diurnos pré-conscientes. E como Freud concebe, então, a formação do sonho, considerando-se os diversos *Wünsche* em jogo?

Freud a descreve em três tempos: no primeiro, os restos diurnos, ou seja, as cargas de investimentos que ocupam os pensamentos, incitadores do sonho, serão reforçados pelo *Ics*; num segundo, haverá a formação do desejo pré-consciente do sonho, que expressa o impulso inconsciente e é veiculado pelos restos diurnos; o terceiro tempo se dá pela regressão, momento em que se inicia o processo no *Pcs*, que, já reforçado no inconsciente, toma o caminho inverso, passando pelo *Ics* até chegar à percepção que está se impondo ao consciente.

A "regressão dos restos diurnos pré-conscientes" pode ser descrita como uma "transformação dos pensamentos para imagens"[28] predominantemente visuais: representações-palavra passam à categoria de representações-coisa. Concluída a regressão, teremos uma série de cargas investidas no sistema *Ics*, agora depositadas em lembranças-de-coisas. E é justamente nessas lembranças-de-coisas que o processo primário incidirá. Na finalização do processo onírico, o conteúdo do pensamento que havia sido regressivamente

---

fenômenos pré-conscientes são destrutíveis, e é nessa diferença que repousa a psicanálise. Podemos articular o inconsciente ao simbólico da linguagem, que não se extingue, e o pré-consciente ao registro imaginário, "cujas formações se compõem, e recompõem, se formam e esvaem por não serem determinantes, e sim determinadas pelas cadeias simbólicas significantes do inconsciente". Quinet, A. (2008). *A descoberta do inconsciente* (pp. 76-77). Rio de Janeiro: Jorge Zahar.

28 Freud, S. (2006). Suplemento metapsicológico à teoria dos sonhos. In S. Freud, *Escritos sobre a psicologia do inconsciente* (Vol. II, pp. 84-85). Luiz Alberto Hanns, Trad. Rio de Janeiro: Imago.

modificado e "transformado numa fantasia que expressa um desejo"[29] se torna pré-consciente na forma de uma percepção sensorial. A elaboração secundária ocorrerá nesta fase. O sujeito, ao final, "alucina o desejo do sonho" e, por isso, "acredita que esse desejo está se realizando de fato".[30]

Agora nos ocupemos um pouco mais dos pensamentos e dos restos pré-conscientes do dia anterior, os incitadores do sonho, que precisam encontrar no sonho um reforço por meio de um elemento inconsciente. Eles são necessários ao processo de formação do sonho, mas não são suficientes. Para precisar seu funcionamento, Freud se refere à metáfora do empresário e do capitalista:

> *O pensamento diurno pode perfeitamente desempenhar o papel do* empresário *do sonho; mas o empresário, que, como se costuma dizer, tem a ideia e a iniciativa para executá-la, não pode fazer nada sem o capital; ele precisa de um* capitalista *que possa arcar com o gasto, e o capitalista que fornece o desembolso psíquico para o sonho é, invariavelmente e indiscutivelmente, sejam quais forem os pensamentos do dia anterior,* um desejo oriundo do inconsciente.[31]

Os pensamentos e os restos diurnos pré-conscientes exemplificam o empresário, que dispõe da ideia e da iniciativa para executar determinado trabalho, no entanto, lhe falta o capital, o desejo inconsciente, representado pelo capitalista. Sem o desejo inconsciente, um sonho não se constitui. Um aspecto que nos interessa nessa relação reside

29 *Ibid.*, pp. 84-85.

30 *Ibid.*, pp. 84-85.

31 Freud, S. (1987). A interpretação dos sonhos. In S. Freud, *Edição standard brasileira das obras psicológicas completas de Sigmund Freud* (p. 512). Jayme Salomão, Trad. Rio de Janeiro: Imago.

no fato de que o desejo inconsciente pode – no intuito de atravessar a censura – transferir investimento das representações recalcadas para os restos diurnos, uma vez que estes se apresentam usualmente indiferentes ao eu.

Freud acrescenta, num momento posterior, que os "resíduos diurnos incitadores do sonho vêm dos fortes interesses da vida desperta". As palavras do Outro que por alguma razão se tornaram significativas para o sonhador podem entrar nessa esfera dos restos diurnos e, similarmente, "outros interesses do dia, ainda pendentes e carregados de afetos".[32] Dessa forma, também poderão perturbar o sono e acordar o sonhador, como no sonho do pai que vela o filho morto, o qual trabalharemos um pouco adiante.

Talvez no momento possamos conjeturar outras perguntas concernentes ao funcionamento dos sonhos nos campos de concentração: como o desejo inconsciente do sonho poderia ter promovido uma transferência a restos diurnos indiferentes se nada se fazia indiferente nos campos? Todas as palavras e estímulos eram, continuamente, excessivos numa dimensão inimaginável.

Teria sido possível manter a censura e a deformação onírica no sonho quando o eu dos sonhadores se fez praticamente aniquilado?

Abordemos agora a leitura lacaniana do *Wunsch* pré-consciente freudiano – ele é o mesmo que a *demanda* em seu ensino. É interessante que o termo *Wunsch*, na língua alemã, esteja muito mais relacionado à demanda que ao desejo inconsciente. Assim, o termo sempre designou, na língua alemã, um voto, uma aspiração, um desejo, ou mesmo um pedido, e não conotaria, por exemplo, um desejo sexual.

---

32 Freud, S. (2014). Conferências introdutórias à psicanálise (1916-1917). In S. Freud, *Obras completas* (Vol. 13, pp. 321-322). Sérgio Tellaroli, Trad. São Paulo: Companhia das Letras.

Podemos sustentar que o *Wunsch* inconsciente e o *Wunsch* pré-consciente freudiano se traduzem no *desejo* e na *demanda* lacanianos. Lacan explicita sua leitura especialmente no seminário 5, "As formações do inconsciente", e no seminário 6, "O desejo e sua interpretação": o desejo e a demanda "estão lá, e Freud não os colocou, mas os leu".[33] Segundo Lacan, o sonho "diferencia de maneira . . . não manifesta e totalmente enigmática – basta ver o trabalho a que Freud se dá – o que é preciso chamar de uma demanda e de um desejo". Isso em decorrência de uma especificidade da língua alemã, a qual "não encontra outro meio para designá-lo a não ser chamando de um voto, *Wunsch*, que está, em suma, entre demanda e desejo".[34]

Ao se referir aos sonhos, Lacan afirma que "em parte alguma evidencia-se mais claramente que o desejo do homem encontra seu sentido no desejo do outro", pois "seu primeiro objeto é ser reconhecido pelo outro".[35] O sujeito apenas pode encontrar seu desejo na demanda e no lugar do Outro, como lugar da fala. Logo, desejo e demanda se mostram absolutamente enlaçados na constituição do sujeito da psicanálise. Lacan formula: "o sujeito, articulando a cadeia significante, traz à luz a falta a ser com o apelo de receber seu complemento do Outro, se o Outro, lugar da fala, é também o lugar dessa falta". Mas o que é "dado ao Outro preencher" é exatamente o que ele não tem, "pois também nele o ser falta".[36] O sujeito sempre demanda amor ao Outro. O sujeito pode endereçar uma demanda ao Outro no próprio sonho, e o sonho, instalado neste lugar Outro, também responde à demanda do sujeito.

---

33 Lacan, J. (1999). *O seminário – livro 5* (p. 387). Rio de Janeiro: Jorge Zahar.

34 Lacan, J. (1997). Ouverture de la Section Clinique (1976). *Ornicar?*, 9.

35 Lacan, J. (1998a). Função e campo da fala e da linguagem em psicanálise. In J. Lacan, *Escritos* (p. 269). Rio de Janeiro: Jorge Zahar.

36 Lacan, J. (1998a). A direção do tratamento e os princípios de seu poder. In J. Lacan, *Escritos* (p. 633). Rio de Janeiro: Jorge Zahar.

Falemos um pouco mais da articulação desejo-demanda a partir do sonho de crianças e do sonho da pequena Anna, filha de Freud. O sonho de Anna (de 1 ano e 5 meses) é abordado no capítulo III de *A interpretação dos sonhos*, especialmente voltado ao sonho como realização de desejo. Trata-se certamente do sonho mais precoce trabalhado por Freud na sua obra, que pode nos ensinar, como os demais sonhos de crianças, a respeito da própria estrutura do sonhar:

> *A psicologia infantil, em minha opinião, está destinada a prestar à psicologia do adulto serviços tão úteis quanto os que a investigação da estrutura ou do desenvolvimento dos animais inferiores tem prestado à pesquisa da estrutura das classes superiores de animais.*[37]

O sonho de crianças explicita a "ideografia primordial"[38] do sonhar. Em nota acrescentada em 1911, Freud observa que "os adultos, em certas circunstâncias, muitas vezes têm sonhos de caráter similarmente simples e infantil", que parecem ocorrer quando se encontram "em situações externas inusitadas".[39] Em 1914, acrescenta:

> *De acordo com Du Prel: "Mungo Park, quando estava prestes a morrer de sede numa de suas viagens pela África, sonhava incessantemente com os vales e as campinas de sua pátria, bem providos de água. De modo semelhante,*

---

37 Freud, S. (1987). A interpretação dos sonhos. In S. Freud, *Edição standard brasileira das obras psicológicas completas de Sigmund Freud* (p. 145). Jayme Salomão, Trad. Rio de Janeiro: Imago.

38 Lacan, J. (1998a). Função e campo da fala e da linguagem em psicanálise. In J. Lacan, *Escritos* (p. 268). Rio de Janeiro: Jorge Zahar.

39 Freud, S. (1987). A interpretação dos sonhos. In S. Freud, *Edição standard brasileira das obras psicológicas completas de Sigmund Freud* (pp. 148-149). Jayme Salomão, Trad. Rio de Janeiro: Imago.

> *o Barão Trenck, que sofria os tormentos da fome quando prisioneiro da fortaleza de Magdeburgo, sonhava estar rodeado de suntuosas refeições; e George Back, que tomou parte na primeira expedição de Franklin, quando estava quase morrendo de fome em decorrência de suas terríveis privações, sonhava constante e regularmente com refeições abundantes".*[40]

Podemos incluir alguns dos sonhos de Auschwitz na mesma condição, como já justificamos na "Abertura". Os sonhos de pão sonhados nos campos de concentração e extermínio, os quais apresento e discuto um pouco mais à frente, parecem apresentar uma íntima ligação com os sonhos já citados por Freud em 1914, os quais só comprovaram sua tese do sonho como realização de desejo.

Retornemos ao sonho de Anna e às condições que precederam sua realização. Freud nos conta que, no dia anterior ao sonho, Anna havia vomitado bastante pela manhã, por isso ficara praticamente todo o dia sem comer. Na madrugada seguinte, ele a escuta exclamar excitadamente enquanto sonhava: "Anna Freud, molangos, molangos silvestes, omelete, pudim!".[41] Vale comentar que Anna costumava usar seu nome para pedir algo e seu menu incluía tudo aquilo de que mais gostava. Freud ainda acrescenta que a aparição dos morangos nas duas variedades significava uma óbvia reclamação ao fato de a babá ter atribuído sua indisposição aos morangos. Um sonho curto, simples, que revela a estrutura do sonho como realização de desejo. Anna sonha com morangos e, assim, não precisa acordar para comê-los, pois realiza seu desejo no próprio sonhar e pode continuar a dormir.

---

40 *Ibid.*, p. 149.
41 *Ibid.*, pp. 147-148.

Além disso, podemos acrescentar que esse sonho passou em certa medida pelo trabalho do sonho, ou seja, "pela transformação do desejo em realidade", ou "dos pensamentos em imagens visuais",[42] sem necessitar de uma interpretação, pois bastaria revertermos ambas as transformações. Um sonho no qual se produz uma série de objetos-significantes, por meio dos quais desliza o desejo. Objetos que, de certa forma, explicitam a recusa do sonhador com relação à demanda (proibição) do Outro (babá).

No seminário 6, "O desejo e sua interpretação", Lacan comenta, na lição IV, o sonho da pequena Anna e marca, a partir dele, a íntima articulação do inconsciente com o interdito primeiro e a demanda do Outro. As palavras articuladas em voz alta durante o sonho fazem Lacan ressaltar novamente a importância do significante. Com ele, somos introduzidos na "topologia do recalque – a mais clara, a mais formal, também a mais articulada".[43] Topologia que se articula à estrutura do próprio significante e é constituída por duas cadeias superpostas: o enunciado e a enunciação. Lacan se refere à *Verneinung*[44] freudiana como motor, "situando-a na própria raiz da fase mais primitiva em que o sujeito se constitui como tal e se constitui especialmente como inconsciente".[45]

No sonho, a escolha dos elementos não é indiferente, "trata-se precisamente de tudo o que lhe foi interdito, *inter-dito*, de tudo aquilo a cuja demanda lhe disseram *Não! Não pode pegar*".[46] Há um *dizer que não*, um protesto do sujeito à interdição do Outro articulado à

42 Freud, S. (2014). Conferências introdutórias à psicanálise (1916-1917). In S. Freud, *Obras completas* (Vol. 13, p. 230). Sérgio Tellaroli, Trad. São Paulo: Companhia das Letras.

43 Lacan, J. (2016). *O seminário – livro 6* (p. 83). Rio de Janeiro: Zahar.

44 *Verneinung* pode ser traduzido por negativa ou denegação.

45 Lacan, J. (2016). *O seminário – livro 6* (p. 95). Rio de Janeiro: Zahar.

46 *Ibid.*, p. 82.

"estrutura mais profunda do significante". Lacan comenta que Freud apontara amplamente "a frequência com que o sonho toma essa via, a saber, que no que ele articula como não devendo ser dito reside justamente o que ele tem para dizer e por onde passa o que é efetivamente dito no sonho".[47] Nesse sentido, o sonho de Anna mostra o ato de enunciação do sujeito que essencialmente diz não e, assim, se faz desejante diante do Outro. Uma recusa que também é expressão do desejo.

Charlotte Beradt apresenta um sonho interessante de uma faxineira alemã, sonhado no verão de 1933, que explicita o mesmo mecanismo:

> *Sonho que, por precaução, falo russo enquanto durmo (não sei falar russo e também não falo durante o sono),* para que eu mesma não me compreenda *e, assim, ninguém me entenderá caso eu diga algo sobre o Estado, pois isso é proibido e precisa ser denunciado.*[48]

A sonhadora fala russo no intuito de que ela mesma não se entenda e muito menos o outro, especialmente no caso de falar algo, sem querer, a respeito do Estado, uma forma de evitar que fosse denunciada. Ao não querer dizer nada relativo ao Estado, a sonhadora já fala dele. Ao se representar falando russo, inventa outra língua por meio da qual poderia escapar da censura do Estado alemão. O sujeito *diz não* e ainda se escancaram as duas dimensões sempre presentes na fala e no sonho: o enunciado e a enunciação. Essa dimensão do *dizer que não* do sujeito[49] do inconsciente se articula intimamente ao

47 *Ibid.*, p. 94.

48 Citado em: Beradt, C. (2017). *Sonhos no Terceiro Reich: com o que sonhavam os alemães depois da ascensão de Hitler* (p. 70). São Paulo: Três Estrelas.

49 Em *O aturdito*, texto de 14 de julho de 1972, Lacan se refere ao "dizer não" do sujeito nas fórmulas lógicas da sexuação. O sujeito nesta articulação se localiza no lugar da

desejo no sonho e figura num lugar de *ex-sistência*. Por isso, apenas pode transparecer na demanda, no para-além ou para-aquém dela:

> *O desejo se esboça na margem em que a demanda se rasga a necessidade: essa margem é a que a demanda, cujo apelo não pode ser incondicional senão em relação ao Outro, abre sob a forma da possível falha que a necessidade pode aí introduzir, por não haver satisfação universal (o que é chamado de angústia).*[50]

Lacan expressa que o desejo se delineia numa margem que pode estar "coberta pelo pisoteio de elefante do capricho do Outro",[51] pelo fantasma, contudo, persiste em sua dimensão de condição absoluta. O desejo se configura como o resultado de uma subtração: "da exigência da necessidade em relação à demanda de amor". No entanto, "o desejo apresenta-se como aquilo que, na demanda de amor, é rebelde a qualquer redução a uma necessidade, porque na realidade não satisfaz a nada senão ele mesmo, ou seja, ao desejo como condição absoluta".[52] O caráter absoluto do desejo indica essencialmente sua possibilidade de desprendimento do Outro.[53]

---

exceção, *necessário*, existe ao menos um que diz não à função proposicional fálica. Uma exceção que funda o universal lacaniano; não há universal sem exceção. No texto ainda é possível correlacionar o sujeito ao *impossível*, ao dizer. Logicamente, o sujeito lacaniano está entre o necessário e o impossível. Lacan, J. (2003). O aturdito. In J. Lacan, *Outros escritos* (p. 459). Rio de Janeiro: Jorge Zahar.

50 Lacan, J. (1998a). Subversão do sujeito e dialética do desejo. In J. Lacan, *Escritos* (p. 828). Rio de Janeiro: Jorge Zahar.

51 *Ibid.*, p. 828.

52 Lacan, J. (1999). *O seminário – livro 5* (p. 395). Rio de Janeiro: Jorge Zahar.

53 Podemos aludir aqui ao final de uma análise. Trago a elaboração de Bousseyroux de que chegar ao fim de uma análise pode ser formulado como uma liberação da "Ocupação [com a conotação histórica dessa palavra, e que nos concerne aqui] *do ser do desejo pelo fantasma e seu Deus obscuro*". Bousseyroux, M. (2014). A

Considerados os vários *Wünsche* do sonho freudiano, passo à uma última apreciação, que diz respeito à delimitação do sonhar e sua função.

Freud nos presenteia com algumas advertências valiosas. A primeira delas é a de que os sonhos não são o mesmo que o inconsciente. A segunda: os pensamentos pré-conscientes – juízos, conclusões, refutações, expectativas, propósitos – não se confundem com os sonhos, tampouco com os desejos inconscientes.

Os pensamentos pré-conscientes são submetidos às leis que regem a atividade inconsciente, visto que estabeleceram durante a noite "conexões com as tendências inconscientes, foram assimilados a elas e, de certa forma, degradados à condição de pensamentos inconscientes".[54] No entanto, eles não são o sonho propriamente dito, pois o "trabalho do sonho absolutamente não pensa, calcula ou julga, mas se limita a transformar".[55] Transforma utilizando sempre as operações de condensação, deslocamento e conversão regressiva de pensamentos em imagens, próprias do processo primário.

É interessante que Freud considera os pensamentos oníricos latentes também inconscientes, porém num sentido bastante diverso do desejo inconsciente, de origem infantil. Freud se refere aos pensamentos oníricos inconscientes como "atos psíquicos inconscientes",[56] os quais podemos acessar a partir da interpretação dos sonhos.

---

repetição final: Nietzsche, Freud, Kierkegaard, Blanchot. In D. Fingermann (Org.), *Os paradoxos da repetição* (p. 260). São Paulo: Annablume.

54 Freud, S. (2004). Alguns comentários sobre o conceito de inconsciente na psicanálise (1912). In S. Freud, *Escritos sobre a psicologia do inconsciente* (p. 88). Rio de Janeiro: Imago.

55 Freud, S. *A interpretação dos sonhos* (Vol. 2, pp. 533-534). Renato Zwick, Trad. Porto Alegre: L&PM.

56 Freud, S. (2014). Conferências introdutórias à psicanálise (1916-1917). In S. Freud, *Obras completas* (Vol. 13, p. 247). Sérgio Tellaroli, Trad. São Paulo: Companhia das Letras.

Nessa perspectiva, talvez possamos deduzir algo dos *atos psíquicos inconscientes dos sonhadores* a partir dos sonhos de Auschwitz. Freud ainda afirma que não devemos confundir a matéria dos sonhos – os pensamentos oníricos latentes – com o trabalho que lhe dá forma:

> *Um sonho, portanto, nunca é simplesmente uma intenção ou uma advertência, mas sempre uma intenção etc. traduzida para um modo de expressão arcaico com o auxílio de um desejo inconsciente e reconfigurada para realizar esse desejo. Uma de suas características, o da realização de um desejo, é constante; a outra pode variar; pode ser um desejo também, de modo que o sonho, com o auxílio de um desejo inconsciente, apresenta como realizado um desejo latente do dia.*[57]

Portanto, se há algo constante no sonho, é que ele sempre realiza um desejo.

Freud utiliza o termo "sonho" somente para se referir ao sonho manifesto ou, no máximo, ao próprio trabalho do sonho, processo psíquico que dá forma ao sonho manifesto a partir dos pensamentos oníricos latentes, e nos adverte: "Qualquer outro uso da palavra provoca uma confusão conceitual que só pode causar dano".[58]

E a função do sonho para Freud e Lacan? Freud considera que a função do sonho consiste sobretudo em prolongar o sono, de forma a nos manter dormindo e, para isso, realiza um desejo. Assim, ao acordarmos, o sonho fracassou. Freud ainda sustenta que o sonho não pretende dizer nada a ninguém. Ao contrário, "quer permanecer

57 *Ibid.*, p. 303.
58 *Ibid.*, p. 302.

incompreendido".[59] Parece evidente que Freud pretende descobrir a lógica de produção do sonho *no seu tempo mesmo de formação.*

Já em Lacan a função do sonho parece referir sempre ao despertar e à direção do tratamento. Há uma ênfase no fato de que, numa análise, a função do trabalho com o sonho se encaminha para o despertar do sujeito. Lacan formula que o sonho é formado para o reconhecimento do desejo do sujeito, um desejo apenas "captado na interpretação".[60] Portanto, "não é dormindo que nos fazemos reconhecer".[61] O sonho não mais se articula à consciência do acordar e à representação.

Há uma oposição entre as formulações dos dois autores? No seminário 17, "O avesso da psicanálise", Lacan sublinha que o desejo de dormir é o maior enigma que Freud apresenta no mecanismo do sonho. Diz ser curioso que um sonho desperte "justamente no momento em que poderia deixar escapar a verdade, de sorte que só acordamos para continuar sonhando – sonhando no real, ou, para ser mais exato, na realidade".[62] É igualmente curioso que Lacan parece ter relido o despertar no texto do próprio Freud.

Notemos como Freud finaliza as *Conferências introdutórias* dedicadas ao sonho, referindo-se a esta outra modalidade de despertar:

> *E, se considerarmos a radical analogia entre a construção do sonho e a do sintoma neurótico e, ao mesmo tempo,* a rapidez da transformação que faz do sonhador uma

---

59 *Ibid.*, p. 313.

60 Lacan, J. (1998a). A direção do tratamento e os princípios de seu poder. In J. Lacan, *Escritos* (p. 629). Rio de Janeiro: Jorge Zahar.

61 *Ibid.*, p. 630.

62 Lacan, J. (1992). *O seminário – livro 17: o avesso da psicanálise, 1969-1970* (p. 54). Rio de Janeiro: Jorge Zahar.

> pessoa desperta e sensata, *adquirimos a certeza de que também a neurose repousa apenas na alteração do jogo de forças entre os poderes da vida psíquica.*[63]

Nesse ponto, Freud afirma que a construção e a interpretação do sonho em análise devem despertar o sonhador e acrescenta que isso consiste numa forte indicação de que também se poderia despertar de uma neurose, numa temporalidade mais alongada. Nesse sentido, parecemos estar diante de uma falsa oposição ou problema ao marcarmos que, para Lacan, a função do sonho está no despertar, enquanto para Freud reside no dormir. Ambos parecem se referir a problemas teóricos diferentes e temporalidades distintas. Retomarei logo mais a função do sonhar em Freud e Lacan a partir da análise do sonho do pai que vela seu filho morto.

63 Freud, S. (2014). Conferências introdutórias à psicanálise (1916-1917). In S. Freud, *Obras completas* (Vol. 13, p. 323, grifo meu). Sérgio Tellaroli, Trad. São Paulo: Companhia das Letras.

12. Sonho traumático, repetição e despertar

O canto do corvo (II)

Quantos são os seus dias? Eu os contei:
Poucos e breves, todos de tormentos;
Dessa angústia da noite inevitável,
Quando a sós nada serve de anteparo;
Do temor da alvorada seguinte,
Da espera por mim, que o aguardo,
De mim, que (inútil, inútil fugir!)
Vou persegui-lo até os confins do mundo,
Cavalgando sobre seu cavalo,
Manchando a ponte de sua nave
Com minha pequena sombra escura,
Sentando-me à mesa onde você se senta,
Hóspede sem falta dos seus refúgios,
Parceiro sem falta dos seus descansos.

Até que se cumpra o que foi dito,
Até que sua força se desfaça,
Até que você mesmo se acabe
Não com um baque, mas com um silêncio,
Como em novembro as árvores se despem,
Como se encontra parado um relógio.

Primo Levi[1]

Detive-me particularmente no sonho traumático do pai que vela seu filho morto, o sonho que atraiu a atenção de Freud e Lacan "de uma maneira toda especial".[2] O tempo desse sonho é relevante para nós pois ocorre logo após a morte de um filho, ainda em seu velório. Como os sonhos de Auschwitz, podemos formular que ele transcorre no tempo do acontecer do trauma. É um sonho utilizado por Freud em *A interpretação dos sonhos* e, mais tarde, por Lacan, especialmente no seminário 11, "Os quatro conceitos fundamentais da psicanálise" (1964), nas primeiras lições dedicadas ao inconsciente e à repetição.

Poderíamos dizer hoje que esse sonho funcionou aos dois autores na posição de saber, S2, no lugar da verdade do discurso do analista, proposto por Lacan. Um sonho que questionou ambos quanto à estrutura do sonhar e os fez avançar em importantes questões teóricas para a psicanálise. Além disso, mostra-se curiosa a maneira como esse sonho aparece na obra freudiana. No início do último capítulo de *A interpretação dos sonhos*, após o monumental trabalho de interpretar e destrinchar uma série de sonhos para encontrar neles o seu sentido particular, Freud apresenta o enigmático sonho:

1 Levi, P. (2019). *Mil sóis: poemas escolhidos* (pp. 42-43). Maurício Santana Dias, Trad. São Paulo: Todavia.

2 Freud, S. (2017a). *A interpretação dos sonhos* (p. 535). Porto Alegre: L&PM.

> *Até aqui nos preocupamos sobretudo em saber no que consiste o sentido oculto dos sonhos, qual o método para encontrá-lo e de que meios o trabalho do sonho se serviu para escondê-lo. As tarefas da interpretação dos sonhos estiveram até o momento no centro de nosso campo de visão. E agora topamos com esse sonho que não coloca nenhuma tarefa à interpretação, um sonho cujo sentido é dado abertamente, e notamos que ele ainda conserva as características essenciais pelas quais um sonho se diferencia chamativamente de nosso pensamento de vigília e estimula nossa necessidade de explicações. Só depois de eliminar tudo aquilo que diz respeito ao trabalho de interpretação é que podemos perceber o quanto ficou incompleta nossa psicologia do sonho.*[3]

Não é mais a interpretação que o interessa nesse sonho, pois seu sentido está explícito e ele não vê dificuldade alguma quanto a esse aspecto. Outras perguntas afloram, como "enigmas cuja solução ainda está em aberto".[4] É um sonho que *insiste*, *resiste*, como se Freud soubesse, sem saber, que sua teoria do sonho como realização de desejo ainda não poderia estar completa. E as condições do achado desse sonho se mostram relevantes para nós. Freud o recolhe no consultório, narrado por uma paciente que, por sua vez, o escuta numa conferência acerca dos sonhos. A paciente, tocada pelo sonho, passa a "(re)sonhá-lo", ou seja, a "repetir elementos desse sonho num sonho próprio a fim de exprimir, mediante essa transferência, uma concordância em um ponto determinado".[5]

---

3 *Ibid.*, p. 536.

4 *Ibid.*, p. 561.

5 *Ibid.*, p. 535.

Aqui vale sublinhar dois aspectos. O primeiro é que não dispomos das interpretações do sonhador por não ter sido recolhido num processo de análise, sob transferência. O que se assemelha a nossa pesquisa, pois os sonhos que aqui recolhemos possuem a mesma característica. O segundo aspecto se refere à repetição. A paciente escuta o sonho numa conferência e o (re)sonha, "repete" elementos do sonho num sonho próprio, e depois o relata a Freud, que, por sua vez, o retoma algumas vezes em sua obra. Há algo que insiste e se repete nesse sonho, e Lacan parece ter lido o fenômeno no seminário 11, ao reinterpretá-lo.

As precondições desse sonho consistem em: um pai que passara dias inteiros junto ao leito do filho doente. Após a criança morrer, o pai vai descansar num quarto contíguo e deixa a porta aberta para ver o cômodo onde se encontra o corpo já morto de seu filho, rodeado por grandes velas. Lá está um velho, sentado ao lado do corpo do filho, encarregado de velar e orar por sua alma. *Após algumas horas de sono, o pai sonha que a criança está parada ao lado de sua cama, pega seu braço e lhe sussurra em tom de repreensão: "Pai, você não vê que estou queimando?"*. O pai acorda, nota um clarão intenso no quarto ao lado, corre até lá, encontra o vigia dormindo e as roupas e um braço do querido filho queimados por uma vela que caíra acesa sobre ele. Logo após relatar o sonho, Freud diz que sua explicação é um tanto "simples" e teria sido apresentada na mesma conferência:

> *Pela porta aberta, o clarão intenso atingiu os olhos do homem adormecido e lhe sugeriu a mesma conclusão que tiraria se estivesse acordado, a saber, que a queda de uma vela provocara um incêndio perto do cadáver. Talvez o pai tenha inclusive ido dormir com a preocupação de que o vigia idoso não estivesse à altura da tarefa.*[6]

6 *Ibid.*, p. 535.

Freud considera sempre os elementos externos incorporados ao sonhar ou aqueles que acordam o sonhador, no caso, provavelmente o cheiro de fumaça ou a preocupação que acompanhara o pai ao se deitar, e somente acrescenta à interpretação a exigência de que o conteúdo do sonho fosse sobredeterminado, ou seja, que a frase da criança pudesse ser decomposta em falas que realmente pronunciara em vida, articuladas a acontecimentos importantes para o pai.

Por exemplo, a queixa "estou queimando" talvez se relacione à febre durante a qual a criança morreu; o trecho "pai, você não está vendo?" *pode se referir* a outra ocasião, desconhecida por nós, rica em afetos. Lembremos que o método de Freud quebra os elementos do sonho em partes. Por isso, ele questiona ainda o porquê de o pai continuar sonhando numa situação em que o recomendável seria acordar o mais rápido possível. *Por que sonhar em vez de acordar diante de uma situação tão terrível?* Algo nada evidente, afinal: por que o sonho postergaria a resposta do pai, uma resposta que deveria ser urgente, dada a realidade lá fora? Freud prontamente se apoia em sua teoria do sonho como *realização de desejo*. A sua hipótese é a de que o sonho teve precedência na reflexão da vigília e vivificou a criança novamente para o pai. Se houvesse acordado antes, o pai teria encurtado a vida da criança em alguns segundos:

> *Nós nos perguntávamos por que afinal ocorria um sonho ao invés de despertar, e reconhecemos que um dos motivos do sonhador era o desejo de imaginar a criança viva. De acordo com discussões posteriores, veremos que outro desejo também desempenha um papel aí. Em primeiro lugar, portanto, é por causa da realização de desejo que o processo de pensamento do sono foi transformado num sonho.*[7]

---

7 *Ibid.*, p. 561.

Então, nesse ponto Freud se refere ao duplo desejo que contribuíra para a persistência do sonho, em vez do despertar. O pai sonha para *realizar o desejo de imaginar o filho ainda vivo*. O segundo desejo apontado por Freud consiste no *desejo de dormir*. O dormir representa a função principal do sonhar: manter o sonhador dormindo e, dessa forma, realizar o desejo. Freud aponta ainda duas características quase independentes uma da outra nesse sonho: a figuração sob a forma de uma situação presente, com a omissão do "talvez",[8] e a transposição do pensamento em imagens visuais e em fala. Já o pensamento onírico desse sonho poderia ser: "Vejo um brilho vindo do quarto onde está o corpo. Talvez uma vela tenha caído e a criança esteja queimando". Os restos daquilo que o pai ouviu e viu, que se articulam ao olhar e à voz, importam na leitura lacaniana deste sonho.

Caruth ilumina questões relevantes em torno do desejo de dormir freudiano. Lê por trás desse sonho um desejo específico, mais fundamental: "o desejo da consciência em si de *não acordar*". Há o pai que evita no sonho a morte do filho e realiza seu desejo de vê-lo vivo novamente, e há também a *própria consciência*, que, em seu sono, dá as costas à morte, não podendo deparar com ela. A autora sublinha que não seria, em primeiro lugar, o "desejo de manter a criança viva o que motiva o sono do pai, mas antes o desejo de dormir da consciência – mesmo à custa de uma realidade premente (*burning reality*) – que impulsiona o sonho". O sonho nos vincula a "algo da própria realidade que nos faz dormir".[9] O desejo de dormir se liga a algo que se presentifica na própria realidade, e o pai sonha em vez de acordar por não conseguir enfrentar a consciência da morte de seu filho. "Não é, portanto, simplesmente que o pai não vê o corpo

8 *Ibid.*, p. 562.

9 Caruth, C. (2000). Modalidades do despertar traumático (Freud, Lacan e a ética da memória). In A. Nestrovski, M. Seligmann-Silva (Orgs.), *Catástrofe e representação* (pp. 116-117). São Paulo: Escuta.

queimando ("Pai, você não está vendo?") – ele o vê – mas não consegue vê-lo e estar acordado ao mesmo tempo".[10] Há o impossível para a consciência de deparar com a morte do filho.

A repetição do evento traumático permanece indisponível para a consciência, mas se intromete sempre na visão. O para além do que pode ser visto e conhecido está intrinsecamente ligado ao atraso e à incompreensão que permanecem no centro dessa forma repetitiva de visão. Um *tempo de atraso*, ou *suspensão*, que transparece nesse sonho e é também o tempo do sujeito no trauma. Caruth nos faz ver que a pergunta de Freud envolvendo o pai – *por que sonhar em vez de acordar*? – teria se tornado uma questão mais profunda e misteriosa em relação à própria consciência: *o que significa dormir? E o que significa desejar dormir?*

Outra consideração relevante é que, para Freud, esse sonho representa um sonho de angústia que se estrutura como realização de desejo, e não como um sonho traumático, condicionado pela compulsão à repetição. É paradoxal a posição de Freud nesse sonho, pois, ao mesmo tempo que não deixa de interpretá-lo como um sonho-desejo, parece transmitir nele um mais além do princípio do prazer, um mais além da interpretação.

O sonho traumático mesmo aparece em Freud tão somente em *Além do princípio do prazer*, de 1920, ao deparar com os sonhos dos soldados que retornaram dos *fronts* da Primeira Guerra Mundial. Nesse importante texto, Freud formula a pulsão de morte, uma força mais além do princípio do prazer e absolutamente independente da pulsão de vida,[11] e assim se refere aos sonhos daqueles soldados:

---

10 *Ibid.*, p. 115.

11 Mezan precisa que a pulsão de morte não representa uma oposição no mesmo nível da pulsão de vida. A pulsão de morte não tem nenhum objeto e apresenta uma única finalidade: o retorno ao inorgânico, ao estado anterior à vida. "Se o modo de funcionamento das pulsões de vida é o investimento, os modos de

> *Se os sonhos dos neuróticos que sofreram acidentes fazem os doentes voltarem regularmente à situação do acidente, então eles não se acham a serviço da realização de desejo, cuja satisfação alucinatória tornou-se, sob o domínio do princípio do prazer, função dos sonhos.*[12]

É importante notarmos que o fenômeno da compulsão à repetição nos sonhos, a volta constante à situação do acidente nessa outra cena, é o que leva Freud a reconsiderar e rever a exclusividade do princípio do prazer nos sonhos e a formular algumas questões: por que esses sonhos *repetiriam* o desprazer? Qual poderia ser a *função* da compulsão à repetição no sonho? Freud sublinha que esses sonhos visam a uma tarefa anterior ao domínio do princípio do prazer, pois têm de "lidar retrospectivamente com o estímulo, mediante o desenvolvimento da angústia, cuja omissão torna-se a causa da neurose traumática".[13] Aos sonhos agora cabe lidar *a posteriori* com o estímulo traumático, excessivo, por meio da angústia. Lembremos que, no capítulo II do mesmo texto, Freud distingue o susto, o medo e a angústia e considera a surpresa um fator capital para o desencadeamento da neurose traumática. A angústia está nesses sonhos, uma vez que se define como espera diante do perigo.

Sandra Berta comenta que, "se antes não foi possível a proteção, agora, no sonho, se promove um trabalho que é de ligar a energia e

---

funcionamento da pulsão de morte são o desinvestimento e a repetição." Mezan, R. (2002). Psicanálise e cultura, psicanálise *na* cultura. In R. Mezan, *Interfaces da psicanálise* (p. 356). São Paulo: Companhia das Letras.

12 Freud, S. (2010). Além do princípio do prazer (1920). In S. Freud, *História de uma neurose infantil, Além do princípio do prazer e outros textos (1917-1920)* (p. 196). Paulo Cesar de Souza, Trad. São Paulo: Companhia das Letras.

13 *Ibid.*, p. 195.

catexizar a experiência. Os sonhos buscariam recuperar esse domínio (*Bewältigung*) sobre os estímulos produzindo angústia".[14] A autora propõe algumas distinções fundamentais: o terror não é o mesmo que a angústia, e a repetição como recordação não é o mesmo que a compulsão à repetição.

A função primordial do sonhar até então, de que o sonho desejaria substancialmente dormir e o faria por meio da realização de desejo, desloca-se nesses casos, e Freud admite pela primeira vez uma exceção à sua tese:

> *Aqui seria, então, o lugar de admitir pela primeira vez uma exceção à tese de que o sonho é uma realização de desejo. Os sonhos de angústia não constituem exceções tais, como já demonstrei repetidamente e em detalhe, e tampouco os "sonhos de castigo", pois apenas substituem a realização proibida do desejo pelo castigo que lhe é apropriado, sendo, portanto, a realização de desejo da consciência de culpa que reage ao impulso repudiado.* Mas os supramencionados sonhos dos neuróticos traumáticos já não se incluem na perspectiva da realização de desejo, nem os sonhos, ocorrentes nas psicanálises, que nos trazem à psicanálise os traumas psíquicos da infância. Eles obedecem antes à *compulsão à repetição*, que na análise, de fato, é favorecida pelo desejo de evocar o que foi esquecido e reprimido.[15]

---

14 Berta, S. L. (2015a). *Escrever o trauma: de Freud a Lacan* (p. 144). São Paulo: Annablume.

15 Freud, S. (2010). Além do princípio do prazer (1920). In S. Freud, *História de uma neurose infantil, Além do princípio do prazer e outros textos (1917-1920)* (p. 196, grifos meus). Paulo Cesar de Souza, Trad. São Paulo: Companhia das Letras.

Particularmente os sonhos dos neuróticos traumáticos e os sonhos que fazem retornar os traumas psíquicos da infância não mais se incluem na perspectiva freudiana da realização de desejo. A compulsão à repetição os determina, acrescida da necessidade de evocar o que foi esquecido e reprimido. A função do sonho é reavaliada:

> *Assim, também a função do sonho, de eliminar motivos para a interrupção do sono por meio da realização de desejo, não seria a sua função original; ela a teria assumido apenas depois que toda a vida psíquica aceitou o domínio do princípio do prazer. Se existe um "além do princípio do prazer", é coerente admitir que também houve uma época anterior à tendência do sonho a realizar desejos. Com isso não é contrariada a sua função posterior. Mas surge, uma vez rompida essa tendência, uma outra questão: Tais sonhos que obedecem à compulsão à repetição, no interesse do ligamento psíquico de impressões traumáticas, não serão possíveis também fora da análise? A resposta é certamente afirmativa.*[16]

A função primordial, original, do sonho se refere a uma função mais primitiva e independente do princípio do prazer. A função do sonho consistirá, daqui em diante, em ligar impressões traumáticas excessivas e reinseri-las numa cadeia associativa simbólica. É interessante notarmos que é o próprio sonho que se encarrega de realizar esse trabalho subjetivo, independentemente da análise ou do analista. Como o trauma entra nessa elaboração? Freud considera o trauma como uma consequência da ruptura do paraexcitações, ou

16 *Ibid.*

Reizschutz, que protege a psique do contato traumático com o mundo exterior. Uma ruptura que inunda o aparelho psíquico de grandes massas de excitação. Daí a "necessidade de dominar essas massas de excitação, estabelecendo uma ligação delas com determinadas representações, para que possam ser escoadas a conta-gotas",[17] o que representa a tarefa psíquica da compulsão à repetição no sonho.

Lacan retoma essa elaboração no seminário 17, "O avesso da psicanálise", para abordar novamente o inconsciente e a operação analítica. Trago aqui pontualmente os discursos, pois entendo que a formulação pode bem precisar a diferença entre o sonho e o inconsciente lacaniano e tocar a função do sonho no acontecer dos campos. Podemos dizer que o sonho também não é o inconsciente para Lacan.

Retornando novamente ao *Além do princípio do prazer* freudiano, Lacan inclui o excesso freudiano em seus quatro discursos, como mais-de-gozar, objeto *a*. O discurso do mestre[18] será o discurso do *inconsciente* lacaniano. Com os discursos, poderíamos localizar o *sonho* no lugar do S2, acima e à direita, como um saber que trabalha no intuito de produzir perda de gozo. O sonho repete, trabalha para perder algo desse excesso. É preciso que algo do discurso do analista[19] opere aí a fim de que o sonho possa se deslocar da compulsão infernal a repetir o trauma. Adentremos então no traumático para os dois autores.

Vejamos como Lacan recupera a repetição em Freud e a recoloca em seu ensino. Uma de suas primeiras formulações a respeito da *compulsão à repetição* se deu em 1955, no texto "A carta roubada", no qual Lacan sustentou que o "automatismo de repetição" (*Wiederholungszwang*)

17 Mezan, R. (2014). *O tronco e os ramos: estudos de história da psicanálise* (p. 279). São Paulo: Companhia das Letras.

18 A fórmula do discurso do mestre é: $\frac{S1}{\$} \rightarrow \frac{S2}{a}$.

19 A fórmula do discurso do analista é: $\frac{a}{S2} \rightarrow \frac{\$}{S1}$.

encontrava seu princípio na "insistência da cadeia significante".[20] Assim traduzira o conceito freudiano de compulsão à repetição, inspirado também na noção de "automatismo mental", do psiquiatra francês Gaëtan de Clérambault, seu antigo professor. Nesse tempo, Lacan considera que a causa da repetição deve ser buscada *no simbólico*, na insistência da cadeia significante e em suas leis de ordenação, e localiza o desejo indestrutível freudiano em sua relação com as exigências e as insistências da cadeia simbólica, que sempre retorna e repete.

Em 1964, no seminário 11, "Os quatro conceitos fundamentais da psicanálise", Lacan retorna à repetição de maneira particular. Pouco antes, ao final do seminário X, havia enunciado: "será que a função da repetição é apenas automática e ligada ao retorno, à carreação necessária da bateria significante ou terá uma outra dimensão? Parece-me inevitável deparar com essa outra dimensão em nossa experiência".[21] Chegamos então ao seminário 11, no qual Lacan de certa forma refunda o seu ensino e, para tal, propõe a reapresentação dos quatro conceitos que fundamentam a prática analítica: inconsciente, repetição, pulsão e transferência.

Vladimir Safatle observa que os dois conceitos (inconsciente e pulsão) haviam sido, desde Freud, compreendidos como dispositivos maiores para a metapsicologia. A transferência também claramente se justificava em função da prática analítica. No entanto, a *repetição* não fora tratada como um conceito psicanalítico fundamental, ainda que aparecesse em Freud como um limite aos processos de subjetivação na clínica. Então, por que Lacan teria alçado a repetição a um conceito fundamental? Safatle sugere que tal transfiguração

---

20 Lacan, J. (1998a). O seminário sobre "A carta roubada". In J. Lacan, *Escritos* (p. 13). Rio de Janeiro: Jorge Zahar.

21 Lacan, J. (2005). *O seminário – livro 10* (pp. 274-275). Rio de Janeiro: Jorge Zahar.

permitiu "a melhor singularização do que realmente significa falar em 'inconsciente'"[22] para Lacan.

Sim, o conceito de inconsciente lacaniano está intimamente enlaçado a uma determinada modalidade de repetição. Para tal propósito, Lacan se serve de uma leitura singular do problema da causalidade acidental na *Física* de Aristóteles e de um "ensaio de psicologia" de Kierkegaard, sob o título "A repetição", distinguindo duas vertentes da repetição, a *tiquê* e o *autômaton*, relacionadas uma à outra:

> *Primeiro a* tiquê *que tomamos emprestada, eu lhes disse da última vez, do vocabulário de Aristóteles em busca de sua pesquisa da causa. Nós a traduzimos por encontro do real. O real está para além do* autômaton, *do retorno, da volta, das insistências dos signos aos quais nos vemos comandados pelo princípio do prazer. O real é o que vige sempre por trás do* autômaton, *e do qual é evidente, em toda a pesquisa de Freud, que é do que ele cuida.*[23]

É importante salientar que aqui a repetição passa a ser articulada à sua função de causa, que é diferente da determinação, da lei, que a recobre. A *tiquê*, o encontro do real, está por trás do *autômaton*, da insistência dos signos, comandado pelo princípio do prazer. Detenhamo-nos um pouco mais nesse conceito de Lacan e vejamos como recorre às duas causas acidentais e contingentes de Aristóteles, *tyche* e *automaton*.

---

22 Safatle, V. (2014). O devedor que vem até mim, o Deus que aposta e os amantes que se desencontram: a construção do conceito lacaniano de repetição. In D. Fingermann (Org.), *Os paradoxos da repetição* (p. 56). São Paulo: Annablume.

23 *Ibid.*, p. 56.

Primeiro, falemos um pouco de Aristóteles. O filósofo introduz as duas causas somente nos capítulos quatro e cinco da *Física*, depois de já ter apresentado sua teoria das quatro causas no livro I da *Metafísica*. Na primeira obra, distingue quatro princípios das coisas: a causa formal, a causa material, a causa eficiente e a causa final. A exigência aristotélica consiste em que tudo o que acontece se dá a partir de algo, não há movimento ou mudança sem causa. Na *Física*, retoma a questão e analisa a noção de causa *acidental* (*symbebekos*), a qual divide em dois tipos: *tyche* e *automaton*.

Ambos os tipos dizem respeito a acontecimentos excepcionais sem que, no entanto, sejam tomados como irracionais ou absurdos. Os dois tipos consistem em causas reais incluídas no conjunto da causa eficiente, o que as diferencia das demais causas eficientes é o seu caráter de excepcionalidade. Enquanto a *tyche* é relacionada frequentemente "a uma necessidade (fortuna) desconhecida para o homem, porém dotada de um alto grau de deliberação, *automaton* é tomada num sentido mais próximo do acaso, isto é, de uma causa acidental na qual não houve nenhuma deliberação humana ou divina".[24]

Safatle precisa como "acidentais aqueles acontecimentos cujas causas são indeterminadas para a consciência, ocorrendo de forma opaca".[25] Desde os tempos homéricos, os poetas afirmavam que o divino se manifestava como *tyché,* ou moira, isto é, que haveria algo da ordem de uma destinação que se impõe a nós de maneira involuntária. O exemplo aristotélico de *tyché* é o de "um homem que vai ao mercado e lá encontra, sem esperar, alguém que lhe deve,

24 Garcia-Roza, L. A. (1986). *Acaso e repetição em psicanálise: uma introdução à teoria das pulsões* (p. 40). Rio de Janeiro: Jorge Zahar.

25 Safatle, V. (2014). O devedor que vem até mim, o Deus que aposta e os amantes que se desencontram: a construção do conceito lacaniano de repetição. In D. Fingermann (Org.), *Os paradoxos da repetição* (p. 64). São Paulo: Annablume.

acabando por receber sua dívida de maneira inesperada"[26]. Há um encontro involuntário e uma certa implicação.

Lacan não concebe os dois termos exatamente como Aristóteles, o que lhe interessa especialmente é o acaso no lugar de causa. Lacan define a *tiquê* como um encontro inesperado que se produz em um ser dotado de escolha e intenção. Há sempre um fracasso estrutural nesse encontro, dada a impossibilidade de o objeto obtido coincidir com o objeto visado. Quanto ao *autômaton*, que para Aristóteles é da ordem do contingente, Lacan o articula ao necessário, inerente ao simbólico, ao insistente retorno da cadeia significante.

Entretanto, talvez a grande contribuição lacaniana, segundo Bousseyroux, resida no fato de que o *autômaton* do simbólico não é nada mais que uma resposta à *tiquê* com o real traumático. Podemos articular que é "o real como encontro falho que força, que constrange (*Zwang*) o *autômaton* do significante a repetir".[27]

No seminário 17, "O avesso da psicanálise", novamente Lacan enlaça o inconsciente à repetição, referindo-se ao *Além* como "o ponto de inflexão" da descoberta freudiana. Lacan enuncia que Freud descobre e escande o inconsciente, o que o conduz "necessariamente a essa descoberta, que chama de além do princípio do prazer. Eis o essencial do que determina aquilo com que lidamos na exploração do inconsciente – é a repetição".[28] O inconsciente e a repetição passam a se articular intimamente no ensino lacaniano, o princípio do prazer deixa de ser pensável sem o mais além, o campo do gozo. Talvez por isso Lacan passe a conceber uma única pulsão, a pulsão

26 *Ibid.*, p. 65.

27 Bousseyroux, M. (2014). A repetição final: Nietzsche, Freud, Kierkegaard, Blanchot. In D. Fingermann (Org.), *Os paradoxos da repetição* (pp. 248-249). São Paulo: Annablume.

28 Lacan, J. (1992). *O seminário – livro 17* (p. 73). Rio de Janeiro: Jorge Zahar.

de morte,[29] diferentemente de Freud, e enuncie: "É no nível da repetição que Freud se vê de algum modo obrigado, pela própria estrutura do discurso, a articular o instinto de morte".[30]

Nos sonhos de Auschwitz, podemos dizer que o real traumático, o encontro falho, constrange o *autômaton* do significante a repetir, insistentemente. O encontro do real remeterá diretamente ao trauma para a psicanálise.

O trauma se traduz como modelo máximo de repetição: "instante único, sempre imprevisto, inimaginável, impensável, não antecipável, inconcebível de antemão, instante de solidão absoluta no qual nenhum recurso ao outro, ao laço, ao sentido, oferece suporte".[31] E, por sua vez, pode ser apenas "um detalhe": um ruído, um olhar, um sorriso insólito e similarmente "o estrondo da cena obscena, escandalosamente obscena, e não a obscenidade sutil". Em qualquer um dos casos encontramos "as versões do inassimilável do trauma, do incompreensível, do que fica por fora de todo sentido e que faz disso a causa de sua insistência".[32]

De maneira geral, há diversas graduações e versões do inassimilável do trauma. Auschwitz parece ter representado o ponto máximo desse inassimilável, seu cúmulo. Não encontramos precedentes na história em termos quantitativos, nem mesmo em termos de duração temporal. Portanto, proponho que não foi possível atravessar Auschwitz e não se traumatizar. Uma afirmação que pode parecer paradoxal, pois, como psicanalistas, sustentamos que não há um

29 "Daí vocês compreendem que a pulsão, a pulsão parcial, é fundamentalmente pulsão de morte, e representa em si mesma a parte da morte no vivo sexuado." Lacan, J. (1998b). *O seminário – livro 11* (p. 195). Rio de Janeiro: Jorge Zahar.

30 Lacan, J. (1992). *O seminário – livro 17* (p. 43). Rio de Janeiro: Jorge Zahar.

31 Fingermann, D. (2014). Repetição e experiência psicanalítica. In D. Fingermann (Org.), *Os paradoxos da repetição* (p. 179). São Paulo: Annablume.

32 Berta, S. L. (2015b). Localização da urgência subjetiva em psicanálise. *A Peste, 7*(1), 95-105.

"para todos": nem todos respondem da mesma maneira diante de um real supostamente traumático. Proponho que Auschwitz realizou o traumático para todos e a exceção desapareceu nessa condição. Ainda assim, certamente cada prisioneiro vivenciou o trauma à sua maneira e pôde encontrar uma resposta singular nessa condição limite.[33]

Poderíamos tomar o real inassimilável de Auschwitz como a causa dos sonhos de Auschwitz? Retomemos o sonho do pai que vela seu filho morto, relido por Lacan. Sonho que servirá nessa articulação para retomar e precisar o seu conceito de inconsciente e incluir a função da causa e do despertar no sonho.

Lacan pergunta: "Como pode o sonho, portador do desejo do sujeito, produzir o que faz ressurgir em repetição o trauma – senão seu rosto mesmo, pelo menos a tela que o indique ainda por trás?".[34] Se o sonho é o portador do desejo do sujeito, por que nesse lugar o trauma é repetido? Por que o sonho teria trazido o rosto, a voz do filho recém-falecido?

Lacan enuncia que esse sonho revela, da forma mais dolorosa e mais explícita, o que vem a ser o *encontro falho com o real*. O pai que sonha com o filho a lhe perguntar "Pai, não vês que estou queimando?" é da ordem de uma realidade que "não pode mais se dar a não ser repetindo-se infinitamente, num infinitamente jamais atingido despertar". Aqui há a repetição infinita de uma realidade que não pode mais se dar, uma dimensão do infinito a retornar sempre ao mesmo lugar. A partir daí, Lacan sugere uma precisão ao tomar a leitura de Freud desse sonho:

---

33 Uma particularidade importante de Auschwitz destacada por Seligmann-Silva é o atravessamento da experiência da morte dos prisioneiros articulado ao real, ao excesso de realidade dos campos, que entende como responsável pela "literalidade da recordação da cena traumática". Seligmann-Silva, M. (2000). A história como trauma. In A. Nestrovski, M. Seligmann-Silva (Orgs.), *Catástrofe e representação* (p. 94). São Paulo: Escuta.

34 Lacan, J. (1998b). *O seminário – livro 11* (p. 57). Rio de Janeiro: Jorge Zahar.

> *Pois não é que, no sonho, se sustente que o filho vive ainda. Mas o filho morto pegando seu pai pelo braço, visão atroz, designa um mais-além que se faz ouvir no sonho. O desejo aí se presentifica pela perda imajada ao ponto mais cruel, do objeto. É no sonho somente que se pode dar esse encontro verdadeiramente único. Só um rito, um ato sempre repetido, pode comemorar esse encontro imemorável – pois que ninguém pode dizer o que seja a morte de um filho – senão o pai enquanto pai – isto é, nenhum ser consciente.*[35]

Lacan ainda acrescenta que, nesse caso, o que explica a ambiguidade da *função do real* e da *função do despertar* consiste no lugar do real, que "vai do trauma à fantasia", na medida em que "a fantasia nunca é mais do que a tela que dissimula algo de absolutamente primeiro, de determinante na função da repetição". É claro que podemos ser despertados pelo acidente, pela fumaça, pelo que perturba o sonho, porém o que realmente "nos desperta é outra realidade escondida por trás da falta do que tem lugar de representação – é o *Trieb*, nos diz Freud".[36]

A fala do filho "Pai, não vês?" desperta o pai. A realidade dentro do próprio sonho, e não a realidade exterior. Para Lacan, a experiência mostra que "quando meu sonho chega a alcançar minha demanda, ou àquilo que mostra aqui ser-lhe equivalente, a demanda do outro, eu desperto".[37] Além da realidade observável, há o encontro com o real da frase do filho, que se faz ouvir no sonho e faz o pai despertar. Há a imploração terrível do filho, "Pai, não vês?", por isso esse "encontro

35 *Ibid.*, p. 60.

36 *Ibid.*, p. 61.

37 Lacan, J. (1998a). A direção do tratamento e os princípios de seu poder. In J. Lacan, *Escritos* (p. 630). Rio de Janeiro: Jorge Zahar.

imemorável", que poderia ser também sem memória ou fora do simbólico, pois não há nenhum pai que possa se haver com a morte de um filho. A *tyche* apareceria aqui "em sua versão mais brutal, como a repetição que tem a força da despossessão de si, retorno da brutalidade do desamparo que anula minha inscrição simbólica".[38]

Podemos discriminar que aquilo que se repete nessa pergunta "Pai, você não está vendo?" é a demanda, a imploração desse olhar que queima, cujo sonho "comemora" o encontro falho, fracassado. Há uma relação topológica para Lacan entre a repetição e a demanda. O que repete no toro, figura topológica lacaniana para se referir à demanda e ao desejo, é a demanda ou a palavra, "já que em toda palavra há uma demanda, uma demanda de não sei o quê, uma demanda simplesmente intransitiva, que gira em torno de um vazio que é o vazio do desejo".[39] Eis aqui um ponto essencial, pois apresenta o lugar da pulsão no sonho, intimamente articulada à demanda.

Para concluir a leitura do despertar nesse sonho, trago um comentário precioso de Caruth, que igualmente retoma a temática da função do sonhar em Freud e Lacan. A autora sublinha que, na análise lacaniana desse sonho, as palavras da criança "*endereçam-se* ao pai de dentro, parecendo para ele uma reclamação sobre o próprio fato de estar dormindo". Ou seja, o próprio sonho acorda aquele que dorme e será "nesse acordar paradoxal – um acordar não para os desejos mesmo da consciência, mas contra eles – que

---

38 Safatle, V. (2014). O devedor que vem até mim, o Deus que aposta e os amantes que se desencontram: a construção do conceito lacaniano de repetição. In D. Fingermann (Org.), *Os paradoxos da repetição* (p. 68). São Paulo: Annablume.

39 Bousseyroux nos lembra que a repetição "vem do latim repetitivo, repetição, redita, que deriva de *petitio,* que quer dizer petição, demanda, requerimento, reclamação. Repetir é *re-, e re-, e re-demandar*, sem que nada sacie essa demanda". Bousseyroux, M. (2014). A repetição final: Nietzsche, Freud, Kierkegaard, Blanchot. In D. Fingermann (Org.), *Os paradoxos da repetição* (pp. 243-244). São Paulo: Annablume.

aquele que sonha enfrenta a realidade de uma morte da qual não pode se livrar". Caruth ainda pergunta: o que significa dizer que o pai é acordado pelas palavras da criança no sonho? Ou melhor, que o sonho do pai não alcança o ressuscitar desejado da criança, mas o acordar do sonhador para a morte da criança? A autora propõe o acordar do pai para a morte, sugerido por Lacan, como "uma tentativa paradoxal de responder, *acordando, a uma chamada que só pode ser ouvida no sono*".[40]

Não se trata de um simples movimento de conhecimento ou percepção da morte. A questão da necessidade e, ao mesmo tempo, da impossibilidade de confrontar a morte se presentifica no acordar:

> *Como uma resposta ao pedido da criança, ao apelo para ser vista, portanto, o acordar do pai representa não apenas um responder, mas uma falta, uma ligação com a criança que é construída sobre a impossibilidade de uma resposta adequada. Acordando para ver, o pai descobre que ele, mais uma vez,* viu tarde demais *para poder evitar a queimadura. A relação entre o queimar no sonho e fora dele não é nem uma ficção, nem uma representação direta, mas uma* repetição *que revela, em sua contradição temporal, como o próprio vínculo do pai com a criança – suas respostas diante das palavras da criança – é ligado à perda da morte da criança. Acordar é, precisamente, acordar apenas para a repetição de uma falha anterior de ver a tempo. A força do trauma não está, portanto, somente na morte, mas no fato de*

---

40 Caruth, C. (2000). Modalidades do despertar traumático (Freud, Lacan e a ética da memória). In A. Nestrovski, M. Seligmann-Silva (Orgs.), *Catástrofe e representação* (p. 119). São Paulo: Escuta.

> *que, em seu próprio apego à criança, o pai foi incapaz de presenciar a morte da criança, quando ela ocorreu.* O acordar, *na leitura que Lacan faz do sonho,* é em si mesmo o lugar do trauma, *do trauma provocado pela necessidade e pela impossibilidade de responder à morte de um outro.*[41]

O próprio acordar como o lugar do trauma, nessa leitura do sonho em Lacan, articulado à necessidade e à impossibilidade de responder à morte de um outro, mas não qualquer outro: o próprio filho.

Caruth ainda propõe que Freud e Lacan parecem ter formulado diferentes questões. Se Freud sugere que "o sonho mantém o sonhador dormindo", Lacan entende que, apesar de paradoxal, "é precisamente porque o pai sonha que ele acorda". Enquanto "Freud pergunta: *o que significa dormir?*, Lacan descobre no coração desta pergunta uma outra, talvez ainda mais urgente: *o que significa acordar*".[42] O sonho em Lacan deixou de ser uma função do sono para ser uma função de despertar.

---

41 *Ibid.*, pp. 119-120.
42 *Ibid.*, pp. 118.

13. Sonho, angústia e gozo

O hóspede

Muito antes do amanhecer
chega à tua casa aquele que trocou acenos com a escuridão.
Muito antes do amanhecer
ele desperta
e, antes de ir-se, atiça um sonho,
um sonho ressonante de passos:
o escutas medir as distâncias
e jogas para lá a tua alma.

Paul Celan[1]

1 Celan, P. (1999). *Cristal* (pp. 54-55). São Paulo: Iluminuras.

O afeto da angústia parece ter dado bastante trabalho tanto a Freud quanto a Lacan. Em *A interpretação dos sonhos*, há numerosas ocasiões em que Freud se detém diante da angústia no sonho: "Como podem os sonhos aflitivos e os sonhos de angústia serem realizações de desejo?".[2] Por que a angústia estaria no sonho se ele é a realização de desejo? Assemelha-se um tanto à pergunta de Lacan, a qual trabalhamos um pouco antes, em torno do trauma no sonho.

Freud nos ensina que nem sempre é fácil descobrir a força impulsora inconsciente e demostrar sua realização de desejo, mas é preciso "supor que ela sempre exista". No sonho, ora o inconsciente se impôs mais, ora o eu pôde se defender de maneira mais acentuada. Os *sonhos de angústia* consistem naqueles menos distorcidos pelo eu, *que escaparam à censura*, e ocorre assim "a realização às claras de um desejo reprimido", condenável pelo sonhador, e, no lugar da censura, "aparece o desenvolvimento da angústia". Dessa forma, a "angústia seria o sinal de que o desejo reprimido teria se mostrado mais forte do que a censura e impôs a ela a realização deste desejo. A defesa contra esses desejos reprimidos surgiria então 'sob a forma da angústia'".[3] Freud ainda supõe que, nos casos em que o desejo no sonho sobrepuje a censura, esta poderá, em vez de se servir da deformação, valer-se "do último recurso que lhe resta: abandonar o sono mediante o desenvolvimento da angústia".[4]

O autor concebe que o ideal transcorre quando o eu alcança e domina o sonho para as cargas de investimentos se encontrarem mais esvaziadas, pois "quanto mais fortes são os investimentos

---

2 Freud, S. (1987). A interpretação dos sonhos. In S. Freud, *Edição standard brasileira das obras psicológicas completas de Sigmund Freud* (p. 152). Jayme Salomão, Trad. Rio de Janeiro: Imago.

3 Freud, S. (2014). Conferências introdutórias à psicanálise (1916-1917). In S. Freud, *Obras completas* (Vol. 13, pp. 292-293). Sérgio Tellaroli, Trad. São Paulo: Companhia das Letras.

4 *Ibid.*, p. 294

pulsionais inconscientes, mais frágil o sonho". Em casos extremos, o eu desiste do desejo de dormir por se sentir "incapaz de inibir os impulsos [*Regungen*] recalcados liberados durante o sono, ou, em outras palavras, o Eu renuncia ao sono porque teme os seus sonhos".[5]

Os sonhos de angústia revelam para Freud que as exigências do inconsciente se tornaram mais intensas do que nunca e o eu fragilizado não mais contaria com recursos para se defender dele. O compromisso entre as duas instâncias do sonho se rompe e a angústia irrompe. Podemos notar como a angústia, de certa maneira, já é índice do desejo inconsciente. Nas *Conferências introdutórias*, aventa ainda outra hipótese para justificar a angústia no sonho: o trabalho do sonho não teria conseguido a plena realização de um desejo, por isso restaria no sonho manifesto o "afeto incômodo presente nos pensamentos oníricos".[6]

O sonho nesse caso não teria alcançado seu objetivo, o que ocorre em algumas condições, por exemplo, na sede, uma vez que, ao sonharmos que estamos bebendo água, o sonho não consegue efetivamente saciar a sede e então acordamos. Outro fator relevante reside na condição própria dos afetos, muito mais difíceis de alterar que os conteúdos do sonho, pois são extremamente resistentes. Pode então ocorrer "de o trabalho do sonho transformar o conteúdo incômodo dos pensamentos oníricos em realização de desejo, mas de, não obstante, o afeto incômodo se impor sem ter sofrido alteração nenhuma".[7]

---

5 Freud, S. (2006). Suplemento metapsicológico à teoria dos sonhos. In S. Freud, *Escritos sobre a psicologia do inconsciente* (Vol. II: 1915-1920, p. 82). Luiz Alberto Hanns, Coordenador geral de tradução. Rio de Janeiro: Imago.

6 Freud, S. (2014). Conferências introdutórias à psicanálise (1916-1917). In S. Freud, *Obras completas* (Vol. 13, p. 290). Sérgio Tellaroli, Trad. São Paulo: Companhia das Letras.

7 *Ibid.*, pp. 290-291.

É significativa essa hipótese para nosso interesse aqui. Talvez possamos supor que nos sonhos de Auschwitz, que se expressaram sem a censura, sem a deformação do eu, a angústia presente nos pensamentos pré-conscientes do dia anterior tenha resistido, sem sofrer alteração alguma. A angústia atávica dos pensamentos dos campos se mantém nos sonhos.

Freud concebe que a angústia no sonho não necessariamente se articula ao conteúdo do sonho: "a angústia que sentimos num sonho é apenas *aparentemente* explicada pelo conteúdo do sonho". A angústia estaria "apenas superficialmente ligada à representação que a acompanha; ela se origina em outra fonte".[8] Freud se questiona, em *A interpretação dos sonhos,* se os sonhos de angústia não seriam mais bem esclarecidos pela psicologia das neuroses. É curiosa a nota de rodapé acrescentada em 1911 e omitida em 1925: "A angústia nos sonhos, gostaria de insistir, é um problema de angústia, não um problema de sonho".[9]

O sintoma neurótico na concepção freudiana se forma a fim de evitar a irrupção da angústia. A fobia, por exemplo, "se ergue como uma fortificação de fronteira contra a angústia",[10] a angústia do desamparo primordial.

Berta nos ajuda a precisar esse conceito:

> *O conceito freudiano de angústia, a partir de 1926, indica* desamparo, *seja o desamparo material (caso do perigo real) ou o desamparo psíquico (as exigências*

8 Freud, S. (1987). A interpretação dos sonhos. In S. Freud, *Edição standard brasileira das obras psicológicas completas de Sigmund Freud* (p. 173). Jayme Salomão, Trad. Rio de Janeiro: Imago.

9 *Ibid.*, p. 529.

10 *Ibid.*

> *pulsionais do Id). O desamparo é o* nódulo *da situação perigosa definido como perturbação econômica que provoca o* autômaton *da angústia. A* angústia-sinal *tem lugar no eu que, por sua vez, é o responsável por emitir tal sinal.*[11]

Freud se refere a duas formas de angústia: a angústia-sinal, que promove a fuga, e a angústia neurótica. A angústia provocada por situações de perigo externo tem como resposta a fuga. Já a angústia neurótica apresenta duas respostas essenciais: o sintoma e o fantasma. O sonho pode ser tomado como mais uma das respostas possíveis do sujeito diante da angústia, ao lado do sintoma e do fantasma.

No intuito de entrarmos no terreno lacaniano da angústia, agora tomarei dois sonhos de angústia repetidos de uma mesma criança.[12]

Em 1938, Magdalena tinha quatro anos de idade quando sonhou pela primeira vez. Podemos apresentar algumas precondições desses sonhos: tratava-se do pré-guerra, em Bratislava (atual capital da Eslováquia, localizada a oitenta quilômetros de Viena, na época parte do Império Austro-Húngaro). A sonhadora recorda da época especialmente por causa das marchas dos soldados nazistas e das gigantescas bandeiras com suásticas penduradas em todo lugar: "elas se colocavam até o nariz", perspectiva observada de sua pequena estatura.

---

11 Berta, S. L. (2015b). Localização da urgência subjetiva em psicanálise. *A Peste*, *7*(1), 95-105.

12 Sonhos narrados por Magdalena Sussmann em fevereiro de 2020, algumas décadas após terem sido sonhados, pois não pôde esquecê-los. Foram sonhados em alemão, língua hoje esquecida pela sonhadora. Agradeço a possibilidade do encontro à generosa interlocutora e amiga Sheila Skitnevsky Finger.

O primeiro de seus sonhos, o mais recorrente, consistia no seguinte:

> *Estou visitando a casa da minha avó, na sala tinha uma grande janela, na qual me debruço e vejo um grande cavalo. Talvez seja um ou dois cavalos de uma carruagem. Um dos cavalos, o mais próximo, que se encontrava "muito perto", abre a grande boca e me puxa para dentro, como se me aspirasse. Luto para não me deixar ir, me seguro na janela. Ele aspira, ele puxa; eu me agarro com força, lutando para não ser engolida. Acordo muito angustiada.*

E o segundo:

> *Sonho que sou "cortada em dois", como se uma faca me cortasse da cabeça aos pés, ao meio, deixando a parte da frente do corpo totalmente separada da parte de trás, como se fosse uma batata cortada ao meio. Me lembro da consistência úmida e lisa do corte vertical, como numa batata . . . E fico com as mãos na cintura, com muito medo de que as partes se soltem . . . Fico me segurando pela cintura, não podia soltar a cintura.*

Inicio pelos dois sonhos por mostrarem brilhantemente a dimensão do sonho como resposta do sujeito ao trauma, ou seja, a dimensão tíquica que trabalhamos anteriormente. O sujeito tomado nessa dimensão de resposta do real,[13] na qual a *tiquê* causa

13 "A razão está em que aquilo a que concerne o discurso analítico é *o sujeito*, o qual, como efeito de significação, *é resposta do real.*" Lacan, J. (2003). O aturdito. In J. Lacan, *Outros escritos* (p. 458). Rio de Janeiro: Jorge Zahar.

e divide o sujeito. Fingermann enuncia que o acidente, encontro do real, "denota algo inédito, impensável, que conota o real como inacessível, mas evocado pela ocorrência, e, por isso mesmo, causa reiteradamente o sujeito, dividido entre a coisa e a representação".[14] E continua:

> *No encontro falho, o que se apreende é a esquize, a divisão do sujeito, a marca singular de sua estrutura particular: qualquer um que esteja sujeito à linguagem é dividido, pois o verbo e o pensar o apartam do real da coisa, é universal; mas, para cada um a marca se produz e reproduz de uma maneira inédita, singular. A* tiquê, *como encontro sempre falho de real, é causa do sujeito.*[15]

No sonho, a sonhadora é cortada em dois, dividida dos pés à cabeça. Um sonho que nos remete à angústia e ao fantasma no ensino lacaniano.

Retomemos primeiramente algumas marcações teóricas fundamentais de Lacan em torno da angústia. Podemos enunciar que Lacan conferiu um lugar de destaque ao afeto da angústia em seu ensino. No seminário 9, "A identificação", na lição de 4 de abril de 1962, articula o nascer da angústia para o sujeito sustentando que se dá pelo *encontro com o desejo do Outro real.* O Outro real como aquele "que se poderia gozar, sem a lei":[16]

---

14 Fingermann, D. (2014). Repetição e experiência psicanalítica. In D. Fingermann (Org.), *Os paradoxos da repetição* (p. 178). São Paulo: Annablume.

15 *Ibid.*, p. 179.

16 Lacan, J. (2003a). A identificação. In J. Lacan, *Seminário* (pp. 241-242). Recife: Centro de Estudos Freudianos.

> *O desejo existe, está constituído, passeia através do mundo e exerce suas devastações, antes de qualquer tentativa de imaginações de vocês, eróticas ou não, para realizá-lo, e mesmo sequer está excluído que vocês encontrem, como tal, o desejo do Outro, do Outro real, tal como defini há pouco. É nesse ponto que nasce a angústia.*[17]

O Outro real para Lacan significa aquele lugar onde poderia haver gozo sem a lei, representa uma virtualidade "que define o Outro como lugar".[18] No ano seguinte, dedica todo o seminário 10, "A angústia", a essa problemática e retoma, logo no início, a "relação essencial da angústia com o desejo do Outro".[19]

Os campos de concentração e extermínio parecem reatualizar o instante mítico do nascimento da angústia formulado por Lacan. O encontro com o desejo do Outro real, daquele que goza sem lei, parece ter se realizado nesta condição-limite da maneira mais explícita e extremada.

É curioso que, no intuito de refletir a respeito da relação essencial da angústia com o desejo do Outro, Lacan tomará o seguinte apólogo: o sujeito revestido com a máscara de um animal – que desconhece, não sabe qual seria esse animal – diante de um louva-a-deus gigantesco. Tampouco esse sujeito pode descobrir sua imagem no globo ocular do inseto. Assim nos apresenta a dimensão da angústia intimamente articulada ao desejo do Outro e ao que o sujeito supõe que esse outro queira dele. "Que quer ele comigo?", e ainda uma pergunta que concerne diretamente ao eu: "Como me

17 *Ibid.*, p. 243.

18 *Ibid.*, p. 242.

19 Lacan, J. (2005). *O seminário – livro 10* (pp. 13-14). Rio de Janeiro: Jorge Zahar.

quer ele?".[20] Um sujeito que não sabe o que é para o Outro e se vê diante de um animal assustador. Lacan parece trazer nessa referência o sujeito novamente diante do desejo do Outro real, sem barra, um louva-a-deus absolutamente assustador para o sujeito, que ainda desconhece sua imagem para o Outro.

O primeiro sonho de Magdalena também nos mostra algo dessa relação assimétrica: uma menina sendo aspirada, quase engolida, por um cavalo ameaçador. Esse apólogo e o sonho nos conduzem ainda ao gozo do Outro. O sujeito se vê na posição de objeto diante do gozo do Outro. A dimensão do Outro se tornará essencial para teorizar a angústia em Lacan, seja como desejo, demanda, ou gozo do Outro. Somente a partir dessas três referências podemos localizar a angústia em seu ensino. Além disso, a resposta fantasmática do sujeito também se insere nessa problemática.

Lembremos que Lacan enuncia no mesmo seminário que a angústia e o fantasma teriam "exatamente a mesma"[21] estrutura, e retoma o pesadelo do Homem dos Lobos para dizer dessa estrutura que, no sonho, aparece "de maneira inequívoca, uma forma pura e esquemática da fantasia". O que vemos nesse sonho é o escancarar repentino de uma janela: "A fantasia é vista além de um vidro e por uma janela que se abre. A fantasia é enquadrada."[22] Os pesadelos apresentam, portanto, não somente uma íntima relação com a angústia, mas também com o fantasma. A fórmula do fantasma em Lacan é formalizada na escrita $\$\lozenge a$[23] e localiza o sujeito tomado no lugar de objeto do gozo do Outro.

20 *Ibid.*, p. 14.

21 *Ibid.*, pp 11-12.

22 *Ibid.*, p. 85.

23 Esta fórmula escreve sujeito dividido punção objeto *a*. A punção é um termo matemático que para Lacan indica conjunção/disjunção.

Podemos fazer um parêntese neste percurso para precisar, com o auxílio de Godino Cabas, que o objeto *a* é o ponto que serve de "base de assentamento" para o sujeito no fantasma: "Simplesmente porque é fato que é ali, bem ali, o ponto em que se insere a questão do sujeito. Isso se for verdade que a localização do sujeito se define a partir da lógica do fantasma: $◊a".[24] O objeto *a* se relaciona intimamente ao sujeito no ensino lacaniano. O objeto *a* é causa do desejo e também do sujeito. Godino Cabas o concebe como seu irmão; o sujeito é irmão do objeto *a*, homologamente à condição da verdade como irmã do gozo, concebida por Lacan.

Soler nos indica uma diferença relevante na temporalidade do trauma e da fantasia. A temporalidade do trauma é a do instante, de um "instante que não se esquece facilmente" e "engendra algo, uma perpetuidade". Já a fantasia "é o chão permanente do sujeito". Há na fantasia uma constância que, "como o baixo contínuo em uma peça musical, mal se ouve, fica em surdina e só emerge, como diz Lacan, no 'instante da fantasia'". Ou seja, "as epifanias dessa constância em surdina emergem como espécies de picos temporais, repetidos em um sujeito cada vez que ele confronta com o Outro e com a angústia que convocam, imaginária ou realmente, o tampão que lhe é próprio".[25]

Na fórmula do fantasma, ou fantasia, o sujeito se encontra elidido ou submerso, mas sempre está ali, diferentemente do instante traumático, disruptivo, no qual o sujeito não se encontra: "o sujeito não tem nele a mínima parte, isso lhe cai em cima".[26]

---

24 Godino Cabas, A. (2009). *O sujeito na psicanálise de Freud a Lacan* (p. 196). Rio de Janeiro: Jorge Zahar.

25 Soler, C. (2004). Trauma e fantasia. *Stylus Revista de Psicanálise*, (9), 55.

26 *Ibid.*, p. 55.

A angústia se apresenta quando no enquadramento do fantasma irrompe o estranho, o infamiliar, *Unheimliche*, ou o que já estava ali, muito perto, em casa, *Heim*. O estranho em nós comparece; um hóspede bastante inquieto pela espera. O *Heim*, familiar, conforme nos diz Lacan, "nunca passou pelos desvios, pelas redes, pelas peneiras do reconhecimento. Manteve-se *unheimlich*, menos não habituável do que não habitante, menos inabitual do que inabitado".[27] Assim Lacan deduz que a angústia não é "sem objeto".[28]

Lacan precisa que a angústia advém quando não se apresenta o *-phi*, o suporte imaginário da castração. Sem o suporte imaginário da castração, a falta vem a faltar. Há uma falta duplicada nessa concepção da angústia que difere da concepção freudiana. Vejamos que em *Inibição, sintoma e angústia*, Freud concebe a angústia como uma reação-sinal relacionada à perda de um objeto. Em Lacan, a angústia não é mais sinal de uma falta, mas de algo que devemos conceber exatamente pela falta de apoio dado pela falta: "trata-se sempre de *isso não falta*".[29] A dimensão real entra em jogo, não mais a falta simbólica, e parece ser esta a marca singular lacaniana.

Outra articulação que nos interessa é quando Lacan nos remete ao livro de Jones acerca do pesadelo, observando que se trata de um livro esquecido, mas que contém uma riqueza incomparável. A fenomenologia fundamental da angústia no pesadelo "é ser experimentada, propriamente falando, como a do *gozo do Outro*".[30]

> *O correlato do pesadelo é o íncubo ou o súcubo, esse ser que nos comprime o peito com todo o seu peso opaco de*

---

27 Lacan, J. (2005). *O seminário – livro 10* (p. 87). Rio de Janeiro: Jorge Zahar.

28 *Ibid.*, p. 87.

29 *Ibid.*, p. 64.

30 *Ibid.*, p. 73.

> *gozo alheio, que nos esmaga sob seu gozo. A primeira coisa que aparece no mito, bem como no pesadelo vivenciado, é que esse ser que pesa por seu gozo é também um ser questionador, e que até se manifesta na dimensão desenvolvida de pergunta a que chamamos enigma. A Esfinge, cuja entrada em jogo no mito precede todo o drama do Édipo, não se esqueçam, é uma figura de pesadelos, e, ao mesmo tempo, uma figura questionadora.*[31]

É interessante que novamente Lacan articule o pesadelo ao gozo e ao desejo do Outro. A Esfinge aparece nesse duplo registro como uma figura questionadora e possivelmente aterrorizante. O termo latino *íncubus* se refere à narrativa do demônio que oprime aquele que dorme e lhe comprime o peito. Dessa forma, o objeto *a* não está escamoteado no pesadelo, o sonho fracassa em ocultar o real. Podemos dizer que, quando ocorre a "saturação total"[32] do vazio no campo do Outro, "surge a perturbação em que se manifesta a angústia".[33]

Há aqui o "encontro falho" do real, essência da repetição, que o sonho de angústia, ou pesadelo, promove. "O 'encontro falho' é um 'encontro bem sucedido com a falha do Outro S(Ⱥ)'". Em outras palavras: "o pesadelo tenta representar, dar cara à coisa".[34] É apenas no sonho de angústia ou pesadelo que se realiza o encontro com o

---

31 *Ibid.*, p. 73.

32 Godino Cabas precisa que é o objeto da pulsão que "satura esse ponto de fixação que caracteriza a experiência do gozo". O real que volta sempre ao mesmo lugar da psicanálise é sempre a pulsão, "a exigência pulsional". Godino Cabas, A. (2009). *O sujeito na psicanálise de Freud a Lacan* (p. 206). Rio de Janeiro: Jorge Zahar.

33 Lacan, J. (2005). *O seminário – livro 10* (p. 76). Rio de Janeiro: Jorge Zahar.

34 Soler, C. (2018). *Adventos do real: da angústia ao sintoma* (p. 59). Elisabeth Sapariti, Trad. São Paulo: Aller.

objeto perdido em seu ponto mais cruel. A *das Ding* dá as caras e o real irrompe, avança no simbólico.

Real, gozo e angústia se articulam intimamente no ensino lacaniano. Remeto à derradeira imagem de Édipo ao arrancar seus olhos. O momento da angústia é "a visão impossível que os ameaça, a de seus próprios olhos no chão",[35] a visão dessa imagem impossível. Para Lacan, a angústia é sinal da "irredutibilidade do real",[36] uma irredutibilidade da ordem da imagem. Por isso, é afeto que não engana, que nos faz recordar o sonho do pai que vela seu filho morto e adentrar finalmente nos angustiantes sonhos de Auschwitz.

35 Lacan, J. (2005). *O seminário – livro 10* (p. 180). Rio de Janeiro: Jorge Zahar.
36 *Ibid.*, p. 178.

Sonhos e alucinações em Auschwitz

Aquele ponto no mapa
Aquela mancha negra no centro da Europa
aquela mancha vermelha
aquela mancha de fogo aquela mancha de fuligem
aquela mancha de sangue aquela mancha de cinzas
para milhões
um lugar sem nome.
De todos os países da Europa
de todos os pontos do horizonte
os comboios convergiam
para o i-nominado
carregados de milhões de seres
que eram ali despejados sem saberem onde era
despejados com as suas vidas
as suas recordações
com as suas pequenas doenças

e o seu grande espanto

com os seus olhos que interrogavam

e que não viram senão fogo,

que arderam ali sem saber onde estavam.

Hoje sabe-se

Sabe-se há uns anos

Sabe-se que aquele ponto no mapa

é Auschwitz

Sabe-se isto

E o resto pensa-se que se sabe.

Charlotte Delbo[1]

1 Delbo, C. (2018). *Auschwitz e depois* (pp. 184-185). Joana Morais Varela, Trad. Lisboa: BCF.

14. Angústia, gozo e demanda de morte

Fuga sobre a morte

Leite-breu d'aurora nós o bebemos à tarde
nós o bebemos ao meio-dia e de manhã nós o bebemos à noite
bebemos e bebemos
cavamos uma cova grande nos ares
Na casa mora um homem que brinca com as serpentes e escreve
ele escreve para a Alemanha quando escurece teus cabelos de ouro Margarete
ele escreve e aparece em frente à casa e brilham as estrelas ele assobia e chama seus mastins
ele assobia e chegam seus judeus manda cavar uma cova na terra
ordena-nos agora toquem para dançarmos

Leite-breu d'aurora nós te bebemos à noite
nós te bebemos de manhã a ao meio-dia nós te bebemos à tarde
bebemos e bebemos
Na casa mora um homem que brinca com as serpentes e escreve
que escreve para a Alemanha quando escurece teus cabelos de ouro Margarete

Teus cabelos de cinza Sulamita cavamos uma cova grande nos ares onde não se deita ruim
Ele grita cavem mais até o fundo da terra vocês aí vocês ali cantem e toquem
ele pega o ferro na cintura balança-o seus olhos são azuis
cavem mais fundo as pás vocês aí vocês ali continuem tocando para dançarmos

Leite-breu d'aurora nós te bebemos à noite
nós te bebemos ao meio-dia e de manhã nós te bebemos à tardinha
bebemos e bebemos
Na casa mora um homem teus cabelos de ouro Margarete
teus cabelos de cinza Sulamita ele brinca com as serpentes
Ele grita toquem mais doce a morte a morte é uma mestra d'Alemanha
Ele grita toquem mais escuro os violinos depois subam aos ares como fumaça
e terão uma cova grande nas nuvens onde não se deita ruim

Leite-breu d'aurora nós te bebemos à noite
nós te bebemos ao meio-dia a morte é uma mestra d'Alemanha
nós te bebemos à tarde e de manhã bebemos e bebemos
a morte é uma mestra d'Alemanha seu olho é azul
ela te atinge com bala de chumbo te atinge em cheio
na casa mora um homem teus cabelos de ouro Margarete
ele atiça seus mastins contra nós dá-nos uma cova no ar
ele brinca com as serpentes e sonha a morte é uma mestra d'Alemanha

teus cabelos de ouro Margarete
teus cabelos de cinza Sulamita.

Paul Celan[1]

---

1 Celan, P. (1999). *Cristal* (pp. 26-29). São Paulo: Iluminuras.

A angústia atávica destacada por Primo Levi parece uma boa forma para adentrarmos nosso tema. Em *Os afogados e os sobreviventes*, Levi, em sua advertência aos psicanalistas, pede que nos atentemos à condição particular dos campos, ao "mal-estar incessante, que perturbava o sono e não tem nome": uma angústia atávica. E completa: "aquela cujo eco se sente no segundo versículo do Gênesis: a angústia – inscrita em cada qual – do *tòhu vavòhu*,[2] do universo deserto e *vazio, esmagado sob o espírito de Deus, mas do qual o espírito do homem está ausente; ainda não nascido ou já extinto*".[3] A "angústia atávica" do sono que aponta para o desamparo e a solidão absolutos sob o domínio esmagador de um Deus poderoso de tempos imemoriais. Boris Pahor[4] enuncia: "Nós estávamos mergulhados numa totalidade apocalíptica na dimensão do nada".[5]

A hipótese proposta nesta pesquisa é a de que se realizou para os prisioneiros nos campos o encontro com o desejo do Outro real, sem lei. Recuperemos a particular relação com a morte narrada nos testemunhos e, para tal, proponho que consideremos a demanda de morte. Retomemos o comentário lacaniano concernente ao nascimento da angústia, no seminário 9, "A identificação", no qual formula que a angústia nasce no encontro do sujeito com o desejo do Outro real. Dessa forma, proponho o campo como repetição e reatualização do encontro com o desejo do Outro real, em termos não idênticos.

---

2 Levi se refere ao versículo do Gênesis 1:2 no hebraico. Em português: "a terra era sem forma e vazia e havia escuridão sobre a face do abismo, e o espírito de Deus pairava sobre a face das águas". *Bíblia Hebraica*. (2012). David Gorodovits e Jairo Fridlin, Trad. São Paulo: Sêfer.

3 Levi, P. (1990). *Os afogados e os sobreviventes* (p. 48, grifo meu). Luiz Sérgio Henriques, Trad. Rio de Janeiro: Paz e Terra.

4 Boris Pahor nasceu em 1913, em Trieste. Durante a Segunda Guerra, colaborou com a resistência antifascista eslovena e foi deportado para os campos de concentração de Dachau, Natzweiler-Struthof, Harzungen e Bergen-Belsen.

5 Pahor, B. (2013). *Necrópole* (p. 144). Mario Fendelli, Trad. Rio de Janeiro: Bertrand Brasil.

Lembremos a cena do sujeito e do louva-a-deus: o sujeito do apólogo não sabe o que ele representa para o louva-deus, nem o que este ser apavorante quer dele. Nos campos, o sujeito sabe que o Outro quer a sua aniquilação e da forma mais cruel. Há uma demanda de morte do Outro, constante e consistente. Uma demanda de morte do Outro que pôde ser encarnada nos agentes do universo concentracionário.

Remeto às palavras de Améry:

> *A imagem do poder do Estado das SS erguia-se monstruosa e invencível diante do preso, uma realidade impossível de ser recusada e que, por isso, ao fim, aparecia como* racional. *Todos os presos, quaisquer que tivessem sido as suas concepções do mundo lá fora, tornavam-se hegelianos no campo: o Estado das SS, no brilho metálico da sua totalidade, mostrava-se como um Estado que realizava a ideia.*[6]

Um Estado que realiza a ideia da morte de uma forma bastante particular. David Rousset nos transmite que "por todos os caminhos e a todas as horas, os S.S. exerceram violências. O homem não lhes pode fugir e vive, com a angústia à flor da pele, nessa expectativa. Corrompem às mil maravilhas todas as resistências e todas as dignidades".[7] Assim, entende que:

> *O objectivo dos campos é de facto a destruição física, mas a finalidade real do universo concentracionário vai muito*

---

6 Améry, J. (2013). *Além do crime e castigo: tentativas de superação* (p. 41). Marijane Lisboa, Trad. Rio de Janeiro: Contraponto.

7 Rousset, D. (2016). *O universo concentracionário* (p. 45). Lisboa: Antígona Editores Refractários.

> *para além disso. O S.S. não encara o seu adversário como um homem normal. O inimigo, na filosofia S.S., é o poder do Mal intelectual e fisicamente expresso. O comunista, o socialista, o liberal alemão, os revolucionários, os resistentes estrangeiros são as personificações activas do Mal. Mas a existência objectiva de certos povos, de certas raças, os Judeus, os Polacos, os Russos, é a expressão estática do Mal. Não é necessário que um judeu, um poloco, um russo ajam contra o nacional-socialismo; são por nascimento, por predestinação, heréticos não assimiláveis, votados ao fogo apocalíptico. A morte não tem, pois, um sentido completo. Só a expiação pode ser satisfatória, apagaziguadora, para os Senhores. Os campos de concentração são a espantosa e complexa máquina da expiação.*[8]

Sim, uma máquina de expiação, da qual os judeus eram os alvos preferenciais. Põe-se em marcha um estado de ameaça constante, durante anos, sob o olhar e a voz de um Outro todo e impiedoso. O mito do pai da horda freudiano se encontra revirado do avesso: agora não mais os filhos matam o pai, mas o pai da horda assassina seus filhos e se satisfaz com isso.

Rousset enuncia que "os homens normais não sabem que tudo é possível. Ainda que os testemunhos forcem a sua inteligência a admiti-lo, os seus músculos não acreditam". Porém, os concentracionários o sabem, pelo fato de a morte os ter habitado "durante todas as horas de sua existência":

> *Mostrou-lhe todas as suas faces. Elas tocaram em todas as suas manifestações. Viveram a inquietude como uma*

8 *Ibid.*, pp. 69-70.

> *obsessão presente por toda a parte. Conheceram a humilhação das pancadas, a fraqueza do corpo sob o chicote. Avaliaram as devastações da fome. Caminharam durante anos no cenário fantástico de todas as dignidades em ruínas. Foram separados dos outros por uma experiência que é impossível de transmitir.*[9]

A morte estava em sua própria casa e em todo lugar. Pahor enuncia: "A morte estava no ar. Você podia respirá-la".[10] A morte se tornou a grande mestra dos campos, como nos transmite a poesia de Celan. Alguns sobreviventes se esforçaram para transmitir essa condição: Jorge Semprun diz ter sido "atravessado pela morte";[11] Eli Wiesel[12] se considera uma "alma-maldita";[13] e Jean Améry[14] enuncia:

---

9 *Ibid.*, p. 109.

10 Pahor, B. (2013). *Necrópole* (p. 144). Mario Fendelli, Trad. Rio de Janeiro: Bertrand Brasil.

11 "Veio-me uma ideia, de repente – se é que se pode chamar de ideia essa onda de calor, revigorante, esse afluxo de sangue, esse orgulho de um saber do corpo, penitente –, quando nada, a sensação repentina, muito forte, de não ter escapado da morte, mas de tê-la atravessado. Ou melhor, de ter sido por ela atravessado. De tê-la vivido, de certa maneira. De ter retornado como se retorna de uma viagem que nos transformou: transfigurado, talvez." Semprun, J. (1995). *A escrita ou a vida* (pp. 23-24). Rosa Freire D'Aguiar, Trad. São Paulo: Companhia das Letras.

12 Eli Wiesel nasceu em 1928 em Siguet, região antes disputada por Romênia e Hungria. Em 1944, foi deportado com sua família para os campos de concentração.

13 "Num último momento de lucidez, pareceu-me que éramos almas malditas errando no mundo-do-nada, almas condenadas a errar através dos espaços até o fim das gerações, em busca de sua redenção, à procura do esquecimento-sem esperança de encontrá-lo." Wiesel, E. (2001). *A noite* (p. 56). Irene Ernest Dias, Trad. Rio de Janeiro: Ediouro.

14 Jean Améry (pseudônimo de Hans Mayer) nasceu em Viena em 1912. O filósofo, judeu não praticante, emigrou da Áustria para a Bélgica em 1938 para fugir da perseguição. Em 1940, a Bélgica também é ocupada e Améry adere à resistência. Fica preso no campo de Gurs, foge e é preso novamente. Durante três meses é

> *Os prisioneiros dos campos não viviam na vizinhança da morte, mas na própria casa dela. A morte estava em toda parte. As seleções para as câmaras de gás aconteciam em períodos regulares. Por qualquer motivo os prisioneiros eram enforcados no pátio central. Seus companheiros eram obrigados a desfilar ao som de marchas alegres, como "Cabeça para cima!", ao lado dos corpos que balançavam. Morria-se em massa no trabalho, na enfermaria, nos porões, nos barracões. Recordo-me de momentos em que, como que ausente, pisava em pilhas de cadáveres. Estávamos tão fracos e apáticos que nem sequer arrastávamos os mortos para fora dos barracões. Tudo isso já é bastante conhecido e pertence ao horror sobre o qual alguém bem-intencionado me recomendou não falar.*[15]

Uma condição não comparável à dos soldados que voltavam da Guerra, referidos por Freud em *Além do princípio do prazer*, uma vez que "a diferença substancial... residia no fato de que o soldado, diferentemente do prisioneiro, não era alvo, mas sim o portador da morte". Para os soldados, a morte se fazia ao mesmo tempo "ameaça e oportunidade": a morte estava fora, mas também pôde fluir do

---

barbaramente torturado. Identificado como judeu, é enviado para Auschwitz em 1943. Em 1978, suicida-se na Áustria. Primo Levi lhe dedica um capítulo de *Os afogados e os sobreviventes*, que conclui com estas reflexões: "Talvez porque mais jovem, talvez porque mais ignorante que ele ou menos marcado ou menos consciente, quase nunca tive tempo para dedicar à morte; eu tinha muitas outras coisas em que pensar, em encontrar um pouco de pão, em fugir de um trabalho massacrante, em remendar o calçado, em roubar uma vassoura, em interpretar os sinais e os rostos à minha volta. Os objetivos da vida são a melhor defesa contra a morte; e não só no campo de concentração".

15 Améry, J. (2013). *Além do crime e castigo* (p. 46). Rio de Janeiro: Contraponto.

seu íntimo como vontade. "Para o prisioneiro do campo, a morte assumia uma fórmula matematicamente determinada: a 'solução final'".[16] Ao prisioneiro foi destinado um lugar fixo e imutável de objeto de gozo do Outro, cujo propósito principal era eliminá-lo, fazê-lo desaparecer em fumaça, após ter sido extenuado ao máximo como força de trabalho. O prisioneiro, depois de um certo tempo, não mais temia a morte.

Améry se lembra de como os companheiros que esperavam a próxima seleção para a câmara de gás, em vez de conversar sobre isso, discutiam acerca da consistência da sopa que seria servida naquela noite. "A realidade do campo triunfava sem esforços sobre a morte e também sobre aquela problemática filosófica chamada de questões últimas".[17] O que muitas vezes se tornava mais premente era o *morrer*, diferentemente da representação possível, simbólica, da morte. Diante do "colapso da representação estética da morte", o prisioneiro do campo de concentração teria ficado absolutamente desarmado:

> *O que acontecia, na prática? Dito de forma curta e grossa: a questão que preocupava os prisioneiros intelectuais, assim como os não intelectuais, não era a morte, mas o* morrer. *Todo o problema se reduzia a poucas considerações concretas. Por exemplo, contava-se, no campo,*

16 Reproduzo aqui a nota da tradutora do livro de Améry: "'Solução final', em alemão, *Endlösung*, foi a expressão eufemística adotada por Hitler e seu círculo de poder mais íntimo para designar a política nazista de exterminar fisicamente toda a população judaica na Europa dominada pela Alemanha, organizando para tal, além de campos de concentração, campos de extermínio, como câmaras de gás e crematórios. Améry fala em uma fórmula matemática, pois o substantivo *Lösung* também é usado no sentido de resolução de uma equação matemática ou como resposta a um problema matemático". Améry, J. (2013). *Além do crime e castigo* (p. 47). Rio de Janeiro: Contraponto.

17 Améry, J. (2013). *Além do crime e castigo* (pp. 49-50). Rio de Janeiro: Contraponto.

> *a história de um SS que havia cortado a barriga de um prisioneiro e a preenchido com areia. Diante de tais possibilidades, a questão óbvia para os prisioneiros não era a de que* tivessem de morrer *ou* pudessem morrer, *mas sim a de* como *essa morte aconteceria. Quanto tempo demoraria para que o gás fizesse efeito? Como seria a dor provocada pela injeção de fenol? Seria melhor morrer de uma pancada na cabeça ou definhar lentamente na enfermaria? Em tal situação é curioso que poucos tenham se decidido a "se atirar na cerca", como dizíamos, ou seja, a cometer suicídio, encostando-se na cerca de arame farpado de alta tensão. A cerca era uma opção fácil e segura, mas havia sempre a possibilidade de ser capturado antes de alcançá-la e ser atirado nos calabouços, onde nos esperava uma morte mais difícil e mais dolorosa. O morrer era onipresente, mas a morte se escondia.*[18]

Um morrer onipresente, portanto.

Betty Fuks comenta, amparada nas análises de Seligmann-Silva e Claude Rampant, que "o excesso de realidade da morte" perfura seu próprio campo. "Devido a esta onipresença, a morte deixa de ocupar o papel fundamental na organização simbólica do sujeito". O campo "faz reinar a morte da morte, infectando com isso a vida", restando somente uma "força pura".[19]

Ainda podemos formular que, juntamente com o sexo, a morte é um dos impossíveis para o inconsciente. Somos os únicos seres que

---

18 *Ibid.*, p. 48.

19 Fuks, B. B. (2006). A cor da carne. In A. M. Rudge (Org.), *Traumas* (p. 32). São Paulo: Escuta.

nos sabemos mortais e, talvez exatamente por isso, não queiramos sabê-lo. E não possamos. Psiquicamente, o sujeito não quer e não pode saber disso. Essa é a nossa condição. O universo concentracionário instalado pelo nazismo obriga o sujeito a se haver com a morte continuamente. Como seus sonhos responderão a essa condição?

Recupero dois sonhos de Janusz Korczak,[20] sonhados antes dos campos, ainda no gueto, que o sonhador articula à morte. O primeiro deles:

> *. . . um novo sonho: subi alto em uma escada dupla e meu pai enfiava na minha boca, pouco a pouco, um pedaço de bolo. Um pedaço grande, coberto de açúcar derretido e cheio de uva passa, e tudo o que sobrava da minha boca ele esmigalhava e colocava em seu bolso. Todo suado eu desperto na parte mais terrível. Será a morte um tipo de despertar no instante que te parece que não há mais saída?*[21]

O segundo:

> *Que sonhos insuportáveis!. . . Ontem, à noite: os alemães. Não estou num filme, em horário proibido em Praga.*

---

20 Janusz Korczak, pseudônimo de Henryk Goldszmit, nasceu em Varsóvia, em 1878 ou 1879. Era médico, pediatra, pedagogo, escritor, autor infantil, publicista, ativista social e oficial do Exército Polaco. Em 1942, o terreno do chamado Pequeno Gueto foi cercado pelas tropas da SS e por polícias das forças ucranianas e letãs durante a chamada Grande Ação, ou seja, a principal etapa de exterminação da população do gueto de Varsóvia por parte dos alemães. Korczak recusou, pela segunda vez, a proposta de se salvar por não querer abandonar as crianças e os funcionários de Dom Sierot, orfanato que administrava. Foi deportado para Treblinka junto às crianças, sendo lá assassinado no mesmo ano.

21 Citado em: Erlich, Y. (2008). *Como sonho voa: sonhos do Holocausto em forma de diários, testemunhos e memórias*. Tese apresentada ao Instituto do Judaísmo Contemporâneo da Universidade Hebraica de Jerusalém.

> *Acordo. Sonho novamente. Transportam-se, num trem, para uma cela de um metro quadrado, que já há alguns judeus. Morrem mais alguns nesta noite. Corpos das crianças. Uma criança morta, numa banheira. Outro cadáver, cuja pele está disposta em um beliche no necrotério, respira claramente . . . Acaso, não é a morte um despertar, no momento em que você percebe que não há qualquer escapatória? Todo homem tem o direito de encontrar seus cinco minutos para morrer – li isso em algum lugar.*[22]

Não há escapatória: o destino é a morte. No entanto, há um morto que respira, e os cinco minutos de liberdade antes da morte... O que se torna nessa condição o despertar? O que se torna nessa condição a sobrevivência?

Nathalie Zaltzman, psicanalista francesa, acentua, juntamente com Levi e Todorov, a necessidade de outros marcadores de compreensão a partir da lógica própria de funcionamento do universo concentracionário. Entende que nossas categorias psicanalíticas conhecidas não alcançariam as "materializações das pulsões de morte" do campo, e argumenta que "os julgamentos, os atos, os valores, os tipos de inteligência, os laços de afeição que regem a vida social 'ordinária' . . . tornam-se perigosamente ultrapassados nos campos de concentração".[23] A autora sustenta, amparada nos testemunhos de Antelme e Rousset, que alguns prisioneiros encontraram uma força inconsciente para a *sobrevivência*, o que lhes teria determinado

---

22 Erlich, Y. (2008). *Como sonho voa: sonhos do Holocausto em forma de diários, testemunhos e memórias*. Tese apresentada ao Instituto do Judaísmo Contemporâneo da Universidade Hebraica de Jerusalém.

23 Zaltzman, N. (1993). *A pulsão anarquista* (p. 86). Anna Christina Ribeiro Aguiar, Trad. São Paulo: Escuta.

outra forma de tratar a pulsão. O desejo nos campos se transmutou em "necessidade":

> *A sobrevivência modela modos de funcionamento mental específicos, comuns a todas as experiências-limite. A autoconservação repousa na rapidez do espírito em destruir suas ilusões. Repousa na assimilação do funcionamento da vontade de morte e suas regras. Repousa na transformação da vontade de morte SS em obstinação de vida.... A obstinação em sobreviver obedece às próprias leis do universo concentracionário. Dá prioridade ao registro da necessidade sobre o registro do desejo.*[24]

Segundo Zaltzman, a sobrevivência passaria a determinar o diferente modo de apreender as experiências-limite, priorizando a necessidade diante do desejo. Acrescento à sua hipótese uma outra: a de que o desejo de sobrevivência tenha sido a resposta de alguns sujeitos à demanda de morte do Outro. Diria que, diante da demanda de morte avassaladora do Outro, o sujeito responde com o desejo, inconsciente, de sobreviver. Logo, o desejo indestrutível freudiano se transmuta em "não se deixar morrer" ou em "sobreviver".

Portanto, a lógica inconsciente proposta na condição-limite se mostra homóloga àquela referida por Lacan ao abordar o movimento de recusa-desejo da criança que é empanturrada com papinha pela mãe. À demanda invasiva do Outro, a resposta é uma recusa que se apresenta como desejo, como o que *diz não* no lugar de sujeito.[25]

---

24 Zaltzman, N. (1993). *A pulsão anarquista* (p. 90). Anna Christina Ribeiro Aguiar, Trad. São Paulo: Escuta.

25 "É a criança alimentada com mais amor que recusa o alimento e usa sua *recusa como um desejo* (anorexia mental)." Lacan, J. (1998a). Direção de tratamento e princípios de seu poder. In J. Lacan, *Escritos* (p. 634, grifo meu). Rio de Janeiro: Jorge Zahar.

15. Um preâmbulo necessário

COMO TE EXTINGUES em mim:

ainda no último

e gasto

nó de ar

estás lá com uma

faísca

de vida.

Paul Celan[1]

Percorrido o caminho de contornar e tocar a demanda de morte, a angústia e seus desdobramentos na condição particular dos campos, podemos agora entrar no mundo dos sonhos traumáticos desse universo. No entanto, primeiro recordemos os que não tiveram a

1 Celan, P. (1999). *Cristal* (pp. 142-143). São Paulo: Iluminuras.

chance de sonhar, ou os que sonharam, mas não sobreviveram para narrar ou mesmo esquecer.

Milhões de prisioneiros judeus,[2] especialmente os que tinham acima de 40 anos, abaixo de 14 e as mães com bebês de colo, chegavam aos campos de extermínio e eram conduzidos *diretamente* às câmaras de gás. A depender da época das deportações e das perspectivas militares do Exército Alemão nos campos de batalha, a máquina de morte dos campos funcionava de uma forma mais ou menos organizada, eficiente e enérgica: "Nos grandes períodos, dezenas de milhares de gaseados por dia. Os despojos dos cadáveres engordam os Senhores de Auschwitz. Fazem-se fortunas espantosas".[3]

Os que sobreviviam à primeira seleção se viam constantemente ameaçados pelas violências cotidianas e pelas seleções permanentes. "Birkenau, a maior cidade da morte. As selecções à chegada: os *décors* da civilização montados como caricaturas para enganar e escravizar. As seleções regulares nos campos, todos os domingos".[4] Dentre os que escapavam da seleção, apenas uma pequena parte conseguia resistir alguns meses ou anos.[5] A maior parte, em alguns dias ou

---

2 Segundo Rousset, os campos não eram todos idênticos ou equivalentes. O universo concentracionário se organizava em diferentes planos. Buchenwald, Neuengamme, Sachsenhausen e Dachau faziam parte do mesmo plano, constituíam os tipos dos campos normais que formavam a ossatura essencial do universo concentracionário. Noutros paralelos, situavam-se os campos de represálias contra os judeus e os arianos, da dimensão de Auschwitz e Neue Bremm. "Entre estes campos de destruição e os campos 'normais' não há diferença de natureza, mas apenas de grau . . . Cada um apresentava o seu próprio inferno." Rousset, D. (2016). *O universo concentracionário* (pp. 35-37). Lisboa: Antígona Editores Refractários.

3 *Ibid.*, pp. 36-37.

4 *Ibid.*, pp. 36-37.

5 Muitos autores marcaram a importância da língua para tornar minimamente viável a sobrevivência por mais tempo nos campos. Sem a língua "não se entendem as ordens e as proibições, não se decifram as prescrições, algumas fúteis e risíveis, outras fundamentais. Em suma, você se vê no vazio e compreende

meses, atravessava a tênue fronteira entre humano e inumano, passava ao grupo dos chamados "muçulmanos",[6] em que referir aos sonhos parece perder completamente o sentido ou propósito.

Jean Améry não nos fala especialmente do sonhar, mas entendo que poderíamos localizá-lo aí, incluindo-o na extensão das faculdades do espírito. Ele nos descreve como era preciso não ter sucumbido a um certo limiar último de desumanização e desespiritualização para que algo do "espírito"[7] ainda se fizesse presente:

> *Pretendo deixar de lado os motivos puramente físicos, embora não saiba se isso é aceitável, pois todo prisioneiro de um campo estava submetido, em última análise, à lei da maior ou menor capacidade de resistência física. Toda a problemática da eficácia do espírito está fora de questão*

à própria custa que a comunicação gera a informação e que, sem informação, não se vive. A maior parte dos prisioneiros que não conheciam o alemão – portanto, quase todos os italianos – morreu nos primeiros dez ou quinze dias de sua chegada: à primeira vista, por fome, frio, cansaço, doença; num exame mais atento, por insuficiência de informação". Levi, P. (1990). *Os afogados e os sobreviventes* (p. 54). Luiz Sérgio Henriques, Trad. Rio de Janeiro: Paz e Terra.

6 Uma outra forma de os descrever. Oliver Lustig assim o faz no seu *Dizionario del lager*: "O musulman, cujos órgãos, na autópsia, se mostravam muito atrofiados, nem sequer conservava o instinto de sobrevivência. Já não tinha força para tirar os piolhos das suas chagas infectas. . . . Na sua loucura delirante, alguns se imaginavam livres e chamavam pelos pais e pelos irmãos que vinham mais depressa ajudá-los porque estavam cansados e já nem conseguiam caminhar. . . . Dos anteriores sentimentos humanos só um lhes restava: o medo. O musulman já não sentia fome nem sede. Só lhe queimava as vergastadas, só lhe doíam os pontapés dados com as botas. Os seus gestos eram guiados unicamente pelo medo, e só a morte os acompanhava". Citado em: Segre, L. (2015). *Sobreviveu a Auschwitz: uma das últimas testemunhas do Shoah* (p. 73). Emanuela Zuccalà, Ed. São Paulo: Paulinas.

7 Podemos aqui evocar o chiste ou tirada espirituosa (*mot d' esprit*), uma formação do inconsciente para Freud e Lacan.

> *quando o sujeito confrontado com a morte por inanição ou esgotamento está não somente desespiritualizado, mas também desumanizado, no sentido próprio da palavra. O chamado "muçulmano", como a linguagem do campo denominava os prisioneiros que se rendiam à situação e eram abandonados pelos demais, não tinham mais, diante de si, nenhum território consciente no qual o bem e o mal, a nobreza e a vilania, o espiritual e o não espiritual, pudessem se confrontar. Era um cadáver vacilante, um feixe de funções físicas em suas derradeiras convulsões. Por mais difícil que fosse, devíamos excluí-lo.* Eu só podia partir da minha própria situação, da situação de um prisioneiro faminto, mas que não morrera de inanição, espancado, mas que não chegara a morrer, que tinha feridas, mas não fatais, e que, por isso, ainda possuía algum substrato sobre o qual, em princípio, o espírito podia se erguer e se sustentar. Mas – eis a pura e triste verdade – ele se erguia sobre pés hesitantes e se mantinha ereto com dificuldade.[8]

A possibilidade de sonhar, que não é o mesmo que dormir,[9] certamente se restringiu a alguns dos prisioneiros nos quais houvesse restado algum substrato em que o espírito pôde se erguer e se sustentar, não sem enormes provações, como afirma Améry. Alguns sobreviventes relatam a predominância de um sono sem sonhos – Liliana Segre,[10] sobrevivente de Auschwitz, enuncia: "deslizávamos

---

8 Améry, J. (2013). *Além do crime e castigo* (p. 37, grifo meu). Rio de Janeiro: Contraponto.

9 Refiro-me aqui ao sono sem sonhos.

10 Liliana Segre nasceu em Milão, em 1930. Em fevereiro de 1944, foi deportada para Auschwitz-Birkenau, onde perde o pai e os avós paternos. Começa a

num sono sem sonhos"[11] –, ou ainda que os sonhos se aparentavam mais a delírios que a sonhos – Charlotte Delbo,[12] sobrevivente de Auschwitz, escreve: "em Auschwitz, não se sonhava, delirava-se".[13] Entre os que puderam sonhar, podemos imaginar que somente alguns se lembravam desses sonhos. Os sonhos lembrados parecem ter sido os sonhos que se agigantaram, os que não puderam ser esquecidos.

Em sua pesquisa, Ribeiro discrimina os "sonhos grandes", sonhados em momentos bem específicos da existência de cada um. Num contexto desafiador e extremado, numa situação de doença grave ou disputa violenta, os sonhos em questão podem exprimir "com clareza tanto a situação vivida quanto as diretrizes essenciais para agir contra o perigo iminente".[14] Os sonhos que apresentamos neste livro se mostraram grandes pela sua função para o sonhador. O sonho se agiganta e o sonhador se ampara nele para "não se deixar submergir".

Sem qualquer seleção de minha parte, a seguir apresento os sonhos encontrados, sonhados na condição mais extrema de dessubjetivação e desumanização programada dos campos de concentração e de extermínio.

---

testemunhar aos 46 anos, após entrar em grave depressão e ter um esgotamento nervoso. "Pouco a pouco, reconheci as forças que se tinham agitado dentro de mim durante o período da depressão: a minha infância e tudo que, dessa infância, trouxera comigo trabalharam em mim sem que disso me apercebesse inteiramente". Casou-se cedo, aos 20 anos, e conseguiu afugentar Auschwitz por longos anos: "a memória de Auschwitz devia ser enterrada bem fundo e desvanecer-se".

11 Segre, L. (2015). *Sobreviveu a Auschwitz: uma das últimas testemunhas do Shoah* (pp. 81-82). Emanuela Zuccalà, Ed. São Paulo: Paulinas.

12 Filha de pais italianos, Charlotte Delbo nasceu em 1913, na França. Presa pela polícia francesa e entregue para a Gestapo, foi deportada para Auschwitz-Birkenau em janeiro de 1943. Morreu em 1985.

13 Delbo, C. (2018). *Auschwitz e depois* (pp. 226-227). Joana Morais Varela, Trad. Lisboa: BCF.

14 Ribeiro, S. (2019). *O oráculo da noite: a história e a ciência do sonho* (p. 85). São Paulo: Companhia das Letras.

16. Um sonho "exemplar" de Primo Levi

Volto de um outro mundo
para este mundo
que não deixara
e não sei
qual é o verdadeiro
digam-me voltei
do outro mundo?
Para mim
ainda lá estou
e lá
morro
um pouco mais cada dia
remorro
a morte de todos os que morreram
e já não sei qual é o verdadeiro
se este mundo

ou o mundo de lá
agora já não sei
quando sonho
e quando
não sonho.

Charlotte Delbo[1]

O sonho a seguir não transcorre no tempo do acontecer de Auschwitz, mas entendo que pode nos ajudar a elaborar algo da estrutura do sonhar e de sua função nos campos. Primo Levi o sonha ao chegar na sua casa em Turim, alguns meses após a libertação.[2] Aqui transcrevo o sonho e seu prelúdio:

> *Cheguei a Turim no dia 19 de outubro, após trinta e cinco dias de viagem: a casa estava de pé, todos os familiares vivos, ninguém me esperava. Eu estava inchado, barbudo e maltrapilho, e tive dificuldade em fazer-me reconhecer. Encontrei os amigos cheios de vida, o calor da mesa segura, a concretude do trabalho cotidiano, a alegria libertadora de contar. Reencontrei uma cama*

---

1 Delbo, C. (2018). *Auschwitz e depois* (pp. 300-301). Joana Morais Varela, Trad. Lisboa: BCF.

2 Assim Liliana Segre se refere à "libertação": "Voltar para casa depois de uma viagem pela crueldade humana não é uma libertação. Uma cama cômoda, a mesa posta, um banheiro para lavar-se são realidades incomensuráveis para o abismo de que se acabou de emergir, mas não servem para apagá-lo. Uma normalidade tranquila que substitui o absurdo tem um poder quase perverso: faz detonar o vazio deixado pelos entes queridos, que ficaram para além dos portões de Auschwitz. E a surdez das pessoas em volta, sem culpa da sua incapacidade de abeirar-se de um evento único como o Shoah, parece uma pena acessória injusta. Um fruto, mais suave mas igualmente insuportável, da solidão do prisioneiro". Segre, L. (2015). *Sobreviveu a Auschwitz: uma das últimas testemunhas do Shoah* (p. 139). Emanuela Zuccalà, Ed. São Paulo: Paulinas.

ampla e limpa, que de noite (instante de terror) cedeu suavemente com o meu peso. Passados muitos meses, desapareceu em mim o hábito de caminhar com os olhos fixos no chão, como se procurasse algo para comer ou para guardar logo no bolso, e vender para obter pão; e não cessou de visitar-me em intervalos, ora compactos, ora escassos, um sonho cheio de assombro.

É um sonho dentro de outro sonho, plural nos particulares, único na substância. *Estou à mesa com a família, ou com amigos, ou no trabalho, ou no campo verdejante: um ambiente, afinal, plácido e livre, aparentemente desprovido de tensão e sofrimento; mas, mesmo assim, sinto uma angústia sutil e profunda, a sensação definida de uma ameaça que domina. E, de fato, continuando o sonho, pouco a pouco, ou brutalmente, todas as vezes de forma diferente, tudo desmorona e se desfaz ao meu redor, o cenário, as paredes, as pessoas, e a* angústia se torna mais intensa e mais precisa. Tudo agora tornou-se caos: estou só no centro de um nada turvo e cinzento. E, de repente, sei o que isso significa, e sei também que sempre soube disso: estou de novo no Lager, e nada era verdadeiro fora do Lager. *De resto, eram férias breves, o engano dos sentidos, um sonho: a família, a natureza em flor, a casa. Agora esse sonho interno, o sonho de paz, terminou, e no sonho externo, que prossegue gélido, ouço ressoar uma voz bastante conhecida; uma única palavra, não imperiosa, aliás breve e obediente. É o comando do amanhecer em Auschwitz, uma palavra estrangeira, temida e esperada: levantem,* "Wstavach".[3]

3 Levi, P. (2010). *A trégua* (pp. 212-213, grifos meus). Marcos Lucchesi, Trad. São Paulo: Companhia das Letras.

Esse sonho se abre ao mundo dos demais sonhos apresentados neste ensaio. Ele faz retornar a angústia atávica presente na advertência de Levi aos psicanalistas. Refere-se ainda a uma vivência comum dos sobreviventes de que nada mais se mostra verdadeiro fora do campo, de a realidade ter se tornado o próprio campo, num tempo presente eternizado.[4]

Jorge Semprun,[5] escritor e prisioneiro político em Buchenwald, o confirma, afirmando que Primo Levi não poderia ter expressado melhor:

> *É verdade que tudo se torna caótico, quando essa angústia reaparece. Encontramo-nos no centro de um turbilhão do nada, de uma nebulosa de vazio, cinza e conturbado. Agora, sabemos o que isso significa. Sabemos que sempre o soubemos. Sempre, debaixo da superfície cintilante do*

---

4 Viktor Frankl lê esta experiência como um fenômeno de despersonalização comum na pós-libertação: "Sob o ponto de vista psicológico, pode-se chamar de verdadeira despersonalização aquilo que os companheiros libertos experimentaram. Tudo parece real e improvável. Tudo parece apenas um sonho. Ainda não se consegue acreditá-lo. Foram demais, muito demais as vezes em que o sonho nos iludiu nesses últimos anos. Quantas vezes sonhamos que viria este dia em que nos poderíamos movimentar livremente? Quantas vezes sonhamos estar chegando em casa para abraçar a esposa, saudar os amigos, sentar com eles à mesa e começar a contar tudo aquilo que se passou durante esses anos? Quantas vezes antecipamos em sonhos esse dia de reencontros – e agora, realmente teria chegado este momento? Sempre havia três silvos estridentes ferindo o ouvido, dando o comando de 'levantar', arrancando a gente do sonho, da liberdade, e como mero sonho se revelava pela enésima vez. E agora deveríamos acreditar, de uma hora para outra? Agora essa liberdade seria realidade *verdadeira*?". Frankl, V. (2018). *Em busca de sentido* (pp. 114-115). São Leopoldo: Sinodal; Petrópolis: Vozes.

5 Jorge Semprun nasceu em Madri, em 1923. Era um jovem espanhol exilado em Paris, estudante de filosofia e militante comunista quando, em 1943, foi deportado pela Gestapo para o campo de concentração de Buchenwald.

> *cotidiano, esse saber terrível. Ao alcance da mão, essa certeza: nada é verdade a não ser o campo de concentração, todo o resto não terá sido mais do que um sonho, desde então. . . .*
>
> *Um sonho dentro de um sonho, sem dúvida. O sonho da morte dentro do sonho da vida. Ou melhor: o sonho da morte, única realidade de uma vida que, ela mesma, não passa de um sonho. Primo Levi formulava essa angústia que nos era comum com uma concisão inigualável. Nada era verdade a não ser o campo de concentração, é isso. O resto, a família, a natureza em flor, o lar, não passava de breve vacância, ilusão dos sentidos.*[6]

Soler entende que o julgamento de Levi de considerar apenas o campo como verdadeiro e o resto como ilusão representa algo singular de sua posição, e não poderíamos supô-la comum a todos os traumatizados: "Percebe-se que o que dá medo ali é a Coisa, outra, êx-tima, de tal forma êxtima, que chega a apagar o sonho interno de paz".[7]

Talvez a experiência relatada por Levi não valha para todos, mas há um saber relevante aí. Auschwitz sobreposto neste centro vazio?

"Eu estou lá, não deu pra sair de lá. O dano é tão intenso que quem passou pelos campos continua lá pelo resto da vida",[8] testemunha Andor Stern, sobrevivente brasileiro de Auschwitz, passados 75 anos da libertação. Em todos os momentos de sua vida, ao acordar, tomar um banho, comer alguma coisa, ir trabalhar, sentir-se livre para ir

---

6 Semprun, J. (1995). *A escrita ou a vida* (pp. 230-231; 236-237). Rosa Freire D'Aguiar, Trad. São Paulo: Companhia das Letras.

7 Soler, C. (2018). *Adventos do real* (p. 63). São Paulo: Aller.

8 Entrevista de Andor Stern. Recuperado de: https://youtu.be/YylqvRRXMio.

e vir, Auschwitz está presente, indicando que pôde ultrapassar o inimaginável, o pior, e que a vida precisa ser celebrada e valorizada.

Aos 96 anos, Michel Dymetman[9] salienta o mesmo: "O campo está dentro de nós. Em qualquer conversa, eu ainda estou no campo. Ele está dentro de mim. Vou dormir com o campo e acordo com o campo".[10] Por sua vez, Liliana Segre sublinha: "Auschwitz não se apaga. Auschwitz trabalha dentro de quem lá esteve. Sempre".[11]

Levanto a hipótese de que o sonho nos mostra que o campo pode se fazer causa ao se sobrepor ao centro incógnito, sem sentido, que nós psicanalistas articulamos ao real.

O sonho de Levi nos revela ainda a dimensão do real como aquilo que retorna sempre ao mesmo lugar. Talvez possamos precisar que é o inassimilável para cada um que retorna no sonho. E ainda que um sujeito pode se manter aí fixado, num tempo presente infinito, sem possibilidade de despertar: um sonho infinito, de morte.

Soler tece significativo comentário acerca do termo "Levantem!" neste sonho, tão central nos testemunhos, que poderia representar a verdadeira "lei do *schlague*",[12] evocada por Lacan no seminário 5, "As formações do inconsciente". Trata-se de um termo que conota um "despertar obrigatório", um comando lancinante que indica que o mais terrível é o "implacável imperativo de viver sem repouso, fora do princípio do prazer, viver uma vida da qual não se pode escapar

---

9 Michel Dymetman nasceu em Varsóvia, Polônia, em 1924, e aos 6 anos emigrou com os pais para a Bélgica. A partir de 1942, esteve em diversos campos, dentre eles, Rivesaltes, na França, e Mauthausen, na Áustria, onde permaneceu de 1943 a 1945.

10 Entrevista concedida a Marcelo Benzaquen em *live* realizada em 21 de abril de 2020 no Facebook.

11 Segre, L. (2015). *Sobreviveu a Auschwitz: uma das últimas testemunhas do Shoah* (p. 212). Emanuela Zuccalà, Ed. São Paulo: Paulinas.

12 *Schlague* é um castigo disciplinar usado antigamente nos exércitos alemães e austríacos que consistia em golpear o soldado punido com uma vara.

por meio de nenhum sono". É difícil não evocar a morte impossível, "a verdadeira e pura dor sem fim de existir, que condena certos melancólicos a uma vida perpetuamente atroz, não lhes deixando nenhum outro recurso para escapar desse real a não ser o suicídio". Primo Levi talvez tenha sido "mártir" desse "pesadelo do qual não se pode despertar".[13]

---

13 Soler, C. (2018). *Adventos do real* (p. 63). São Paulo: Aller.

17. Curto-circuito no sonhar na voz de Gradowski, Delbo e Levi

A geleira

Paramos, e aventuramos o olhar
Pelos verdes desfiladeiros dolentes,
E o vigor dissolveu-se em nosso peito
Como quando se perde uma esperança.
Dorme dentro dele uma força triste:
E quando, sob o silêncio lunar,
À noite esparso estride e ruge,
É porque em seu leito de pedra,
Entorpecido sonhador gigante,
Luta para revolver-se e não pode.

Primo Levi[1]

---

1 Levi, P. (2019). *Mil sóis: poemas escolhidos* (pp. 34-35). Maurício Santana Dias, Trad. São Paulo: Todavia.

Adentremos, enfim, os sonhos *no acontecer do trauma*. Apresento três narrativas que nos aproximam desse mundo. O testemunho de Zalmen Gradowski,[2] membro do Sonderkommando,[3] é impressionante, especialmente por ter sido escrito no terror de Auschwitz. Gradowski lá foi morto, mas nos deixou dois preciosos manuscritos enterrados nos arredores do campo, nos quais descreve os sonhos no "coração do inferno":

> *O catre, como uma mãe preocupada velava sobre suas vidas trágicas e sobre seu esgotamento físico. Chegavam destroçados, resignados, decepcionados, e como espinhos aparados caíam em seus braços, indefesos caíam nas asas do sonho; então ele ouvia seus suspiros profundos, dolorosos que lhes chegavam diretamente de seus corações ensanguentados. Um de seus filhos chamava confusamente: "Oh... oh... mamãe... mamãe...", outros gritavam como se tivessem um profundo pesadelo: "Papai, papai", um terceiro dormia e gritava, fazia barulho, rebentava em um pranto histérico sussurrando os nomes de sua mulher e seu filho. Nesse mundo noturno todos voltavam a viver o sofrimento provocado por uma desgraça terrível e cruel que há muito tempo atrás aconteceu a suas famílias. De novo experimentavam a crueldade selvagem com a qual lhes haviam arrancado e arrebatado seus entes*

2 Zalmen Gradowski nasceu em 1908 (ou 1909) em Suwalki. Foi assassinado em Auschwitz-Birkenau, deixando dois manuscritos enterrados nas proximidades das ruínas dos crematórios, encontrados em dois momentos diferentes. Foi também achada uma última carta, datada de 6 de setembro de 1944.

3 Rousset descreve essa condição: "O *Sonderkommando* totalmente isolado do mundo, condenado a viver todos os segundos da sua eternidade com os corpos torturados e queimados". Rousset, D. (2016). *O universo concentracionário* (pp. 36-37). Lisboa: Antígona Editores Refractários.

mais queridos e amados com quem viviam, com quem estavam ombro a ombro. Através de suas pessoas mais próximas vinham outras pessoas de um olhar aguçado, terrível, com um semblante selvagem, de malfeitor, com um revólver ou uma carabina na mão. Quem vive tudo isto nas lembranças roga, chora, grita, mas ninguém escuta, e então se escapa . . ., e pouco tempo depois já os vê nus. À sua mãe e pai, à sua irmã e irmão, à sua mulher e seus pequenos filhotes abraçados ao peito. Foram todos expulsos da cabana de madeira,[4] *e os faziam passar por terra fria e congelada. Um violento turbilhão sacode com violência seus corpos nus. Tremem de pavor e de frio, choram e gritam desesperadamente, olhando enlouquecidamente por todas partes, mas não se lhes permite parar nem sequer por um minuto. Os cães selvagens se lançam sobre eles latindo, mordendo, desgarrando seus corpos. Um cão agarrou com suas presas afiadas a uma criança, arrancando-a do peito de sua mãe, e agora a arrasta pelo chão. Se escuta um alvoroço e gritos que dilaceram o céu. As mães se golpeiam as cabeças com os punhos. Aqui, nesta terra infernal existe um jogo satânico com essas mulheres, homens e crianças nus, e o levam a cabo esses cães atiçados por essas pessoas com uniformes militares, com bastões e chicotes em mãos. Nesse caos terrível, em meio a lamentos terríveis esse que está no catre ouve uma voz conhecida. Vê que sua mãe querida, amada, está no chão, e suas queridas irmãs estão ao seu lado*

4 Aqui Gradowski se refere claramente ao extermínio de seus familiares, quando levaram as vítimas da cabana de vestiário a alguma das câmaras de gás provisórias, os chamados *bunkers* – utilizados até a primavera de 1943.

e chorando tentam levantá-la, sem consegui-lo. E logo chega alguém com um bastão para espancar as irmãs e a mãe na cabeça. O que está no catre enlouquece, se agita, quer correr para salvá-la, sem consegui-lo.

Um momento depois, se treme todo porque ouviu a voz querida, a agradável voz de sua mulher que com seu filho em seus braços caiu na água, caiu porque o gelo quebrou-se, e agora grita, pede ajuda, e a seu lado estão alguns homens vestidos desconhecidos e a agarram pelos braços como um objeto morto, a criança afunda na água gelada, e os homens que estão ali ao redor com os cães sorriem tão cinicamente como se estivessem interpretando uma comédia. O homem salta de seu lugar, quer correr até sua mulher que se afoga e até seu filho, levantá-los em seus braços e fugir para longe, vestir uma roupa abrigada – mas está cativo, tem as mãos e os pés atados, e não pode se mexer.

Ali, já ao longe, vê todos os seus próximos – a seu pai com seus irmãos e irmãs. Sua mãe está no chão frio de cimento, e as irmãs a beijam e levantam sua cabeça com as mãos, seu pai chora, seus irmãos choram, e onde se meteu sua mulher com a criança, os procura, e viu que jaz com a criança ali, jogada na terra, e alguém com um revólver na mão se dispõe a disparar. Então ele grita selvagemente, uiva como um animal ferido. Seu grito acorda o companheiro que dorme ao seu lado. O homem do catre está aturdido, respira com dificuldade como se tivesse regressado do campo de batalha, de uma luta. Não quer explicar seu sonho mesmo que seu irmão lhe suplique. Estremecido pelo plano, submerso em um pesadelo de um inferno que acaba de viver, permanece deitado em silêncio até a chamada de treinamento da manhã.

O catre pode te contar sobre as noites de felicidade que, como uma fonte viva, fluem neste grande deserto, endurecido e morto. Pode te falar das noites que eram para ele o prisioneiro como os braços de sua amada que os apertava contra seu coração e os acariciava delicadamente. Eram noites em que a mão consoladora do sonho conduzia ao infeliz filho de volta deste mundo à sua vida antiga, ao feliz ontem do qual foi arrancado em plena luz do dia. Essa noite cordial lhe devolvia a casa, os pais, as irmãs e os irmãos, a mulher e seu filho. Aqui se pode vê-lo – pela manhã uma sombra triste, resignada, destroçada – agora jaz despreocupado, contente, sorridente porque está com sua família. Todos estão juntos. Seu pai, sua mãe, suas irmãs e seus irmãos que se foram também estão aqui. Também ele, com sua mulher e com seu filho, todos, uma grande família, sentados à mesa, comem, cantam, riem. Se contam piadas. E ele, um pai jovem, brinca despreocupadamente com seu filho, que pula e dança em cima dele. Todos estão contentes e satisfeitos. Em sua casa há celebração. Domina um ambiente solene, tudo flui nas ondas de uma vida tranquila. De repente se ouvem os tons cordiais, doces, de uma voz feminina – é sua mulher que canta com sua voz lírica e que penetra o coração, a alma, o corpo todo. Todos são encantados por essa doce melodia e já se ouve um canto coral, harmônico. Logo todos se elevam nas asas desses tons cordiais no mundo da música elevado e fantástico. E ele é muito feliz e está muito contente. Se abre ante a ele um novo e fantástico mundo.

De repente se interrompe, ao escutar durante a cantoria um som – é o sino[5] *do campo de concentração que os chama para que se levantem. O homem ali jaz aturdido como se houvesse perdido a consciência. Onde está? Havia sido tudo apenas um sonho? Ante seus olhos ainda se mostram suas caras, ainda se ouve sua risada despreocupada. Ainda nota em suas mãos o calor de seu filho, a quem acabava de abraçar. Sua mulher ainda não havia terminado de falar com ele. Lembra inclusive sobre o que conversavam, e como era essa conversa familiar despreocupada. Havia sido tudo apenas um sonho? Mas se todos eles – seu pai, sua mãe, suas irmãs e seu irmão, sua mulher e seu filho – há muito tempo já não estão neste mundo porque há muito tempo os queimaram. Neste mundo infernal só havia sobrado ele. Ele só, solitário, destroçado. Ai, por que e para que lhe despertou esse gongo? Ai, que feliz seria se pudesse dormir para sempre durante um sonho tão idílico. Teria uma morte feliz.*[6]

---

5 É o sino do campo, que com frequência é simplesmente uma vara de ferro pendurada por uma corda. Golpear esse gongo significava que tinham de se levantar no campo de concentração. Assim Eli Wiesel se refere a ele: "O sino. Já tínhamos que nos separar, ir deitar. Tudo era regulado por um sino. Ele me dava ordens e eu as executava, automaticamente. Eu o odiava. Quando me acontecia de sonhar com um mundo melhor, eu só imaginava um universo sem sino". Wiesel, E. (2001). *A noite* (p. 103). Rio de Janeiro: Ediouro.

6 Gradowski, Z. (2017). *Me encuentro en el corazón del infierno: manuscritos de um Sonderkommando hallados en Auschwitz* (pp. 96-102). Oswiecim: Museo Estatal de Auschwitz-Birkenau. Traduzido do espanhol para o português por Antonio Bianchini Borduque.

Gradowski intitula essa seção de "los camastros", ou "os catres", em português, e os compara a uma mãe enlutada, que chora a morte de seus filhos:

> *O catre é o canto mais íntimo, mais agradável de todos os que restam neste pedaço de terra, o mais maldito e o mais desgraçado. O catre é seu único amigo, o mais próximo, seu irmão mais sensível que restou nesta vida trágica. O catre é o símbolo de sua vida, de sua família, de sua mulher, de seu filho, sua única felicidade e consolo que te resta neste mundo infernal.*[7]

Em seus manuscritos, Gradowski se endereça ao Catre e à Lua e nos revela sonhos que alternam o horror dos campos, que não cessa de retornar, e a realização de desejo, que faz reviver cenas com sua família recém-assassinada nas câmaras de gás.

Primo Levi assim descreve as noites dos concentracionários:

> *Assim transcorrem as nossas noites. O sonho de Tântalo e o sonho da narração inserem-se num contexto de imagens mais confusas: o sofrimento do dia, feito de fome, pancadas, frio, cansaço, medo e promiscuidade, transforma-se, à noite, em pesadelos disformes de inaudita violência, como, na vida livre, só acontecem nas noites de febre. Despertamos a cada instante, paralisados pelo terror, num estremecimento de todos os membros, sob a impressão de uma ordem berrada por uma voz furiosa, numa língua incompreensível. A procissão do*

7 *Ibid.*

> *balde e o barulho dos nossos pés descalços no assoalho transformam-se em outra simbólica procissão: somos nós, cinzentos e idênticos, pequenos como formigas e altos até as estrelas, comprimidos um contra outro, inumeráveis, por toda a planície até o horizonte; fundidos, às vezes, numa única substância, numa massa angustiante na qual nos sentimos presos e sufocados; ou, às vezes, numa marcha em círculo, sem começo nem fim, numa ofuscante vertigem, numa maré de náusea que nos sobe até a garganta; até que a fome, o frio, ou a bexiga cheia encaminhem os nossos sonhos dentro dos esquemas de sempre. Quando o pesadelo mesmo, ou o incômodo nos despertam, tentamos em vão decifrar seus elementos, rechaçá-los um por um fora da nossa percepção atual, para defender nosso sono de sua intromissão, mas, logo que fechamos os olhos, percebemos novamente que o cérebro recomeçou a trabalhar, independente da nossa vontade; zune e martela, sem descanso, constrói fantasmas e signos terríveis, sem parar os traça e os agita numa névoa cinzenta na tela dos sonhos.*[8]

Levi nos oferece um mapa dos sonhos em Auschwitz: sonhos de narração e sonhos de Tântalo – os quais nomeei de sonhos de pão – inseridos num conjunto mais geral dos pesadelos. A imagem que nos oferece é pungente: uma massa de inumeráveis formigas cinzentas e idênticas, comprimidas umas contra as outras, numa marcha em círculos, infindável. O tempo infinito retorna, "sem começo nem fim", e se mostra o sujeito no lugar de objeto do gozo do Outro.

---

8 Levi, P. (1988). *É isto um homem?* (p. 62). Luigi Del Re, Trad. Rio de Janeiro: Rocco.

Outro relato impressionante dessas noites nos vem por Charlotte Delbo, deportada para Auschwitz em janeiro de 1943. Alguns meses após a libertação, ela escreve na capa de um caderno: “nenhum de nós há-de voltar”, que se torna título do primeiro livro em que consta o testemunho a seguir:

> *Os polvos comprimiam-nos com os músculos viscosos e, se conseguíamos libertar um braço, era só para sermos estranguladas por um tentáculo que se enrolava à volta do pescoço, apertava as vértebras, apertava-as até fazê-las estalar, às vértebras, à traqueia, ao esôfago, à laringe, à faringe e a todos aqueles tubos que há no pescoço, apertava-os até partirem. Era preciso libertar a garganta e, para nos livrarmos dos estrangulamentos, ceder os braços, as pernas, a cintura aos tentáculos preênseis, invasores, que se multiplicavam sem fim, apareciam de todo o lado, tão inumeráveis que éramos tentadas a desistir da luta e daquela vigilância extenuante. Os tentáculos desenrolavam-se, desenrolavam a sua ameaça. A ameaça suspendia-se por um longo momento e ficávamos ali, hipnotizadas, incapazes de arriscar uma esquiva face à besta que se lançava, se enrolava, se pegava, esmagava. Estávamos prestes a sucumbir, quando, de repente, tínhamos a impressão de acordar. Não são polvos, é a lama. Nadamos na lama, uma lama viscosa com os tentáculos inesgotáveis das suas ondas. É um mar de lama onde temos que nadar, nadar à força, nadar até ao esgotamento e estafarmo-nos para manter a cabeça acima dos turbilhões de lodo. Estamos contraídas de nojo, a lama entra-nos nos olhos, no nariz, na boca, sufoca-nos e batemos com os*

braços para nos tentarmos manter na vertical dentro da lama que nos envolve como braços de polvo. E seria pouco nadar na lama se não fossemos obrigadas a levar tragues[9] *cheias de torrões, tão pesadas que a carga nos arrasta irremediavelmente para o fundo, por isso é que a lama viscosa, gelada, entra pela garganta e pelas orelhas. Manter a trague acima da cabeça obrigada a um esforço sobre-humano e a companheira à nossa frente afunda-se, desaparece, é engolida pela lama. É preciso puxá-la, voltar a pô-la a flutuar na lama, soltar a trague, é impossível desembaraçarmo-nos dela, está acorrentada aos nossos pulsos, tão solidamente, tão apertada, que nos afundamos ambas num corpo-a--corpo mortal, ligadas uma à outra pela trague de onde os torrões caem, confundindo-se com a lama que remexemos numa derradeira tentativa de nos libertarmos e a trague agora está repleta de olhos e de dentes, de olhos a luzir, de dentes a troçarem e a iluminarem a lama como madrepérolas fosforescentes numa água espessa, e todos estes olhos e todos estes dentes resplandecem e vociferam, a ferroar, a morder, a ferroar e a morder de todo o lado e a berrar:* Schneller, schneller, weiter, weiter,[10] *e quando damos murros nestas fuças todas de dentes e de olhos, os punhos não embatem senão em fronhas moles, esponjas podres. Queremos fugir, nadar para fora deste lodo. O lamaçal está cheio como cheia está uma piscina numa tarde de Verão e estamos sempre a bater em massas*

---

9 *Tragues* no português antigo se refere a cestos, tachos para carregar algo na cabeça. Mantivemos o relato no português de Portugal.

10 *Weiter* significa "adiante" em alemão.

fugidias e oleosas que impedem qualquer retirada, e os ombros rolam, viram-se, empurram outros ombros. É um emaranhado de corpos, uma confusão de braços e de pernas e, por fim, quando julgamos chegar a qualquer coisa de sólido, é porque batemos nas tábuas em que dormimos e tudo se desvanece no escuro onde se mexe a perna que é de Lulu, o braço que é de Yvonne, a cabeça em cima do meu peito que me abafa é a da Viva e, acordada pela sensação de que me encontro à beira do vazio, à beira do cubículo, à beira de cair no corredor, volto a cair noutro pesadelo, porque a gruta de escuridão, toda ela respirava, respirava e soprava, agitada em todos os recantos por mil sonos dolorosos e além de pesadelos. Da sombra solta-se uma sombra que desliza, desliza para o chão, para a lama e corre para a porta da caverna e essa sombra acorda outras que deslizam e correm e custa-lhes orientar-se na noite, tacteiam e hesitam, roçam umas pelas outras, dizem coisas sem nenhum sentido: "Onde estão os meus sapatos? És tu? A disenteria, é a terceira vez que vou lá fora." Outras sombras voltam, tacteiam para encontrar o lugar, o lugar pela cabeça pelo tocar noutra cabeça e de todos os andares sobem pesadelos, ganham forma na sombra, de todos os andares sobem os lamentos e os gemidos dos corpos martirizados a lutar contra a lama, contra as caras de hienas a berrar: Weiter, weiter, *porque as hienas berram assim e o único recurso é aconchegarmo-nos a nós mesmas e tentar fazer nascer um pesadelo suportável, talvez aquele em que se volta para a casa, em que se volta e se diz: Sou eu, aqui estou eu, vêem, mas todos os membros da família que julgávamos torturados de inquietação voltam-se para a parede, ficam mudos, estranhos de indiferença. Tornamos a dizer: sou eu, aqui estou eu, agora sei que é verdade, não estou a sonhar, sonhei tantas vezes que voltava e era horrível quando acordava, desta vez é mesmo verdade, é mesmo verdade porque estou na cozinha, porque estou a tocar no lava-loiças. Vês, mamã, sou eu e o frio da pedra do lava-loiças tira-me do sono. É um tijolo caído da paredezita que separa o cubículo do cubículo ao lado onde outras larvas dormem e gemem e sonham debaixo dos cobertores que as cobrem – são mortalhas que as cobrem porque elas estão mortas, hoje ou amanhã é o mesmo, estão mortas para o regresso à cozinha onde a mãe as espera e sentimo-nos escorregar para um buraco de sombra, um buraco sem fim –, o buraco da noite ou outro pesadelo, ou a nossa morte a sério, e debatemo-nos. É preciso voltar, voltar para a casa, voltar para tocar com as nossas mãos na pedra do lava-loiças e lutamos contra a vertigem que nos atrai para o fundo do buraco da noite ou da morte, apelamos por uma última vez toda a nossa energia num esforço desesperado, e agarramo-nos ao tijolo, ao tijolo frio que levamos de encontro ao peito, ao tijolo que arrancámos de um monte de tijolos cimentados pelo gelo, partindo o gelo com as unhas, depressa, depressa, os paus e as correias voam – depressa, depressa, as unhas sangram – e este tijolo frio de encontro ao peito levamo-lo para outro monte, num cortejo sombrio em que cada uma tem um tijolo ao peito, porque é assim que aqui se transportam os tijolos, tijolo após tijolo, de manhã à noite, e não basta levarmos tijolos durante todo o dia para o estaleiro, ainda o levamos durante a noite, porque à noite tudo nos persegue ao mesmo tempo, a lama do pântano onde nos atolamos, os tijolos frios que é preciso levar ao peito, os* kapos *que berram e os cães que, eles sim, caminham na lama como em terra firme e nos mordem a um sinal dos olhos incandescentes da sombra e temos o bafo quente e húmido do cão na nossa cara e nas nossas têmporas há pérolas de medo. E a noite é mais cansativa que o dia, povoada de tosses e estertores com aquelas que agonizam sozinhas, encostadas às outras que lutam com a lama, os cães, os tijolos e os berros, as que vamos encontrar mortas ao acordar, que havemos de levar para a lama diante da porta, que lá a havemos de deixar, enroladas no cobertor onde deram a vida. E cada morta é tão leve e tão pesada como as sombras da noite, leve de tão descarnada e pesada de uma soma de sofrimentos que nunca ninguém há-de partilhar.*

E quando o apito apita o despertar, não é que a noite acabe

porque a noite só se acaba quando as estrelas perdem a cor e o céu ganha cor,

não é que a noite se acabe

porque a noite só se acaba com o dia,

quando o apito apita para o despertar há todo um estreito de eternidade para atravessar entre a noite e o dia.

Quando o apito apita para o despertar é um pesadelo que se congela, outro pesadelo que começa

> não há senão um momento de lucidez *entre os dois, aquele em que ouvimos o bater de nosso coração a tentar perceber se ainda tem força para bater muito tempo*
>
> *muito tempo quer dizer alguns dias porque o nosso coração não conta nem em semanas nem em meses, contamos por dias e cada dia conta mil agonias e mil eternidades.*
>
> *O apito apita no campo, uma voz grita:* "Zell Appell"[11] *e nós ouvimos "É a chamada", e uma outra voz:* "Aufstehen",[12] *e não é o fim da noite*
>
> *não é o fim da noite para as que deliram nos revires*
>
> *não é o fim da noite para as ratazanas que lhe atacam os lábios ainda vivos*
>
> *não é o fim da noite para as estrelas geladas no céu gelado*
>
> *não é o fim da noite*
>
> *é a hora em que sombras entram nas paredes e outras sombras saem para a noite*
>
> *não é o fim da noite*
>
> *é o fim de mil noites e mil pesadelos.*[13]

Que descrição preciosa e lancinante das noites e seus pesadelos nos oferece Charlotte Delbo! Primeiro, polvos apavorantes que comprimem seus órgãos e músculos, com seus inúmeros tentáculos à volta do pescoço, apertando-o até partir. Dos terríveis polvos à sufocante lama, um mar de lama, onde é preciso nadar e se esforçar

---

11 *Zell Appell*: em alemão, "*Zählappell*", "chamada".

12 Em alemão, significa "de pé".

13 Delbo, C. (2018). *Auschwitz e depois* (pp. 78-83). Joana Morais Varela, Trad. Lisboa: BCF.

para manter a cabeça acima dos turbilhões de lodo. O sujeito tenta fugir, nadar, dar murros naquele ser repleto de olhos e dentes.

Procura um pesadelo mais suportável, aquele em que se volta para casa e diz: "sou eu, estou aqui", mas também neste as pessoas estão incrivelmente mudas, estranhas de indiferença. Ainda assim, o sujeito sabe que é preciso voltar para casa e lutar contra a vertigem que atrai para o fundo do buraco da noite ou da morte. O sujeito no sonho luta vigorosamente para encontrar uma mínima possibilidade de sobrevivência no terror esmagador do campo que tende a retornar, sem fim, nas noites escuras e frias.

Paulo Endo parece similarmente sustentar que "ainda quando o sujeito se encontra na iminência da destruição, da morte e sofrimentos psíquicos cotidianos e intermináveis", há uma "oscilação entre pulsão de vida e morte". O sonho comparece ora como "colapso irremissível", ora como "ultrapassamento e superação surreal e imaginada do insuportável".[14]

Charlotte Delbo aponta que entre o pesadelo da noite e o do dia não há senão um momento de lucidez. Ela não sabe o que é pior: o pesadelo da noite ou o do dia, pois parece haver um sentimento de continuidade e horror. Não há nenhum corte ou parada aí.

Viktor Frankl nos conta uma cena vivida no campo para enunciar uma vivência similar:

> *Jamais vou esquecer certa noite em que fui acordado pelo companheiro que dormia ao meu lado a gemer e revolver-se, evidentemente sob o efeito de algum pesadelo horrível. Quero observar de antemão que pessoalmente sempre tive pena de pessoas torturadas por angustiosos*

---

14 Endo, P. C. (2018a). O arquivo de sonhos de ex-prisioneiros de Auschwitz do Museu - Memorial Auschwitz-Birkenau. *Percurso Revista de Psicanálise*, ano XXX, (60), 90.

> *pesadelos ou fantasias. Por isso eu já estava prestes a acordar o pobre companheiro atormentado pelo pesadelo. Neste instante, assustei-me do meu propósito e retirei a minha mão que já ia despertar o companheiro do seu sonho. Pois, naquele momento, me conscientizei com muita nitidez de que nem mesmo o sonho mais terrível poderia ter tão ruim como a realidade que nos cercava ali no campo; e eu estava prestes a chamar alguém de volta para a experiência desperta e consciente da realidade...*[15]

Frankl considera que o pior pesadelo não poderia chegar nem perto da realidade do pesadelo real, dos campos. "A fantasia do terror é excedida pela realidade",[16] enuncia Koselleck. Ao mesmo tempo, a realidade se mostra tão irreal que se confunde com o pior dos pesadelos. E nada poderia ser mais real que aquilo.

Sinto que me aproximei minimamente desse aspecto particular da vivência dos campos numa determinada noite, já ao final desta escrita, logo após um pesadelo. Sonhei que via meu filho nas mãos de sequestradores. Despertei, bastante angustiada, e prontamente pensei: "Que bom! Era somente um sonho". Logo me recordei do testemunho comum aos sobreviventes, da condição de continuidade do terror da noite e do dia. Não era possível acordar e se apaziguar dizendo que se tratara "tão somente" de um pesadelo. Acordava-se para deparar com o pior dos pesadelos, uma realidade de terror, sem uma saída possível, durantes anos e anos! Uma angústia constante e interminável.

---

15 Frankl, V. (2018). *Em busca de sentido* (p. 45). São Leopoldo: Sinodal; Petrópolis: Vozes.

16 Koselleck, R. (2017). Posfácio. In C. Beradt, *Sonhos no Terceiro Reich: com o que sonhavam os alemães depois da ascensão de Hitler* (p. 180). São Paulo: Três Estrelas.

18. Sonhos de narração (ou sonhos que realizam a necessidade de narrar)

Levantar

Sonhávamos nas noites ferozes
Sonhos densos e violentos
Sonhados de corpo e alma:
Voltar; comer; contar.
Até que soava breve e abafado
O comando da aurora:
"Wstawać";[1]
E no peito o coração partia.
Agora reencontramos a casa,
Nosso ventre está saciado,
Terminamos de contar.
É tempo. Logo ouviremos de novo
O comando estrangeiro:
"Wstawać".

Primo Levi[2]

1 Em polonês, *Wstawać* significa "levantar".

2 Levi, P. (2019). *Mil sóis: poemas escolhidos* (pp. 26-27). Maurício Santana Dias, Trad. São Paulo: Todavia.

Levi nos transmite e nomeia um sonho sonhado por muitos: o sonho de narração. Trago-o em sua primeira versão e com as associações anteriores e posteriores do sonhador, depois tecerei alguns comentários:

> *Estou tão cansado, porém, tão atordoado, que em breve eu também mergulho no sono, e parece-me dormir em cima dos trilhos. O trem está por chegar: ouve-se ofegar a locomotiva – e a locomotiva é o meu vizinho. Ainda não estou tão adormecido que não me dê conta da dupla natureza da locomotiva. É essa mesma que, hoje na fábrica, rebocava os vagões que tivemos que descarregar; reconheço-a porque, agora também, como quando passou ao nosso lado, percebo o calor que se irradia de seu negro flanco. Arfa, cada vez mais perto; já vem por cima de mim... e nunca chega. O meu sono é leve, leve como um véu; posso rasgá-lo quando quero. Quero, sim, para sair de cima dos trilhos. Pronto: estou acordado. Não bem acordado; só um pouco, entre a insensibilidade e a consciência. Tenho os olhos fechados; não quero abri-los, não, para que o sono não fuja de mim, mas ouço os ruídos; este apito ao longe eu sei que é verdade, não é a locomotiva do sonho. É o apito do trenzinho da fábrica, que trabalha dia e noite. Uma longa nota firme, logo outra, mais baixa de um semitom, logo a primeira nota de novo, mas curta, truncada. Esse apito é importante; é, de certo modo, essencial: tantas vezes, já o ouvimos, ligado ao sofrimento do trabalho e do Campo, que se tornou seu símbolo, evoca diretamente a ideia do Campo, assim como acontece com certos cheiros, certas músicas.*

Aqui está minha irmã, e algum amigo (qual?), e muitas outras pessoas. Todos me escutam, enquanto conto do apito em três notas, da cama dura, do vizinho que gostaria de empurrar para o lado, mas tenho medo de acordá-lo porque é mais forte do que eu. Conto também a história da nossa fome, e do controle dos piolhos, e do Kapo *que me deu um soco no nariz e logo mandou que me lavasse porque sangrava. É uma felicidade interna, física, inefável, estar em minha casa, entre pessoas amigas, e ter tanta coisa pra contar, mas bem me apercebo de que eles não me escutam. Parecem indiferentes; falam entre si de outras coisas, como se eu não estivesse. Minha irmã olha pra mim, levanta, vai embora em silêncio.*

Nasce então, dentro de mim, uma pena desolada como certas mágoas da infância que ficam vagamente em nossa memória; uma dor não temperada pelo sentido da realidade ou a intromissão de circunstâncias estranhas, uma dor dessas que fazem chorar as crianças. Melhor, então, que eu torne mais uma à tona, que abra bem os olhos; preciso estar certo de que acordei, acordei mesmo.

O sonho está na minha frente, ainda quentinho; eu, embora desperto, continuo, dentro, com essa angústia do sonho; lembro, então, que não é um sonho qualquer; que, desde que vivo aqui, já o sonhei muitas vezes, com pequenas variantes de ambiente e detalhes. Agora estou bem lúcido, recordo também que já contei o meu sonho a Alberto e que ele me confessou que esse também é o sonho dele e o sonho de muitos mais; talvez de todos. Por quê? Por que o sofrimento de cada dia se traduz,

> *constantemente, em nossos sonhos, na cena sempre repetida da narração que os outros não escutam?*[3]

Vários pensamentos oníricos certamente se sobrepuseram neste sonho paradigmático. Parece se tratar de um sonho em duas partes. Na primeira delas, dorme em cima de um trilho, prestes a ser atropelado por uma locomotiva. A locomotiva procede do campo de concentração, ela está no sonho para substituir o seu vizinho de catre, que o incomoda, ofega e não lhe permite se mexer. O vizinho é como uma locomotiva que invade seu espaço mais íntimo, sente-se passado por cima; gostaria de empurrá-lo para o lado, mas receia acordá-lo, visto que ele é mais forte.[4] O trabalho do sonho recorre à locomotiva e ao apito, ambos pertencentes ao universo de Auschwitz (restos diurnos), para se enlaçar ao desejo inconsciente do sonhador, segundo a concepção freudiana do sonhar.

A segunda parte do sonho apresenta o tão citado e comentado sonho de narração. Levi parece se deter especialmente na indiferença dos amigos e da irmã e na angústia causada pela não escuta dos presentes. Mas está também bastante explícito que o sonho realiza o desejo de voltar para casa, reencontrar amigos e familiares, narrar o que havia vivenciado no campo.

---

3 Levi, P. (1988). *É isto um homem?* (pp. 59-61). Rio de Janeiro: Rocco.

4 No campo é abolido o espaço privado, "não há mais paredes", e podemos evocar o sonho apresentado por Beradt. Nos barracões de Auschwitz se dormia com outro prisioneiro num espaço de setenta centímetros, num estrado de madeira com uma fina cobertura de palha. Liliana Segre testemunha: "Vivíamos numa promiscuidade absoluta, dormíamos cinco ou seis num castelo de beliches. As mais sortudas eram as que estavam no alto, porque embaixo caía de tudo. Era um fervilhar de insetos dos mais nojentos que andavam por cima de nós e se enfiavam nas costuras das roupas. No campo reinava a sujeira". Segre, L. (2015). *Sobreviveu a Auschwitz: uma das últimas testemunhas do Shoah* (p. 69). Emanuela Zuccalà, Ed. São Paulo: Paulinas.

Endo comenta que parece haver nos pesadelos de Levi tanto "o trabalho da elaboração onírica" em busca da restauração de um estado anterior aos campos como a invasão das "experiências de desgraça nos campos que nem o sonho é capaz de debelar".[5] O autor propõe nos indagarmos se na restauração da experiência de estar em casa, entre familiares e amigos, comendo um pedaço de pão, não se revelariam

> *as sucessivas tentativas do trabalho do sonho, de restituir alguma informação, mil vezes perdida, sobre uma história, uma experiência e algum indício sobre elementos identitários que o psiquismo procura restaurar, mas que são cotidianamente desfigurados nos campos, onde todos estão irreconhecíveis entre si e para si e onde não há espelhos.*[6]

Endo sugere, assim, que o sonho visa restaurar algo de uma construção do eu, aniquilada nos campos.

Todavia, retornemos à problemática da narração: por que o narrar e não ser escutado se tornaria um tema de muitos, e ainda repetido, nos campos? Proponho para tal consideração o prólogo de Levi, escrito mais de quarenta anos após a libertação do *Lager* nazista, em *Os afogados e os sobreviventes*:

> *As primeiras notícias sobre os campos de extermínio nazistas começaram a difundir-se no ano crucial de 1942.*

---

5 Endo, P. C. (2018b). Freud, o inconsciente, a des-memória, a in-memória e os paradoxos do esquecimento, do sonho e do real de Auschwitz. *Percurso Revista de Psicanálise*, ano XXX, (60), 86.

6 *Ibid.*, p. 86.

Eram notícias vagas, mas convergentes entre si: delineavam um massacre de proporções tão amplas, de uma crueldade tão extrema, de motivações tão intrincadas que o público tendia a rejeitá-las em razão de seu próprio absurdo. É significativo como essa rejeição tenha sido prevista com muita antecipação pelos próprios culpados: muitos sobreviventes (entre outros, Simon Wiesenthal, nas últimas páginas de Gli Assassini sono tra noi, *Milão, Garzanti, 1970) recordam que os SS se divertiam avisando cinicamente os prisioneiros: "Seja qual for o fim desta guerra, a guerra contra vocês nós ganhamos; ninguém restará para dar testemunho, mas, mesmo que alguém escape, o mundo não lhe dará crédito. Talvez haja suspeitas, discussões, investigações de historiadores, mas não haverá certezas, porque destruiremos as provas junto com vocês. E ainda que fiquem algumas provas e sobreviva alguém, as pessoas dirão que os fatos narrados são tão monstruosos que não merecem confiança; dirão que são exageros da propaganda aliada e acreditarão em nós, que negaremos tudo, e não em vocês. Nós é que ditaremos a história dos* Lager."

Curiosamente esse mesmo pensamento ("mesmo que contarmos, não nos acreditarão") brotava, sob a forma de sonho noturno, do desespero dos prisioneiros. Quase todos os sobreviventes, oralmente ou em suas memórias escritas, recordam um sonho muitas vezes recorrente nas noites de confinamento, variado nos particulares mas único na substância: o de terem voltado para casa e contado com paixão e alívio seus sofrimentos passados, dirigindo-se a uma pessoa querida, e de não terem

> *crédito ou mesmo nem serem escutados. Na forma mais típica (e mais cruel), o interlocutor se virava e ia embora silenciosamente.*[7]

Consideremos como não tão contingente ou curiosa a conexão entre a fala dos nazistas e o sonho dos prisioneiros de não serem escutados. Parto da premissa de que seguramente a experiência nos campos transbordou os limites do imaginável, do vivível. Diante da imperativa enunciação nazista: "vocês não sobreviverão e, mesmo se sobreviverem, ninguém nunca acreditará em vocês, porque isso é inimaginável", o Outro do sonho aparece indiferente, inacessível. Os prisioneiros perdem a possibilidade do testemunho, explicitando-se no sonho uma clara ruptura entre o apelo ao Outro e sua recepção: "Quando não há mais testemunhas, nenhum testemunho é possível".[8]

Kertész sublinha que uma "angústia aterrorizante aderiu ao Holocausto" desde o primeiro instante: "a angústia do esquecimento", a qual "superou os horrores, as vidas individuais e as mortes, superou o desejo ávido de justiça". Uma angústia perpassada "por um sentimento metafísico que caracteriza as religiões e o sentimento religioso. Como se apenas a expressão bíblica fosse adequada: 'O sangue do seu filho clama por mim da terra'".[9] Um clamor para não ser esquecido pelo Outro nessa terrível ruptura que se instala em função da impossibilidade de endereçamento.

O apelo do não esquecimento aparece no sonho de narração. Os sujeitos do sonho de narração *narram sem sossego, repetidamente*, mesmo diante de um destinatário que parece não os escutar ou que

---

7 Levi, P. (1990). *Os afogados e os sobreviventes* (p. 1). Luiz Sérgio Henriques, Trad. Rio de Janeiro: Paz e Terra

8 Rousset, D. citado em Zaltzman, N. (1993). *A pulsão anarquista* (p. 91). São Paulo: Escuta.

9 Kertész, I. (2004b). O Holocausto como cultura. In I. Kertész, *A língua exilada* (pp. 63-34). Paulo Schiller, Trad. São Paulo: Companhia das Letras.

lhes seja indiferente. Diante do "Vocês não conseguirão contar!" do Outro do campo, o sujeito do sonho insiste, e talvez possamos reconhecer aí a dimensão do desejo nesse sonho de todos.

Trata-se de um sonho que talvez antecipe a necessidade de narrar característica dos testemunhos daqueles que sobreviveram. O desejo se transmuta em *necessidade de falar*, incansavelmente, do que ali ocorreu.[10] Diante do extremo, o contingente de uma narração parece ter se alçado à categoria do necessário. Se tomarmos as categorias lógicas de Aristóteles, retrabalhadas e reconfiguradas por Lacan, parece se tratar mais de "é necessário narrar" que de "é possível narrar".

---

10 Há um paradoxo que estrutura "as mais lúcidas obras de testemunho" sobre o *Shoah* (e igualmente sobre o *Gulag*): a "necessidade absoluta do testemunho" e simultaneamente "sua impossibilidade linguística e narrativa". Gagnebin, J. M. (2009). Após Auschwitz. In J. M. Gagnebin, *Lembrar escrever esquecer* (p. 79). São Paulo: Editora 34.

19. Um sonho de chegada e o desejo de dormir

Mas há uma estação onde os que chegam são precisamente os que partem

uma estação onde os que chegam nunca chegaram, onde os que partiram nunca voltaram.

É a maior estação do mundo.

Venham donde vierem, é a estação que chegam.

Chegam depois de dias e dias e de noites e noites

tendo atravessado países de ponta a ponta

chegam com os filhos, mesmo os mais pequeninos que não deviam viajar.

Levaram os filhos porque ninguém se separa de um filho numa viagem como esta.

Os que tinham ouro levaram-no porque pensaram que podia ser útil.

Todos levaram o que tinham de mais querido porque não se deve deixar o que nos é mais querido quando se vai para longe.

> Todos levaram a própria vida, era sobretudo a vida que era possível levar.
>
> E quando chegam
>
> julgam que chegaram
>
> possivelmente
>
> ao inferno. Mas não acreditavam.
>
> Não sabiam que se pegava o comboio para o inferno mas já que lá estão armam-se e sentem-se prestes a afrontá-lo
>
> com os filhos as mulheres os velhos parentes com as recordações de família e os papéis de família.
>
> Não sabem que a esta estação não se chega.
>
> Esperam o pior – não esperam o inconcebível.
>
> Charlotte Delbo[1]

A chegada nos campos, a descida tumultuada das rampas, é relatada pelos sobreviventes como um momento de absoluta ruptura com o que tinham vivenciado até então, mesmo considerando o horror anterior da viagem nos vagões dos trens: confinados, sem banheiro, sem comida, sem bebida durante dias e em compartimentos fechados e de transporte de carga. Muitos ainda acreditavam que poderia ser uma possibilidade de trabalhar e, assim, sobreviver à Guerra, ou mesmo de reencontrar familiares já deportados. Poderiam esperar o pior, não o inconcebível, como enuncia Delbo.

Segre recorda uma primeira "conversa" na noite da chegada em Auschwitz, na qual algumas garotas francesas dizem às novatas:

---

1 Delbo, C. (2018). *Auschwitz e depois*. Trecho retirado da primeira parte do livro, intitulada "Nenhum de nós há-de voltar" (pp. 13-14). Joana Morais Varela, Trad. Lisboa: BCF.

> *Veem aquela chaminé lá ao fundo com a chama acesa? É um forno crematório: ali queimam as pessoas depois de as terem matado com o gás. Por isso, aqui em Auschwitz, sentirão esse cheiro adocicado: é a carne sendo queimada. Por isso aqui em Auschwitz a neve é cinzenta: é a cinza no vento de Auschwitz.*

E ainda: "Nunca mais verão aqueles que deixaram na estação: já passaram pela chaminé. São cinzas no vento de Auschwitz".[2] Segre não pôde acreditar naquelas palavras que reverberaram "longamente como uma ladainha cruel"[3] dentro de sua cabeça.

Richard Glazar, sobrevivente de Treblinka, relata o reencontro significativo com um grande amigo uns vinte minutos após a chegada no campo. O amigo havia recém-descoberto a morte da mãe, do pai e do irmão. Glazar diz ao amigo:

> *É um furacão, um mar monstruoso.*
> *Naufragamos. E ainda vivemos.*
> *E não devemos fazer nada.*
> *Mas apenas aguardar cada nova onda,*
> *Deitar sobre ela.*
> *Preparar-nos para a próxima onda...*
> *E permanecer sobre a onda a qualquer preço. E nada mais.*[4]

---

2 Segre, L. (2015). *Sobreviveu a Auschwitz: uma das últimas testemunhas do Shoah* (pp. 66-67). Emanuela Zuccalà, Ed. São Paulo: Paulinas.

3 *Ibid.*, pp. 66-67.

4 Citado em: Lanzmann, C. (1987). *Shoah, vozes e faces do holocausto* (p. 70). São Paulo: Brasiliense.

Levi narra um primeiro sonho desse instante de ver:

> *Tenho perguntas demais a fazer. . . .*
>
> *Compreendo que querem que cale a boca, mas essa palavra é nova para mim e, não conhecendo seu significado nem suas implicações, minha ansiedade aumenta. Aqui, a confusão das línguas é um elemento constante da nossa maneira de viver; a gente fica no meio de uma perpétua babel, na qual todos berram ordens e ameaças em línguas nunca antes ouvidas, e ai de quem não entende logo o sentido. . . .*
>
> *Renuncio, portanto, a fazer mais perguntas, e em breve mergulho num sono amargo e tenso. É sono, mas não é descanso: sinto-me ameaçado, a cada instante estou pronto para me contrair num espasmo de defesa. Sonho e me parece dormir no meio de uma rua, de uma ponte, atravessado no limiar de uma porta por onde vai e vem muita gente. E já chega, quão cedo, ai! a alvorada.*[5]

Nesse novo mundo no qual é preciso rapidamente apreender seu funcionamento e renunciar às perguntas, tanto para o outro como para si mesmo, o sonho o transporta para um outro lugar, igualmente instável, "atravessado no limiar de uma porta, no meio da rua", onde simplesmente dorme. O sonho explicita o desejo de dormir como forma de escapar daquela realidade absurda e incompreensível. Recordemos a função do sonhar proposta por Freud: o sonho como o guardião do sono, conduzido pela pulsão de dormir. Devemos relembrar que o sono nos campos, com ou sem sonho,

5 Levi, P. (1988). *É isto um homem?* (p. 36). Rio de Janeiro: Rocco.

consistia provavelmente no único estado no qual o horror poderia ser suspenso, ao menos por algumas breves horas.

No entanto, parece que outra questão advém do sonho de Levi. Como se configuraria o sonho ao se anular a possibilidade da pergunta e do pensar no tempo da vigília? Os prisioneiros prontamente deparavam com o mandamento nazista de que, para que houvesse alguma chance de sobreviver, era preciso renunciar ao pensar. Assim concebe Levi:

> *No Campo, pensar não serve pra nada, porque os fatos acontecem, em geral, de maneira incompreensível; pensar é, também, um mal porque conserva viva uma sensibilidade que é fonte de dor, enquanto uma clemente lei natural embota essa sensibilidade quando o sofrimento passa de certo limite.*[6]

O pensar deixa de fazer sentido "quando o sofrimento passa de um certo limite", tal como a palavra em seu sentido simbólico. Delbo assim expressa o "não pensar em nada" dos campos:

> *Estou de pé no meio das minhas companheiras e penso que, se um dia voltar e quiser explicar esse inexplicável, vou dizer: "Punha-me a pensar: tens de aguentar, tens de aguentar de pé durante toda a chamada. Hoje ainda tens de aguentar. É porque hoje ainda aguentaste que vais voltar, se é que algum dia vais voltar." E não era verdade.* Não pensava em nada. *Não dizia nada a mim mesma. A vontade de resistir estava numa mola muito mais escondida e secreta que depois se partiu, nunca*

6 Levi, P. (1988). *É isto um homem?* (p. 172). Rio de Janeiro: Rocco.

> *o hei-de saber. E se as portas tivessem exigido às que haviam de voltar que prestassem contas, estas seriam incapazes. Não pensava em nada. Não via nada. Não sentia nada. Era um esqueleto de frio com o frio que soprava em todas as fendas que as costelas fazem a um esqueleto.*[7]
>
> *Dirão talvez que se pode tirar tudo a um ser humano, excepto a faculdade de pensar e de imaginar. Não é verdade. Pode tornar-se um ser humano num esqueleto onde a diarreia borbulha, tirar-lhe o tempo de pensar, a força de pensar.*[8]

Jean Améry formula que as associações de ideias pareciam levar somente ao sofrimento nos campos e o intelecto a se adaptar a uma maneira bastante particular de operar:

> *O intelecto inteiro se declarava impotente no campo. Renunciava ao papel de instrumento para superar o desafio que enfrentávamos. Mas – e aqui me refiro a uma questão essencial – era muito útil na sua própria anulação, o que não era pouco. Pois, salvo nas situações em que o intelectual estava fisicamente destruído,* não era verdade que ele tinha perdido a capacidade de pensar. Ao contrário: ela raramente concedia descanso a si mesma. *Mas se anulava na medida em que, praticamente a cada passo, topava com limites intransponíveis.*

---

7 Delbo, C. (2018). *Auschwitz e depois* (p. 92). Joana Morais Varela, Trad. Lisboa: BCF.

8 *Ibid.*, pp. 226-227.

> *As coordenadas dos seus sistemas de referência tradicionais estavam rompidas. A beleza não era mais que uma ilusão. O conhecimento se revelava uma brincadeira conceitual. A morte se revestia de toda a sua incompreensibilidade.*[9]

Um pensar que se autoanula para sobreviver, mas que não havia perdido sua capacidade de pensar. Freud considera que os sonhos são incitados pelos pensamentos oníricos latentes do dia anterior. Como teria se modificado o sonho nos campos com a instauração deste novo modo de "existir" e "não pensar"?

Encaminho-os para a próxima subdivisão com a descrição de Levi a respeito da chegada da alvorada, apresentada logo após o primeiro sonho de *iniciação*[10] relatado no início desta seção:

> *O Bloco inteiro estremece desde os alicerces, acendem-se as luzes, todos ao redor de mim agitam-se numa repentina, frenética atividade: sacodem cobertores, levantando nuvens de fétido pó, vestem-se com pressa febril, correm para fora, no ar gelado, ainda meio nus, precipitam-se rumo às latrinas e aos lavatórios; muitos, como bichos, urinam enquanto correm, para poupar tempo, porque dentro de cinco minutos começa a distribuição do pão – do pão,* Brot, Broit, chleb, pain, lechem, kenyér *– do* sagrado tijolinho cinzento, *que parece gigantesco na mão do teu vizinho e, na tua, pequeno de fazer chorar. É uma alucinação cotidiana, à qual a gente acaba se*

9 Améry, J. (2013). *Além do crime e castigo* (p. 51, grifos meus). Rio de Janeiro: Contraponto.

10 O nome do capítulo do livro de Levi é "Iniciação".

> *acostumando, mas nos primeiros* tempos *ela é irresistível, a um ponto tal que muitos de nós, depois de discutir um bocado um com os outros, lamentando o próprio evidente e constante azar e a sorte descarada dos outros, trocam as rações, por fim, e então a ilusão recomeça, ao contrário, deixando desiludidos e frustrados a todos.*[11]

Que lugar foi destinado ao pão, *Brot, Broit, chleb, pain, lechem ou kenyér* neste sonho de todos?

11 Levi, P. (1988). *É isto um homem?* (p. 37). Rio de Janeiro: Rocco.

20. Sonhos de pão (ou sonhos que realizam/alucinam o objeto de uma falta real)

Tenebrae

Estamos próximos, Senhor,
Próximos e palpáveis.

Palpados já, Senhor,
Agarrados um ao outro, como se
o corpo de cada um de nós fosse
teu corpo, Senhor.

Roga, Senhor,
Roga por nós,
estamos próximos.

Empurrados pelo vento fomos,
fomos até lá para curvar-nos
rumo ao vale e cratera.

Fomos ao bebedouro, Senhor.

Havia o sangue, havia
o que verteste, Senhor.

Brilhava.

Jogou-nos tua imagem nos olhos, Senhor.

Olhos e boca estão por demais abertos e vazios, Senhor.
Bebemos, Senhor.
O sangue e a imagem que no sangue havia, Senhor.

Roga, Senhor.
Estamos próximos.

Paul Celan[1]

O sonho de pão sem dúvida é o sonho por excelência dos campos de concentração e extermínio. Os sobreviventes não cessaram de expressar fome e sede abismais:[2] "Quinze dias depois da chegada, já tenho a fome regulamentar, essa fome crónica que os homens livres desconhecem; que faz sonhar, à noite; que fica dentro de cada fragmento de nossos corpos".[3] Fome que produziu sonhos e alucinações, cujo grau de privação[4] era inimaginável aos que não estavam lá.

---

1 Celan, P. (1999). *Cristal* (pp. 66-69). São Paulo: Iluminuras.

2 Lilian Segre assim descreve a fome nos campos: "Chegava o pedaço de pão negro, loucamente esperado todo o dia, porque, depois da sopa nojenta que nos davam de manhã, não se comia mais nada até o ocaso. Era uma fatia de pão escuro acompanhado com uma colherada de margarina e, duas vezes por semana, com uma fatia de chouriço, cujo conteúdo ninguém queria saber. Comíamos felizes. Seiscentas calorias por dia, a dieta pensada para nós: o bastante para sobreviver, em média, durante seis meses". Segre, L. (2015). *Sobreviveu a Auschwitz* (p. 81). Emanuela Zuccalà, Ed. São Paulo: Paulinas.

3 Levi, P. (1988). *É isto um homem?* (p. 35). Rio de Janeiro: Rocco.

4 Lacan diferencia três tipos de falta no seminário 4: privação, frustração e castração, respectivamente referidas aos registros real, imaginário e simbólico.

Frankl pergunta e prontamente responde:

> *Qual é o sonho mais frequente da pessoa internada no campo? Ela sonha com pão, tortas, com cigarros e com uma banheira cheia de água quente.* A não satisfação das respectivas necessidades mais primitivas faz com que ela experimente a satisfação das mesmas em sonhos primitivos de realização de desejos. *Outra coisa é o efeito desse sonho sobre quem sonha, no momento em que desperta para a realidade do campo de concentração e sente o terrível contraste entre a ilusão do sonho e a realidade do campo.*[5]

O sonho de pão concebido por Frankl como realização de desejo, Levi interpreta como uma espécie de tortura no sonhar, nomeando-o de sonho de Tântalo:

> *Os companheiros dormem. Respiram, roncam, alguns se queixam e falam. Muitos estalam os lábios e mexem os maxilares. Sonham que comem; esse também é um sonho de todos, um sonho cruel; quem criou o mito de Tântalo devia conhecê-lo. Não apenas se vê a comida; sente-se na mão, clara, concreta; percebe-se seu cheiro, gordo e penetrante; aproximam-na de nós, até tocar nossos lábios; logo sobrevém algum fato, cada vez diferente, e o ato se interrompe. Então o sonho se dissolve, cinde-se em seus*

Aqui parece se tratar de uma falta real: "a privação, em sua natureza de falta, é essencialmente uma falta real. É um furo". Lacan, J. (1995). *O seminário – livro 4: a relação de objeto* (p. 36). Dulce Duque Estrada, Trad. Rio de Janeiro: Jorge Zahar.

5 Frankl, V. E. (2018). *Em busca de sentido* (p. 44, grifo meu). São Leopoldo: Sinodal; Petrópolis: Vozes.

> *elementos, mas recompõe-se logo, recomeça, semelhante e diverso; e isso sem descanso, para cada um de nós, a cada noite enquanto a alvorada não vem.*[6]

Sim, todos sonhavam ou alucinavam com o "sagrado tijolinho cinzento", o alimento de que estavam privados em função da crueldade e do sadismo do Outro do universo concentracionário. Nesse viés, concordamos com a nomeação de Levi ao comparar a tortura dos campos ao suplício de Tântalo, filho de Zeus e da princesa Plota. Uma das versões do mito relata que certa vez Tântalo ousou testar a onisciência dos deuses, roubou os manjares divinos e serviu-lhes a carne do próprio filho no lugar. Lançado ao Tártaro como castigo, num vale abundante em vegetação e água, sua sentença consistiu em não poder saciar sua fome nem sua sede. Ao tentar se aproximar da água, ela escoava e, ao erguer-se para colher os frutos das árvores, os ramos moviam-se longe de seu alcance.[7]

Há aí a proximidade constante do objeto do desejo/necessidade sem que se possa alcançá-lo. Talvez o cruel esteja aí deslocado. Não foi o sonho que se mostrou cruel, mas o universo fundado: homens fazendo ativamente outros morrerem de fome. Consideração teórica que me fez não tomar a nomeação proposta por Primo Levi, sonho de Tântalo, como uma nomeação para todos, uma vez que nem todos

---

6 Levi, P. (1988). *É isto um homem?* (p. 61). Rio de Janeiro: Rocco.

7 Assim está descrito o suplício de Tântalo na *Odisseia*, de Homero: "Vi igualmente Tântalo, condenado a cruel suplício, de pé dentro de um lago, com água até o queixo, mas sem lhe poder chegar. Cada vez que o ancião, sempre sequioso, se curvava para matar a sede, a água desaparecia, absorvida pelo solo; em volta de seus pés surgia a terra negra, dessecada por um deus. Árvores de alta e copada ramaria deixam pender os frutos sobre sua cabeça; pereiras, romãzeiras, macieiras com deslumbrantes maçãs, doces figueiras e verdejantes oliveiras; sempre que o ancião estendia os braços para colher os frutos, o vento os arremessava para as nuvens sombrias". Homero. (2002). *Odisseia* (p. 155). Antônio Pinto de Carvalho, Trad. São Paulo: Nova Cultural.

os sonhadores interpretaram esse tipo de sonho como punitivo ou torturante. Considero importante esse aspecto por se tratar de uma conjuntura absolutamente diversa da apresentada por alguém que passa fome, mas que não a interpreta como provinda do desejo ou da ação de um outro ser humano.

Ademais, é preciso diferenciar o relato do sonho e a posição interpretante do sonhador com relação ao sonho. Se pudéssemos supor um sonho idêntico para vários sonhadores – o que não é possível por princípio –, um sonhador o tomaria como salvador, outro como punitivo e ainda um terceiro poderia não lhe dar valor nenhum. Os sonhos de Levi, por exemplo, pareceram mais angustiá-lo que auxiliá-lo a atravessar a experiência do campo, diversamente de alguns outros sonhadores contemplados nesta pesquisa.

Havia então a fome aterradora e a sede abismal, que similarmente produzia sonhos e atormentava. Levi discerne que a sede "é mais imperiosa do que a fome: a fome obedece aos nervos, concede adiamento, pode ser temporariamente coberta por uma emoção, uma dor, um medo; mas não a sede, que não dá trégua. A fome extenua, a sede enfurece".[8]

Delbo descreve a sede da seguinte maneira:

> *Mas a sede do pântano é mais ardente do que a do deserto. A sede de pântano dura semanas. Os odres nunca chegam. A razão vacila. A razão é derrotada pela sede. A razão resiste a tudo, e cede à sede. No pântano, nada de miragens, nada de esperanças de um oásis. Lama, lama. Só há lama e não água.*
>
> *Há a sede da manhã e a sede da tarde.*

---

8 Levi, P. (1990). *Os afogados e os sobreviventes* (p. 45). Luiz Sérgio Henriques, Trad. Rio de Janeiro: Paz e Terra.

> *Há a sede do dia e a sede da noite.*
>
> *De manhã, ao acordar, os lábios falam e não sai nenhum som dos lábios.* A angústia apodera-se de todo o nosso ser, uma angústia tão fulgurante como a do sonho. *Estar morto será isto? Os lábios tentam falar, a boca está paralisada. A boca não forma palavras quando está seca, quando já não tem saliva. E o olhar parte à deriva, é o olhar da loucura. Ao que outras dizem: "Está louca, enlouqueceu durante a noite", e fazem apelo às palavras que devem acordar a razão. Era preciso explicar-lhes. Os lábios recusam-se a fazê-lo. Os músculos da boca querem tentar os movimentos da articulação e não articulam. E é o desespero da impotência de lhes dizer a angústia que me estrangulou, a impressão de estar morta e de sabê-lo.*[9]

E então Delbo nos relata um sonho de sede:

> *Há a sede do fim da tarde e a sede da noite. A mais atroz. Porque, de noite, bebo, bebo e a água torna-se imediatamente seca e sólida na minha boca. E quanto mais bebo, mais a minha boca se enche de folhas podres que endurecem.*
>
> *Ou então é um gomo de laranja. Rebenta-me entre os dentes e é mesmo um gomo de laranja – é extraordinário haver aqui laranjas –, é mesmo um gomo de laranja, tenho o sabor da laranja na boca, o sumo espalha-se até debaixo da língua, toca-me no céu da boca, nas*

---

9 Delbo, C. (2018). *Auschwitz e depois* (pp. 100-101, grifos meus). Joana Morais Varela, Trad. Lisboa: BCF.

> *gengivas, escorre-me para a garganta. O sabor da laranja e a sensação do fresco a escorrer acordam-me. O despertar é horrível. Mas o segundo em que a pele da laranja cede entre os dentes é tão delicioso que queria provocar esse sonho. Persigo-o, forço-o. Mas é outra vez a pasta de folhas podres em argamassa que se petrifica. Tenho a boca seca. Mas não amarga. Quando se sente a boa amarga, é que não se perdeu o gosto, é que ainda se tem saliva na boca.*[10]

O sonho realiza o desejo do gomo da laranja entre os dentes, do sorver o seu suco, para logo após despertar e se haver com a secura terrível do campo. Uma fome e uma sede aterradoras que determinam um "só pensar nisso".

Levi acentua: "Como poderíamos pensar em não ter fome? O Campo é a fome; nós mesmos somos a fome, uma fome viva".[11] Viktor Frankl procura explicar: "A subnutrição faz com que os instintos que tomam conta do recluso na segunda fase de sua adaptação interior à vida do campo de concentração elevem para o primeiro plano de consciência o impulso de alimentação".[12]

Wiesel bem descreve a fome dos campos em dois momentos distintos. O primeiro, após saber que o dentista do campo seria enforcado sem sentir nenhum tipo de pena, o que também lhe traria a vantagem de que não lhe roubassem a coroa de ouro de seus dentes: "Não me interessava por mais nada além do meu prato de sopa diário, do meu pedaço de pão seco. O pão, a sopa... era toda

---

10 *Ibid.*, pp. 106-107.

11 Levi, P. (1988). *É isto um homem?* (p. 74). Rio de Janeiro: Rocco.

12 Frankl, V. E. (2018). *Em busca de sentido* (p. 49). São Leopoldo: Sinodal; Petrópolis: Vozes.

a minha vida. Eu era um corpo. Talvez menos ainda: um estômago faminto. Só o estômago sentia o tempo passar".[13] O segundo momento, após a morte do pai, com a libertação já próxima. Wiesel conta que no dia 5 de abril o chefe do campo informou aos prisioneiros que Buchenwald seria destruído e os prisioneiros, evacuados. A partir daquele dia, não houve mais distribuição de pão e sopa. Ele enuncia e relata um sonho:

> *Eu ainda ficaria em Buchenwald até o dia 11 de abril. Não falarei da minha vida durante esse tempo. Ela não tinha mais importância. Desde a morte do meu pai nada mais me atingia. Fui transferido para o bloco das crianças, onde erámos seiscentos. O front estava se aproximando. Passava meus dias num ócio absoluto.* Com um único desejo: comer. Não pensava mais em meu pai, nem em minha mãe. De vez em quando acontecia-me de sonhar. Com um pouco de sopa. Um prato a mais de sopa. . . . *Nosso primeiro gesto de homens livres foi nos atirarmos em cima dos mantimentos.* Não se pensava em outra coisa. Nem vingança, nem parentes. Pão, nada mais.[14]

Pão: nada mais! Essa parece ter sido uma experiência comum a todos. Um "só pensar nisso" que curiosamente cessa quando a fome é saciada momentaneamente.

Jean Améry narra uma experiência curiosa de "euforia espiritual" ao ser presenteado por um enfermeiro do campo com um prato de sêmola adocicada. Uma euforia espiritual acompanhada por um "desejo

13 Wiesel, E. (2001). *A noite* (p. 77). Rio de Janeiro: Ediouro.
14 *Ibid.*, pp. 157-159.

selvagem de espiritualidade" e uma "autocompaixão penetrante" que o faz chorar. Entretanto, sabe do caráter ilusório daqueles minutos de euforia espiritual: "era um verdadeiro estado de embriaguez provocado por uma reação física".[15] Ainda confessa que o sentimento de embriaguez acometeu vários de seus companheiros quando conseguiam excepcionalmente comer algo ou fumar um cigarro. O pensamento e o processo associativo que lhe é próprio parecem prontamente se reestabelecer na circunstância de recuperação do objeto privado.

Apresento agora uma série de sonhos-alucinações de pão dos campos; vejamos como cada um poderá nos trazer seus impasses específicos e nos interrogar. O primeiro deles nos remete a perguntas relevantes com referência ao colapso do sonhar. Os demais nos mostram outros problemas-enigmas relativos ao funcionamento e à função do sonhar nos campos.

Miriam Horovitz (Borochovitz), lituana, apresenta esse testemunho oral em 1979, após ter sido obrigada a trabalhar como coveira: seu sonhar com pão "secou":

> *Sou lacrada. Não tenho alma. Como pude enterrar mortos? Nada me importava. Eu sabia que se eu não morresse hoje morreria amanhã. Só nós dois sobramos de toda a família. Tudo escureceu em mim. Não me restou sensibilidade para nada. Não sabíamos nada. Só viver com dificuldade. Não comer, dormir um sono inquieto, tirar piolhos, se amontoar, carregar cadáveres, rebocar moribundos, mexer em mortos, mortos e mortos.*
>
> *O tempo todo até aqueles instantes, se tivéssemos algum sonho então era com pão, que eu já tenha pão, que eu esteja em um lugar pequeno como um galinheiro e*

15 Améry, J. (2013). *Além do crime e castigo* (pp. 37-38). Rio de Janeiro: Contraponto.

> *arranque pedacinhos pequenos do pãozinho, pedacinhos que eu fosse comendo. Sentar num galinheiro e arrancar suas penas e comer. Mas, depois o sonho desapareceu, secou, não veio mais, não tive mais sonhos ao dormir nem mesmo os de um pedaço de pão no galinheiro. Só enterrar mortos. Só arrastar esqueletos de mulheres estremecendo ou frios. Judias da Lituânia. Tchecoslováquia. Hungria.*[16]

Seu sonhar com pão "secou": nele, era conduzida até um pequeno galinheiro onde arrancava pedacinhos do pão e penas das galinhas e os comia. Um sonho que parece ter ganhado novo sentido ao ter cessado logo após começar a enterrar mortos. Naquele fazer impossível, sente-se insensível, assumindo-se "lacrada", "sem alma". A culpa lhe teria subtraído o sonhar? Ou a própria experiência avassaladora e ininterrupta de carregar e enterrar cadáveres? O sonhar que realizava seu desejo de pão se mostrou irreconciliável com o arrastar sem fim dos corpos frios de mulheres mortas.

Noah Klieger,[17] sobrevivente de Auschwitz, apresenta um sonho que o acompanhou nos vários campos que precisou atravessar:

> *A fome. Durante quase todo o período da minha permanência nos campos, exceto na primeira fase, eu tinha o mesmo sonho. Um delírio antes de deitar, mais especificamente. Via sempre a mesma imagem em minha alucinação: Estava sentado à mesa do café. Diante da chaleira de café aromático, um jarro com leite e diferentes*

---

16 Citado em: Erlich, Y. (2008). *Como sonho voa: sonhos do Holocausto em forma de diários, testemunhos e memórias*. Tese apresentada ao Instituto do Judaísmo Contemporâneo da Universidade Hebraica de Jerusalém.

17 Noah Klieger esteve nos campos de Malin, Auschwitz, Dora-Mittelbau e Ravensbrück.

tipos e gêneros de pãezinhos. Com manteiga, frios, queijo, salmão, ovos. Eu comia e bebia, comia e bebia, e desfrutava. Às vezes, realmente sentia o sabor de um bom café doce e de rosquinhas deliciosas. Com o passar dos dias e semanas, eu aumentava a quantidade de pãezinhos no desjejum; de quatro passei a seis e de seis a oito. Cheguei até a uma dúzia de pães. Cada um com uma pasta (manteiga, queijo, geleia, patê) diferente, principalmente roscas com papoula, mas também pães com manteiga. Às vezes, tão forte era a fantasia, que parecia que a baba escorria da minha boca.

Assim, o estado de ilusão durou muitos meses até que o café da manhã com as rosquinhas se tornou uma obsessão. Parece-me que, às vezes, eu tentava sobreviver com todas as minhas forças, apenas para satisfazer minha luxúria pelos pãezinhos. E toda vez em que eu acordava de madrugada com os gritos de Altester, o velho da cabana, e seu assistente, responsável pela ordem interna da cabana, dando-me conta de que os pães ainda estavam bem longe de mim, sentia como se minha vida houvesse sido arruinada. Era justamente esse desapontamento, no entanto, que me estimulava, repetidas vezes, durante todas as horas diárias de trabalho forçado, sob a tempestade de maldições e golpes dos soldados da SS, dos kapos *e dos* vorarbeiter apatazes, *quando eu novamente tentava sobreviver mais um dia. Aguardava o momento em que eu me deitava no saco de palha e, de novo, podia imaginar meu belo café da manhã.*[18]

---

18 Citado em: Erlich, Y. (2008). *Como sonho voa: sonhos do Holocausto em forma de diários, testemunhos e memórias*. Tese apresentada ao Instituto do Judaísmo Contemporâneo da Universidade Hebraica de Jerusalém.

Klieger intitula seu livro de *Doze roscas para o café da manhã*, atestando a importância que atribui a essa série de sonhos, mesmo sob a perspectiva dos vários anos passados desde o *Shoah*.

É absolutamente curiosa essa série de sonhos, especialmente por sua função para o sonhador. Sonhos que realizam explicitamente o desejo do sonhador de transformar o ínfimo pão duro e cinzento do campo numa incrível mesa de café da manhã, cada vez com mais e mais rosquinhas e guloseimas. O sonhador parece demandar ao sonho, no lugar Outro, mais e mais elementos alucinatórios que o tirassem daquela realidade dos campos, e o sonho o atende. A cada noite a espera por esses sonhos o faz suportar os infortúnios e as violências do campo.

É um sonho repetido em sua vertente *autômaton*, e parece levar ao máximo a insistência da repetição significante e da própria função simbólica do sonhar. Uma repetição que a cada vez se apresenta um pouco diferente, acrescentando mais e mais elementos. É interessante a ligação da privação com o excesso nesse sonho, uma vez que o sonho parece trabalhar incessantemente a fim de recuperar e substituir o objeto da privação.

Andor Stern, sobrevivente de Auschwitz, testemunha no mesmo sentido:

> *A alimentação era sempre insuficiente. Além da sopa, tinha um chá de menta de manhã e uma vez ao dia recebíamos um pão. Aliás, o pão é um capítulo à parte. Não dá pra imaginar a importância que tem um pedaço de pão. Não significa só a satisfação da fome. Era um objeto tão inalcançável que não dá pra fazer ideia. Falava-se em pão e comida o tempo todo. Talvez tenha sido um dos elementos que sustentaram a gente. Eu, por exemplo, mantinha as minhas fantasias para o acaso de*

> *algum dia voltar a se livre. Eu imaginava um armário com portas de tela para não entrar moscas.*
>
> *Na minha mente, tudo devia estar setorizado, organizado: pão preto, pão branco, pão doce, um setor de queijo, um de salame, um de frios e outras iguarias. Então, toda noite eu, mentalmente, comia em todas aquelas seções; fazia um sanduíche assim, outro assado e com toda riqueza de detalhes que a minha mente era capaz de criar.*
>
> *No silêncio da noite, era possível escutar os devaneios de outros prisioneiros. Às vezes, acabava até em discussão. Certa vez, um deles não concordou com a quantidade de pedras de açúcar que a esposa do outro colocava no chá: "Ela devia colocar apenas uma pedra de açúcar. Duas estragam o sabor do chá". Logo percebi que era melhor apenas sonhar com comida. Não oferecia riscos.*[19]

Os sonhos de Klieger e Stern fazem questionar: o sonhador pode se tornar o comandante do trabalho do sonho?

Ribeiro aponta que alguns poucos são capazes de dirigir seus sonhos e indica que o sonho "autoconsciente" se transformou em objeto de volumoso tratado filosófico do marquês Léon d'Hervey de Saint-Denys, intitulado *Os sonhos e os meios para dirigi-los*. São sonhos usuais e extremamente vívidos, marcados por "concentração, foco e tomada voluntária de decisões".[20] O autor ainda aborda os "sonhos lúcidos" como "um estado híbrido em que a atenção está

---

19 Citado em: Pierin, G. D. (2015). *Uma estrela na escuridão* (pp. 108-109). Santos: Ateliê de Palavras.

20 Ribeiro, S. (2019). *O oráculo da noite: a história e a ciência do sonho* (p. 370). São Paulo: Companhia das Letras.

voltada para dentro como no sono, mas com a consciência intencional que caracteriza a vigília".[21]

É curioso que Freud cite o marquês de Saint-Denys em *A interpretação dos sonhos*, referindo-se a ele como "o mais ferrenho oponente dos que tentaram depreciar o funcionamento psíquico nos sonhos".[22]

O relato de Edith Eva Eger,[23] sobrevivente de Auschwitz, é similarmente bastante significativo:

> *Cozinhávamos o tempo todo em Auschwitz. Em nossa imaginação, a toda hora celebrávamos e brigávamos sobre a quantidade de páprica que devia ser colocada no frango húngaro, ou sobre como fazer o melhor bolo de chocolate com sete camadas. Acordávamos as 4 horas da madrugada para a* Appell, *a contagem e recontagem em que conferiam a presença de todos nós. Ficávamos de pé na escuridão gelada, sentido o cheiro rico e aromático da carne cozinhando. Marchávamos para o trabalho diário, que podia ser em um galpão chamado Canadá, onde recebíamos ordens para separar os pertences do prisioneiros recém-chegados, ou em alojamentos que*

21 Ribeiro, S. (2019). *O oráculo da noite: a história e a ciência do sonho* (p. 370). São Paulo: Companhia das Letras.

22 Freud, S. (1987). A interpretação dos sonhos. In S. Freud, *Edição standard brasileira das obras psicológicas completas de Sigmund Freud* (p. 88). Jayme Salomão, Trad. Rio de Janeiro: Imago.

23 Edith Eva Eger, húngara, é deportada para Auschwitz com sua irmã mais velha e sua mãe. A mãe é enviada diretamente para as câmaras de gás. Após os campos, Edith se formou como psicóloga clínica e trabalha ainda hoje na sua clínica na Califórnia. Aos 90 anos, escreve um testemunho relatando seu processo possível de cura. Viktor Frankl foi uma referência e interlocutor importante nesse processo.

devíamos limpar e limpar e limpar, ou nos crematórios, onde as mais desafortunadas eram obrigadas a recolher dentes de ouro, cabelos e peles dos cadáveres antes da cremação seguinte. . . . Salivávamos com nossos pratos imaginários e, quando comíamos a única refeição verdadeira do dia – sopa aguada com um pedaço de pão velho –, eu falava sobre o ganso que minha mãe havia trancado no sótão e alimentado diariamente com milho para o fígado crescer até chegar a hora de matar a ave e fazer paté.

Quando deitávamos nos beliches à noite e finalmente dormíamos, também sonhávamos com comida. O relógio da vila toca às 10h e meu pai entra em nosso apartamento com um pacote do açougueiro do outro lado da rua. Hoje, ele traz um pedaço de carne de porco escondido num jornal. "Dicuka, venha provar", ele me chama. "Que exemplo você é", reclama mamãe, "dar porco a uma menina judia." Mas ela fala isso quase sorrindo. Ela está preparando strudel, *esticando a massa na mesa da sala de jantar, amassando-a com as mãos e soprando embaixo até que fique fina como uma folha de papel.*

O sabor das pimentas e das cerejas do strudel *da minha mãe, os ovos recheados que ela fazia, a massa que cortava à mão tão rapidamente que eu tinha medo que perdesse um dedo; a* chalá, *o pão do* Shabat *– para mamãe, cozinhar envolvia uma criação artística tão importante quanto o prazer de apreciar a refeição pronta. As fantasias culinárias nos reconfortavam em Auschwitz. Assim como atletas e músicos podem melhorar sua técnica através da prática mental, erámos artistas dos barracões, sempre*

> *em plena criação. O que fizemos em nossas mentes nos proporcionou uma espécie de apoio.*[24]

O sonho como "uma espécie de apoio" nessa situação extrema dos campos. Seu sonho traz para o tempo presente não somente as comidas que mais apreciava, mas igualmente as memórias do passado: lembranças da mãe cozinhando, de suas brincadeiras, também do pai lhe trazendo um pedaço de carne de porco escondido num jornal, chamando-lhe carinhosamente para comer...

Ovadia Baruch, sobrevivente de Auschwitz, apresenta um sonho repetido de amor, mas o associa aos sonhos de pão. Vejamos o que podemos extrair daí:

> *Me parece que não erro se disser que o pensamento da maioria dos prisioneiros de Auschwitz se move em círculos de existência e sobrevivência diárias. O cérebro estava ocupado em uma porção de comida aguada e podre, porque vivíamos o tempo todo subnutridos e a beira da fome. Esse terrível desejo de comer nos fazia indiferentes ao nosso entorno. Nossos sonhos também se moviam em círculos de existência básica, e seu conteúdo principal era ligado dessa ou de outra maneira à comida. Dentro desse inferno terrível, eu estava, Ovadia Baruch, apaixonado por Aliza, uma jovem loira, linda, e de minha cidade, Salônica. Meus pensamentos estavam ocupados mais e mais com a imagem de minha amada. Meus sonhos de comida no campo abriram espaço para doces sonhos de amor. Eu imaginava Aliza abraçada em meus braços,*

---

24 Eger, E. E. (2019). *A bailarina de Auschwitz* (pp. 57-58). Débora Chaves, Trad. Rio de Janeiro: Sextante.

> *andando nos bosques entre as oliveiras que cercavam Salônica, rindo comigo. Em meus sonhos eu a vestia de esteiras, mas em minha imaginação também a via nua em toda sua beleza. Apesar de nos conhecermos superficialmente, meu amor por ela era total e me dominava completamente. Mesmo no trabalho brigando com meus desejos eu sonhava acordado com Aliza. Ela preenchia todos os minutos de minha vida. De vez em quando eu acordava para a realidade desesperada que pairava nas indústrias de metal, ou para a escuridão dos barracos escuros e macas de madeira expostas em Auschwitz 1. Eu me lembro que cada vez que eu acordava de um sonho desses eu corava de vergonha, e eu me atribuía culpas virulentas: como você pode pensar num lugar como esse em amor? - eu me repreendia.*[25]

É muito interessante como o próprio sonhador nos diz nas entrelinhas que esse sonho com o objeto amado estruturalmente se encontra no mesmo lugar dos sonhos de pão. Um sonho que substitui o objeto oral pelo objeto de amor, que realiza/alucina o encontro com um objeto ausente. Parece exercer uma função análoga ao sonho das rosquinhas, de Noah Klieger, também comparecendo repetidamente. A diferença é que o sonho de Baruch não parece um sonho autoconsciente, que o sonhador poderia dirigir. Antes, consiste em outro sonho que ocupou um lugar crucial para o sonhador, um lugar de apoio e sustentação para sobreviver.

---

25 Citado em: Erlich, Y. (2008). *Como sonho voa: sonhos do Holocausto em forma de diários, testemunhos e memórias*. Tese apresentada ao Instituto do Judaísmo Contemporâneo da Universidade Hebraica de Jerusalém.

21. Sonhos de amor (ou sonhos que reenlaçam ao Outro)

11 de fevereiro de 1946

Buscava a ti nas estrelas
Quando as interrogava na infância.
Pedi por ti às montanhas,
Mas elas só raramente me deram
Solidão e breve paz.
Em tua ausência, nas longas noites
Concebi a blasfêmia insensata
De que o mundo era um erro de Deus,
Eu, um erro do mundo.
E quando, diante da morte,
Gritei que não com cada fibra,
Que ainda não tinha terminado,
Que muito ainda devia fazer,
Era porque estavas diante de mim,

Tu, comigo ao lado, como hoje ocorre,
Um homem e uma mulher sob o sol.
Retornei porque tu estavas lá.

Primo Levi[1]

Os sonhos de amor são os que se reenlaçam ao Outro, ao objeto de amor de cada um. Podemos lê-los tendo em vista a articulação indissociável entre o lugar do Outro e o sujeito do inconsciente na teoria lacaniana. O Outro simbólico sempre preexiste ao sujeito como lugar da fala, como tesouro dos significantes, e igualmente pode se referir ao Outro encarnado nos primeiros objetos de amor do sujeito. Um lugar relacionado frequentemente à assunção do mundo simbólico (*Bejahung*) pelo sujeito, à sua afirmação. O universo concentracionário força uma *ruptura abrupta com o Outro simbólico e imaginário* do sujeito, e o sonho parece responder no sentido de restabelecer o laço perdido nessa ruptura.

Pahor entende que os prisioneiros encontraram variadas maneiras de resolver a angústia dos campos, "dolorosamente inesgotável": "Alguns se alheavam tão completamente do presente que só viviam no passado. Zeljko, por exemplo, tocava o barco graças a uma imagem fabulosa e onírica do amor; uma imagem que renovava, desenvolvia e aprofundava sem parar";[2] outros endureceram, não suportavam as lembranças do passado:

> *. . . não se tratava de indiferença, mas de um sistema de defesa que não deixava penetrar os sentimentos até o âmago no qual se concentrara o instinto de sobrevivência. A máquina de filmar, imobilizada e congelada pelo medo,*

1 Levi, P. (1999). *Mil sóis* (p. 33). São Paulo: Todavia.

2 Pahor, B. (2013). *Necrópole* (pp. 180-181). Rio de Janeiro: Bertrand Brasil, 2013.

> *acabava sendo privada até da lembrança, sem qualquer acesso ao passado, como se um ácido inexorável tivesse consumido toda a emulsão da fita de celuloide montada sobre velhos rolos. Não me lembro de ter repudiado conscientemente os vínculos que me prendiam à vida de antes; afastara-me dela em algum momento indefinido, mas de forma radical.*[3]

Delbo igualmente nos transmite algo dessa condição nos campos:

> *. . . não tinham todos a sua bagagem de recordações? Não. O passado não nos ajudava nada, nada era recurso nenhum. Tornara-se irreal, incrível. Tudo o que fora a nossa existência anterior esfiapava-se. Conversar era a única evasão, era o nosso delírio. De que conversávamos? De coisas materiais e consumíveis, ou realizáveis. Era preciso afastar tudo o que despertava a dor e a saudade. Não falávamos de amor.*[4]

Segre enuncia: "Em Auschwitz não tinha lágrimas. . . . Comecei a fechar-me e a não me comunicar com os outros. Já não era capaz de suportar as separações; por isso, não queria afeiçoar-me a ninguém nem amar, nunca mais".[5] Levi corrobora e assinala que transcorreu comumente um não pensar nos entes queridos. A fome, o trabalho ininterrupto não deixavam tempo para as rememorações do passado, todavia elas nunca deixavam de estar lá. Os prisioneiros se

---

3 *Ibid.*, p. 181.

4 Delbo, C. (2018). *Auschwitz e depois* (pp. 226-227). Joana Morais Varela, Trad. Lisboa: BCF.

5 Segre, L. (2015). *Sobreviveu a Auschwitz: uma das últimas testemunhas do Shoah* (p. 69). Emanuela Zuccalà, Ed. São Paulo: Paulinas.

apercebiam delas especialmente quando estavam nas "enfermarias", com algum tempo ocioso:

> *Aqui, porém, o tempo é nosso; de beliche para beliche, apesar da proibição, nos visitamos e falamos, falamos. O bloco de madeira, apinhado de humanidade sofredora, está cheio de palavras, de lembranças e de uma dor diferente.* Heimweh, *chama-se em alemão essa dor. É uma palavra bonita; significa "dor do lar".*
>
> *Sabemos de onde vieram; as lembranças do mundo de fora povoam nossos sonhos e nossas vigílias; percebemos com assombro que não esquecemos nada; cada lembrança evocada renasce à nossa frente, dolorosamente nítida.*[6]

Encontramos diferentes respostas do sujeito nesta condição-limite com relação às lembranças, ao amor. E os sonhos? Quais suas respostas? Como puderam lidar com as lembranças, as memórias do passado, que são comumente sua matéria?

Wiesel se refere a um primeiro sonho de amor, resposta ao encontro com o universo concentracionário:

> *Tantos acontecimentos em tão poucas horas fizeram-me perder completamente a noção do tempo. Quando tínhamos deixado nossas casas? E o gueto? E o trem? Uma semana apenas? Uma noite –* uma só *noite?*
>
> *Há quanto tempo estávamos assim, no vento gelado? Uma hora? Uma simples hora? Sessenta minutos?*
>
> *Era um sonho, certamente.*

---

6 Levi, P. (1988). *É isto um homem?* (p. 55). Rio de Janeiro: Rocco.

Naquela noite, Wiesel estava num galpão sem piso, só com um teto e quatro paredes, os pés afundando na lama: "A espera recomeçara. Eu adormeci em pé. *Sonhei com uma cama, com o carinho da minha mãe.* E despertei: estava em pé, com os pés na lama".[7] Nesse encontro com o terror, Wiesel se refere a uma experiência de desorientação temporal seguida do sonho bastante transparente em que realiza o desejo de encontrar o carinho de sua mãe. Em sua chegada a Auschwitz-Birkenau, Wiesel, então com apenas 15 anos de idade, fora separado de sua mãe e irmãs, sem saber que não mais as veria.

Chil Rajchman,[8] sobrevivente de Treblinka, apresenta seu sonho do seguinte modo:

> *Conversamos ainda por uns instantes, e meu companheiro Yankel adormece a despeito da dureza das tábuas. Estou deitado ao lado dele, meu corpo inteiro dói. Ignoro como vou conseguir levantar na manhã seguinte. Onde estou? Estou no inferno, um inferno povoado de demônios. Esperamos a morte que pode chegar a qualquer instante, no melhor do caso dentro de alguns dias. E, por alguns dias de sobrevida temos que suar as mãos e assessorar esses bandidos em sua tarefa. . . .*

---

7 Wiesel, E. (2001). *A noite* (pp. 57-58, grifo meu). Rio de Janeiro: Ediouro.

8 Segundo Annette Wieviorka, diretora de Pesquisas do Centre National de la Recherche Scientifique, esse testemunho pertence a uma categoria de escritos bastante reduzida e particular, pois redigido "na sombra trazida pela morte", antes do fim da guerra, para preservar o acontecimento vivido. Chil Rajchman conservou consigo esse depoimento, primeiro na Polônia, depois pelos caminhos da imigração que o levaram a Montevidéu, no Uruguai, onde formou uma família e construiu uma vida profissional. Parece ter sido um escrito sem endereçamento, o autor não pretendia publicá-lo, o que só ocorreu depois de seu falecimento.

> *Cochilo, sonho com a minha mãe, mulher honesta e leal, morta há 15 anos. Eu tinha 15 anos. Choramos juntos a nossa sorte. Ela morreu jovem, tinha 30 anos quando foi arrancada de nós e nos abandonou. Esperar essa morte? Não deveríamos antes não sofrer tudo isso? Que bom que minha mãe não viveu até os sofrimentos, os guetos, as privações, a fome e, por fim, Treblinka – que não lhe rasparam os cabelos, que ela não foi para a câmara de gás nem atirada numa vala comum com dezenas de milhares de outros. Felizmente ela não viveu mais muito tempo.*
>
> *Minhas dores na cabeça me despertam. Sinto dores no corpo inteiro e não consigo permanecer deitado. . . . Tento dormir, sem sucesso. A noite me parece um ano inteiro, no fim do qual um grito ressoa:*
>
> *De pé!*[9]

Ao deparar com a realidade infernal do campo e da morte, o sonho leva o sonhador a um encontro inesperado com sua mãe, morta há quinze anos. Juntos, choram suas sortes ou mortes. O sonho realiza o desejo do sujeito trazendo a mãe viva e perto naquele momento terrível e expressa ainda o pensamento latente pré-consciente que ressignifica a morte de sua mãe: "Que sorte ter tido uma morte prematura para não ter vivenciado este terror dos últimos anos e por fim as câmaras de gás!". Ao seu redor, vários prisioneiros viam suas mães serem mortas nessas condições inimagináveis. O sonho provavelmente é incitado por esse pensamento, o que possibilita um certo alívio ao sonhador.

---

9 Rajchman, C. M. (2010). *Eu sou o último judeu: Treblinka (1942-1943)* (pp. 69-71). André Telles, Trad. Rio de Janeiro: Zahar.

Paul Kovacz,[10] assassinado em Neuengamme, aporta um lugar de vida e encontro aos seus sonhos, conforme observamos em algumas anotações de seu diário:

> *Vocês me amam e pensam em mim? É um milagre eu não ter enlouquecido até agora. Deitarei agora. Srbostok. Vocês também sonharam comigo. Muitos beijos. Mas qual o gosto deles?*[11]
>
> *É inacreditável que eu já tenha sido um ser humano há algum tempo, e não há muito tempo. Aqui, sou apenas um prisioneiro, e ninguém pode imaginar que também eu tenho um lar e uma família, pois também eu sou um ser humano. Meu exterior deve suscitar pena dos outros, pois estou terrivelmente magro. Meus ossos sobressaem. Estou preocupado com eu me tornar tão magro que já será tarde. Agora, adormecerei e, se tiver sorte, poderei novamente juntar-me a vocês, em meu sonho. Só agora, aprecio o amor de meus amados, que tanto me envolvem. Quer dizer, só agora, sinto sua ausência aguda. Nada possuo, além de meus sonhos, e neles eu os encontro. Durmam bem e tenham um sonho...*[12]

---

10 Paul Kovacz, 24 anos de idade, foi transferido em novembro de 1944 do Gueto de Budapeste para o campo de concentração de Neuengamme, onde faleceu. Surpreendentemente, Paul consegue escrever um diário no campo durante quatro meses. O diário foi encontrado por um cidadão alemão, que o entregou à mãe de Paul.

11 Trecho escrito em 10 de dezembro de 1944. Citado em: Citado em: Erlich, Y. (2008). *Como sonho voa: sonhos do Holocausto em forma de diários, testemunhos e memórias*. Tese apresentada ao Instituto do Judaísmo Contemporâneo da Universidade Hebraica de Jerusalém.

12 Trecho escrito em 14 dezembro de 1944. Citado em: *ibid*.

> *Queridinha, minha querida, que nos encontremos ao menos em nossos sonhos. Hoje, estou há cinquenta e três dias longe de vocês. Até quando os números se multiplicarão? Boa noite, sintam que meu amor, com todo meu coração e toda minha alma, estará com vocês para sempre. Muitos beijos.*[13]

Kovacz confere um valor de sobrevivência aos seus sonhos e nos revela que graças a eles não enlouqueceu nos primeiros dias de sua nova realidade. O diário, que surpreendentemente consegue escrever no tempo do campo, e os sonhos mostram que o sonhador torcia e demandava que seus sonhos trouxessem seus entes queridos de volta e que seus familiares igualmente sonhassem com ele. Realizava-se assim um encontro, vivido como real, num espaço onírico abrigado da realidade exterior dos campos.

Num primeiro tempo, Kovacz pôde fazer certo uso desta Outra cena, o sonho, a fim de reaver e rever seus objetos de amor. O sonho restaura e realiza o encontro com seus entes queridos que haviam sido roubados pela lógica concentracionária. No entanto, com o passar dos meses seus sonhos se modificam:

> *Em três dias, será véspera do Ano Novo cristão. Me corta o coração pensar que não estarei com vocês fisicamente, pela primeira vez, após tantos anos. Espero que o bom D'us nos ajude a atravessar esse caminho de sofrimento. Lembro-me, certa vez, que... se eu voltar para casa, começaremos nossas vidas novas, que poderão ser tão boas e agradáveis, meu coração se enche de alegria,*

---

13 Trecho escrito em 26 de dezembro de 1944. Citado em: *ibid*.

> *até quase arrebentar meu peito. Nesses momentos, fico muito esperançoso, mas, infelizmente, a esperança se esvai com as "ações". Também sonho muito com minha vida aqui. Sonhos de terror horrorosos. Sofro e acordo de manhã cansado, suado e quebrantado, feliz que tudo tenha sido um sonho. Só que o sonho é também uma realidade.*[14]

A realidade do campo parece ter invadido o espaço restrito e protegido do sonhar. Seus sonhos colapsam, são tomados pelo terror do mundo externo. Sonho e realidade se tornam o mesmo, o real do campo é totalizado. O sonhador tenta diferenciá-los, mas sem sucesso. Parece mais um sonho que colapsa. Recordemos o relato de Horovitz, que deixa de sonhar ao ser obrigada a enterrar cadáveres. A experiência de Kovacz transmite que, para alguns, os sonhos de amor não puderam perdurar.

No entanto, poderíamos perguntar: será que os sonhos teriam colapsado em algum momento para todos? Frankl aponta que os sonhos de amor não deixaram de ocorrer, diferentemente dos sonhos com conteúdos sexuais, quase inexistentes:

> *... os sonhos dos prisioneiros quase nunca apresentam conteúdo sexual, ao passo que as "tendências inibidas quanto ao objeto", em sentido psicanalítico, ou seja, toda a ânsia de amor do prisioneiro, bem como outros sentimentos, de forma alguma deixam de aparecer em sonhos.*[15]

---

14 Trecho escrito em 28 dezembro de 1944. Citado em: *ibid.*

15 Frankl, V. E. (2018). *Em busca de sentido* (p. 49). São Leopoldo: Sinodal; Petrópolis: Vozes.

E ainda relata como se mostraram cruciais à sua sobrevivência os sonhos ou devaneios diurnos, nos quais se imaginava em longas conversas com sua esposa:

> *Enquanto avançamos aos tropeços, quilômetros a fio, vadeando pela neve ou resvalando no gelo, constantemente nos apoiamos um no outro, erguendo-nos e arrastando-nos mutuamente. Nenhum de nós pronuncia uma palavra mais, mas sabemos neste momento que cada um só pensa em sua mulher. . . . Mas agora meu espírito está tomado daquela figura à qual ele se agarra com uma fantasia incrivelmente viva, que eu jamais conhecera antes na vida normal. Converso com minha esposa. Ouço-a responder, vejo-a sorrindo, vejo seu olhar como que a exigir e a animar ao mesmo tempo, e – tanto faz se é real ou não a sua presença – seu olhar agora brilha com mais intensidade que o sol que está nascendo. . . . Passo a compreender que a pessoa, mesmo que nada mais lhe reste neste mundo, pode tornar-se bem-aventurada – ainda que somente por alguns momentos – entregando-se unicamente à imagem da pessoa amada.*[16]

Demorei a incluir os dois sonhos-alucinações subsequentes nesta série dos sonhos de amor. Tzila Liberman, sobrevivente de Auschwitz, narra um sonho-alucinação de sua mãe no campo de Ravensbrück:

> *De repente, minha mãe ergue a cabeça, olha para mim, seu olho irradia de alegria e ela sussurra para mim:*

---

16 *Ibid.*, pp. 54-55.

"Tzelinka, está me ouvindo?" Sua voz era tão fraca e estranha. "Comprei uma cabeça inteira de repolho e a escondi debaixo do colchão. Apresse-se e pegue-a, enquanto todas estão dormindo. Coma rápido para que elas não a roubem de você." "Mamãe," respondi alarmada, "do que você está falando?! Você deve ter sonhado! Não há camas aqui, não há colchões, não há cabeça de repolho; você deve voltar a dormir!" Mamãe se levantou da cadeira com raiva, me puxou para cima e disse com uma voz que não era dela: "Você não acredita em mim? O que você acha, que estou fora de mim? Venha rápido comigo agora, estou com muito frio, vamos para Blockova, a Mania se encontra lá, vamos aquecer nossos pés lá." As mulheres ao nosso lado acordaram e começaram a me confortar: "Ela deve estar com febre," disse uma delas. "Deve estar alucinando." Continuei chorando. A testa de minha mãe estava fria. Por que fugi de lá? Por que não fiquei no bloco da morte? Agora, devo estar no céu e meu sofrimento chegaria ao fim. Minha mãe nem notou as minhas lágrimas; continuou a me contar sobre a comida que havia comprado especialmente para mim e sobre um fogão queimando a lenha não muito longe dali. Ela não me escutava, apesar de eu implorar a ela. Aquela noite toda, ela via um outro mundo diante de seus olhos. De manhã, quando o alemão entrou gritando "Levante--se!", minha mãe tentou descer, como se ainda estivesse no beliche do terceiro andar, enquanto um dos braços protegia a cabeça de ser atingida, tentando baixar o pé cuidadosamente até o beliche inferior. Quando ela encontrou o chão do bloco, ela acordou como de um sonho

> *profundo: "Onde estou?" Entendi que sua memória havia retornado. Eu a beijei várias vezes, mas não tive forças para me alegrar. Indiferente ao que estava acontecendo ao meu redor, pedi à minha alma para morrer.*[17]

Aqui é a filha quem narra a cena, uma alucinação de sua mãe. A alucinação de uma mãe que inventa um alimento escondido para a filha, provavelmente por não suportar deparar com sua fome abismal.

Dov Bergman ardia em febre alta com uma grave infecção pulmonar ao chegar ao campo Kiviöli, na Estônia, após uma marcha de duzentos quilômetros:

> *Certo dia ainda vermelho de febre, desci da maca, corri para fora descalço no frio e na neve alta sem destino, até que me pegaram e me devolveram para o quarto de doentes. Entre as visões que tive tem uma que lembro até hoje. Eu vi minha mãe chorando e mordendo a língua até sangrar. Gritei de dor e de medo. Elza que estava do meu lado tentava me acalmar. Talvez fosse telepatia porque um dia fiquei sabendo que justo naquela hora minha mãe fora morta.*[18]

Bergman apresenta um sonho-alucinação no qual reencontra sua mãe, chorando e mordendo a língua, no mesmo horário em que fora morta. Nessa situação terminal, de quase morte do sujeito, o sonho refaz o laço com o Outro, no caso, sua mãe. O sonho a traz

---

17 Citado em: Erlich, Y. (2008). *Como sonho voa: sonhos do Holocausto em forma de diários, testemunhos e memórias*. Tese apresentada ao Instituto do Judaísmo Contemporâneo da Universidade Hebraica de Jerusalém.

18 Citado em: *ibid*.

de volta. O sonhador o interpreta como um fenômeno telepático, que concerne a uma conexão entre ambos numa dimensão outra. Estruturalmente é um sonho que se aparenta muito ao sonho de Rajchman. Ao se defrontar com a quase morte, o sonho faz retornar a mãe já morta, como se procurasse encenar uma espécie de despedida no sonho.

Também podemos ler esses sonhos à luz da elaboração teórica lacaniana do sonho como encontro falho com o real, trabalhado na seção anterior. O sonho dá cara à coisa, ao objeto *a*, que recobre a falta de significante do Outro, e advém a angústia.

Um último sonho de amor desta seção consiste no segundo sonho de Eger. Ele é um sonho diferente dos anteriores por incluir o Outro/outro de amor do campo, de quem o sobrevivente passa a cuidar, depender e se apoiar para sobreviver.[19] Ao final da guerra, a sonhadora e sua irmã mais velha, Magda, são transportadas de Auschwitz para Mauthausen.

Eger relata as pré-condições deste sonho. Alguns dias antes são transferidas de Auschwitz e obrigadas a viajar no teto de um vagão de munições (com o intuito de desencorajar os ingleses a bombardearem o trem). O frio e o vento são intensos. O trem para, e Edith cogita correr, fugir para a floresta, mas não encontra sua irmã. Não pode ir sem ela, a vê um pouco depois sentada numa vala com uma

---

19 Parece que foi o enlace com o Outro que deu forças em muitos casos para "não submergir" no tempo do acontecer dos campos. Delbo enuncia que escuta a voz de sua mãe num momento em que esteve prestes a se deixar ir. Delbo, C. (2018). *Auschwitz e depois* (pp. 92-94). Joana Morais Varela, Trad. Lisboa: BCF. Dymetman relata um diálogo com seu pai logo após a libertação: "Sabia que a nossas sortes estavam entrelaçadas. Tinha certeza que a única maneira de qualquer um de nós sair vivo do campo era permanecermos vivos os dois, e que se um de nós morresse, o outro não o sobreviveria por muito tempo". Dymetman, M. (2011). *Anos de lutas: relato de um sobrevivente do Holocausto* (pp. 318-319). Recuperado de: www.anosdelutas.com.br.

garota morta no colo. Sua irmã está sangrando, mas não limpa o sangue. Ao se juntarem às outras sobreviventes, sua irmã lhe diz: "Você podia ter fugido".[20]

Um pouco depois, recorda que estavam há dias sem comer e sua irmã havia se arriscado no caminho para conseguir batatas. Edith escuta tiros e teme pela vida de sua irmã, que retorna sem as batatas que procurava. Adormecem, havendo recém-chegado a uma fábrica de munições para trabalhar, e Edith acorda queimando em febre, tremendo e fraca. Sua irmã teme por ela, diz que não pode ficar doente. Imagina então que, a qualquer momento, entraria uma guarda no barracão para acabar com sua vida. E sonha:

> *Eu me debato num sonho delirante. Sonho com fogo. É um sonho bem familiar, há quase um ano sonho em estar aquecida. Acordo, mas desta vez o cheira da fumaça me sufoca. O barracão está pegando fogo? Tenho medo de correr até a porta, de não conseguir chegar lá por causa das pernas fracas, de isso me revelar. Então, ouço as bombas. O zumbido e a explosão. Como dormi no início do ataque? Me arrasto para fora do beliche. Onde é mais seguro? Mesmo que pudesse correr, para onde iria? Escuto gritos. "A fábrica está pegando fogo! A fábrica está pegando fogo!"*
>
> *Estou novamente consciente do espaço entre minha irmã e eu: tornei-me especialista em medir o espaço. Quantas mãos entre nós? Quantas pernas? Estrelas? Agora há uma ponte. Água e madeira. E fogo. Observo tudo da porta do barracão, que finalmente alcancei, e me encosto*

20 Eger, E. E. (2019). *A bailarina de Auschwitz* (p. 67). Débora Chaves, Trad. Rio de Janeiro: Sextante.

> *no batente. A ponte para a fábrica está em chamas, a fábrica envolta na fumaça. Para quem sobreviveu um bombardeio, o caos é uma trégua. Uma oportunidade de fuga. Vejo Magda abrir uma janela e correr para as árvores. Ela olha para cima, por entre os galhos, na direção do céu. Pronta para correr o máximo possível até a liberdade. Se ela fizer isso, então estou fora de perigo. Posso cair no chão e nunca mais levantar. Que alívio seria. Existir é uma tremenda obrigação. Deixo minhas pernas se dobrarem. Relaxo na queda. E lá está Magda num halo de fogo. Morta. Me derrotando. Vou alcançá-la. Sinto o calor do fogo. Agora vou me juntar a ela. Agora. "Estou indo", digo. "Espere por mim." Não acompanho o momento em que ela deixa de ser fantasma e se torna novamente de carne e osso. De alguma forma ela me faz entender: Magda cruzou a ponte em chamas para me encontrar.*
>
> *– Sua idiota – digo –, você podia ter fugido.*[21]

Nenhuma das duas poderia ter fugido nem sobrevivido sem a outra. Edith enuncia: "Magda é minha estrela guia. Desde que ela esteja por perto, tenho tudo que preciso".[22]

---

21 *Ibid.*, pp. 69-70.
22 *Ibid.*, p. 67.

22. Sonhos de ruptura da fé

Salmo

Ninguém nos molda de novo com terra e barro,
ninguém evoca o nosso pó.
Ninguém.

Louvado sejas, Ninguém.
Por ti queremos
florescer.
Ao teu
encontro.

Um nada
éramos nós, somos, continuaremos
Sendo, florescendo:
a rosa-de-nada, a
rosa-de-ninguém.

Com
o estilete claralma,
o estame alto-céu,
a coroa rubra
da palavra púrpura, que cantamos
sobre, oh, sobre
o espinho.

Paul Celan[1]

Os sonhos a seguir tocam numa temática bastante pertinente e complexa: a ruptura da fé nos campos.[2]

Wiesel cresceu imerso numa tradição bastante religiosa, e testemunha sua revolta contra Deus já nas primeiras horas de Auschwitz:

> *Nunca me esquecerei daquela noite, a primeira noite de campo, que fez de minha vida uma noite longa e sete vezes aferrolhada. Nunca me esquecerei daquela fumaça. Nunca me esquecerei dos restos das crianças cujos corpos eu vi transformarem em volutas sob um céu azul e mudo. Nunca me esquecerei daquelas chamas que*

---

1 Celan, P. (1999). *Cristal* (pp. 94-95). São Paulo: Iluminuras.

2 Aludo ao poema "Depois de Auschwitz", de Yehuda Amichai: "Depois de Auschwitz não há teologia: / das chaminés do Vaticano sai fumaça branca, / sinal de que os cardeais elegeram o seu papa. / Dos crematórios de Auschwitz sobe uma fumaça negra, / sinal de que Deus ainda não decidiu sobre a escolha / do povo eleito. / Depois de Auschwitz não há teologia: / os números do telefone de Deus, / números dos quais não há resposta, / agora eles estão cortados, um por um. / Depois de Auschwitz há uma nova teologia: / os judeus que morreram no Shoá / tornaram-se semelhantes ao seu Deus / que não tem forma nem corpo. / Eles não têm imagem nem corpo". Amichai, Y. (2018). *Terra e paz: antologia poética* (p. 177). Moacir Amâncio, Trad. Rio de Janeiro: Bazar do Tempo.

consumiram minha fé para sempre. Nunca me esquecerei daqueles momentos que assassinaram meu Deus, minha alma e meus sonhos, que se tornaram deserto. . . . Em poucos segundos, deixáramos de ser homens. . . . A noite passara, completamente. A estrela da manhã brilhava no céu. Eu também me tornara um outro homem. O estudante talmudista, o menino que eu era se havia consumido nas chamas. Só sobrara uma forma parecida comigo. Uma chama negra[3] *se introduzira em minha alma e a devorara.*[4]

Evidencia sua transmutação na relação com Deus da seguinte forma:

Antes, o dia do Ano Novo regia minha vida. Sabia que meus pecados entristeciam o Eterno, implorava Seu perdão. Antes, eu acreditava profundamente que de um só de meus gestos, de uma só de minhas orações, dependia a saúde do mundo.

Hoje, eu não implorava mais, não conseguia mais gemer. Sentia-me, ao contrário, muito forte. Eu era o acusador. E o acusado: Deus. Meus olhos se haviam aberto e eu estava só, terrivelmente só no mundo, sem Deus, sem homens. Sem amor nem piedade. Eu era apenas cinzas, mas sentia-me mais forte que o Todo-Poderoso ao qual

---

3 Remete à passagem do *Zohar*, Tomo II (Êxodo), Yetro, p. 74, traduzido do aramaico: "Disse rabi Ytzchak, a Torá foi dada em chama negra sobre chama branca, a direita contendo a esquerda e a esquerda que torna a ser direita, conforme escrito, de sua direita virá a chama da fé para eles". Esta passagem se refere às tábuas da lei que podiam ser lidas dos dois lados, apesar de serem vazadas.

4 Wiesel, E. (2001). *A noite* (pp. 54-57). Rio de Janeiro: Ediouro.

> *haviam ligado minha vida durante tanto tempo. No meio daquela assembleia de preces, eu era como um observador estrangeiro. O ofício acabou com o* Kadish. *Cada um dizia o* Kadish *para seus pais, seus filhos, seus irmãos e para si mesmo.*[5]

Outro relato precioso da fé nos campos encontra-se no testemunho de Eger:

> *Tento imaginar uma força irremovível. Magda perdeu a fé. Ela e muitas outras. "Não posso acreditar em um Deus que deixaria isso acontecer", dizem. Entendo o que elas querem dizer. Mesmo assim, nunca tive dificuldade em compreender que não é Deus que está nos matando nas câmaras de gás, em valas, em precipícios, em escadas com 186 degraus brancos. Deus não comanda os campos da morte. As pessoas comandam. Mas eis aqui o horror novamente e eu não quero me entregar a ele. Imagino Deus como uma criança dançando. Alegre, inocente e curiosa. Também devo ser assim para estar perto de Deus agora. Quero manter viva até o fim a parte de mim que se maravilha, que sonha.*[6]

Améry,[7] agnóstico, também discorre acerca do tema em alguns de seus ensaios, defendendo que a fé e a ideologia tendiam a dar um ponto de apoio importante no enfrentamento do universo

---

5 *Ibid.*, p. 97.

6 Eger, E. E. (2019). *A bailarina de Auschwitz* (p. 78). Débora Chaves, Trad. Rio de Janeiro: Sextante.

7 Améry definia-se como um intelectual, cético, humanista e também agnóstico, antes e também depois de abandonar Auschwitz.

concentracionário. Não importa se intelectuais ou não, a crença política ou religiosa lhes prestava uma grande ajuda:

> *Podiam ser militantes marxistas, membros da seita Testemunhos de Jeová, católicos praticantes, podiam ser economistas e teólogos bastante cultos, ou operários e camponeses incultos: sua fé ou sua ideologia lhes proporcionava um sólido ponto de apoio com o qual enfrentavam o Estado das SS.*[8]

E ainda:

> *A explicação para a crueldade de Auschwitz e para seus sofrimentos era o fato de que o homem havia se afastado de Deus, diziam os crentes judeus e cristãos. Para os marxistas, era inegável que o capitalismo, tendo atingido seu último estágio fascista, barbarizasse a humanidade. O que acontecia no campo não era inaudito, mas sim o que homens de formação ideológica ou religiosa sempre acharam que iria (ou poderia) acontecer. . . .* De qualquer forma, seu reino não se situava no aqui-e-agora, mas em um amanhã, *no além: o amanhã longínquo dos cristãos, na visão quiliasta, ou o amanhã utópico e terreno dos marxistas. A crueldade do real era menor quando esse real podia ser inserido em um esquema mental inalterável.*[9]

---

8 Améry, J. (2013). *Além do crime e castigo* (p. 42). Rio de Janeiro: Contraponto.

9 *Ibid.*, p. 43, grifo meu.

Qualquer que seja a situação, a tendência do ser humano é buscar um sentido para o não sentido.[10] Podemos sustentar teoricamente[11] que nascemos submersos num mundo de sentido, no campo simbólico de linguagem. Proposição que nos leva a outra interrogação: como os prisioneiros foram tocados ao deparar com um universo que escapa ao campo do sentido, onde tudo se torna absolutamente sem sentido e absurdo? Como o sonho foi impactado aí?

Com Améry reconhecemos que pouquíssimos eram agnósticos como ele. Muitos tiveram sua fé abalada, fizeram-se profundas questões existenciais e religiosas, todavia ainda mantiveram alguma crença ou ideologia como sustentação. E mesmo Wiesel, talvez possamos indagar, teria realmente deixado cair seu Deus? Ou seu Deus permanecera absolutamente potente, apenas trocando seu valor de salvador para acusado e culpado pelos males perpetrados em Auschwitz?

---

10 Remeto aqui ao poema "Por um acaso", de Wislawa Szymborska: "Poderia ter acontecido. / Teve que acontecer. / Aconteceu antes. Depois. Mais perto. Mais longe. / Aconteceu, mas não com você. / Você foi salvo pois foi o primeiro. / Você foi salvo pois foi o último. / Porque estava sozinho. Com outros. Na direita. Na esquerda. / Porque chovia. Por causa da sombra. / Por causa do sol. / Você teve sorte, havia uma floresta. / Você teve sorte, não havia árvores. / Você teve sorte, um trilho, um gancho, uma trave, um freio, / um batente, uma curva, um milímetro, um instante. / Você teve sorte, o camelo passou pelo olho da agulha. / Em consequência, porque, no entanto, porém. / O que teria acontecido se uma mão, um pé, / a um passo, por um fio / de uma coincidência. / Então você está aí? A salvo, por enquanto, das tormentas em curso? / Um só buraco na rede e você escapou? / Fiquei mudo de surpresa. / Escuta, / como seu coração dispara em mim". Recuperado de: https://piaui.folha.uol.com.br/materia/o-poeta-e-o-mundo/.

11 Para precisar teoricamente essa articulação, a operação alienação-separação de Lacan nos auxilia. Lacan formula que há uma "escolha forçada" do sujeito ao campo do sentido, na operação de entrada ao campo da linguagem. Formula: "por causa do vel, ponto sensível, ponto de balanço, *só há surgimento do sujeito no nível do sentido por sua afânise no Outro lugar, que é o do inconsciente*". Lacan, J. (1998b). *O seminário – livro 11* (p. 210, grifo meu). Rio de Janeiro: Jorge Zahar.

No entanto, todos questionaram: "Como esse inferno aqui pode estar transcorrendo?". Alguns responderam com o sentido, seja religioso ou ideológico; outros não puderam. É interessante como Améry ainda aponta a função do tempo nessa condição-limite. O sistema ideológico e religioso sempre se estrutura e conta com o futuro, com a possibilidade do amanhã.

Wiesel apresenta outro sonho que teve no campo de Buchenwald, junto à cama de seu pai, à beira da morte:

> *Sabia que, enquanto eu vivesse, não me livraria dessa culpa: Meu pai se contorcia de dor, morrendo, e eu estava perto dele, mas impotente. Meu pai me chamou, mas eu não conseguia impelir-me a segurar sua mão. De repente, vi minha avó Nisel. Pedi-lhe que me acompanhasse ao Beit Midrash (Casa de Estudos). Abrimos a Arca Sagrada, e imploramos à Sagrada Torá que intercedesse em favor de meu pai moribundo. Ela estendeu a mão, mas eu só toquei o vazio. Mordi os nós de meus dedos até doerem; queria berrar, mas a dor era tão intensa que eu só podia murmurar; a dor era tal, que eu desejei morrer. Tinha 16 anos quando meu pai faleceu. Meu pai estava morto e a dor se foi. Nada mais sentia. Alguém morria no meu interior e essa pessoa era eu.*[12]

Sua avó lhe estende a mão no sonho, como seu pai fizera antes, mas apenas consegue tocar o vazio. No sonho, implora à Torá que salve seu pai, contudo parece ter se esvaído a possibilidade de sustentação

---

12 Citado em: Erlich, Y. (2008). *Como sonho voa: sonhos do Holocausto em forma de diários, testemunhos e memórias*. Tese apresentada ao Instituto do Judaísmo Contemporâneo da Universidade Hebraica de Jerusalém.

num Deus salvador em que pudesse se amparar e recorrer. O sonho de Wiesel bem revela a morte de Deus como lugar de sustentação da fé e da confiança. Lugar substituído por um nada que talvez possamos associar à angústia atávica de Levi.

Outro sonho paradoxal, no qual se transmite precisamente algo da terrível junção entre a fé e o terror nos campos, está em Chaim Israel Perl, sobrevivente de Auschwitz:

> *Numa das chamadas, um dos corpos congelados passou por nosso grupo parado em pé. Ficou evidente que era um veterano do lugar. Um triângulo verde no peito; alemão, conforme indicava a letra sobre o triângulo. Seus olhos eram faíscas brilhantes de ódio em todos os lugares. Sua mão direita segurava um punhado de tiras de couro preto dos* tefilin *e as duas caixinhas*[13] *dos* tefilin, *para serem usados no braço esquerdo e na cabeça, balançando como condenados em uma forca.*
>
> *O feixe dos* tefilin *batia em todos os prisioneiros em seu caminho, que execravam e amaldiçoavam. Essa maldição me lembrou da lenda que sempre lemos, em Tisha B'Av, sobre a destruição do Templo. Reza a lenda que, quando o perverso Tito entrou no Santo dos Santos*[14] *e viu a cortina que cobria a Arca Sagrada, sacou sua espada, estraçalhou a cortina e berrou: "Onde está seu D'us? Que venha e lute contra mim!". E assim termina a lenda: De repente, sangue escorria da cortina do Santo dos Santos... para enganar o mal...*

---

13 *Tefilin* são filactérios. Há também duas caixinhas nas quais ficam as rezas do Shemá Israel, que indicam que Deus é Um.

14 A parte mais sagrada do templo, à qual apenas os *kohanim*/sacerdotes tinham acesso. Na Arca Sagrada ou Santuário se preservam os rolos da Torá, ou lei judaica.

> *Em muitas noites, eu acordava encharcado de suor. No pesadelo recorrente, vejo pilhas de entranhas se derramando de estômagos rasgados e partidos, com eles* tefilin *vinculados. Todos os judeus do gueto estão na "Appel-Platz", e o* kapo *envolve nossos pescoços, com as tiras dos* tefilin.[15]

Nesse sonho recorrente, Tito faz a pergunta desafiadora, a pergunta de todos: "Onde está o Deus dos judeus?". Deus está lá, sabe o que faz, está acima de Tito. O sangue escorrendo nas cortinas é um sinal d'Ele, que sabe enganar o mal. Mas então onde está Deus em Auschwitz? Ele estaria se escondendo, como na lenda com Tito?

O *tefilin*, objeto sagrado religioso, usado como arma pelo prisioneiro político alemão, está absolutamente indiscriminado das entranhas, das vísceras, do sangue das pilhas dos inúmeros mortos. Fé e terror tornam-se um só corpo. O sonho, provavelmente de um sonhador crente, parece expressar um grito de terror e ainda um apelo ao Outro: "Cadê você, meu Deus?".

---

15 Citado em: Erlich, Y. (2008). *Como sonho voa: sonhos do Holocausto em forma de diários, testemunhos e memórias*. Tese apresentada ao Instituto do Judaísmo Contemporâneo da Universidade Hebraica de Jerusalém.

23. Sonhos oraculares (ou sonhos que apresentam um saber no lugar da verdade)

25 de fevereiro de 1944

Queria acreditar em algo além,
Além da morte que a desfez.
Queria poder dizer a força
Com que outrora desejamos,
Nós, já submersos,
Poder mais uma vez juntos
Caminhar livremente sob o sol.

Primo Levi[1]

Os sonhos oraculares desde sempre se mostram recorrentes na história da humanidade. São sonhos de futuro, de esperança, articulados à própria estrutura do sonho como realização de desejo. Assim expressa Abraham Bomba, sobrevivente de Treblinka:

1 Levi, P. (1999). *Mil sóis* (pp. 20-21). São Paulo: Todavia.

> *Os judeus sempre sonharam, estava no coração de sua vida, no coração de sua espera messiânica, sonhar que um dia seriam livres. Esse sonho era verdadeiro sobretudo no gueto. Cada dia, noite após noite, Eu sonhava que aquilo ia mudar.* Mais que o sonho, a esperança sustentada pelo sonho.[2]

Os sonhos oraculares consistem em sonhos que restauram o Outro, como os sonhos de Amor. No entanto, representam algo mais, uma vez que asseguram ao sonhador um saber acerca do futuro.

Que tempo foi esse dos campos? A dimensão do tempo se alterou profundamente para os concentracionários. Para sobreviver, era preciso muitas vezes suspender o passado e o futuro. A história parara; o amanhã se perdera. Vejamos como Levi reflete acerca da dimensão do tempo nos campos:

> *Para os homens vivos, as unidades de tempo sempre têm um valor, tanto maior quanto maiores são os recursos interiores de quem a percorre, mas, para nós, horas, dias, meses, fluíam lentos do futuro para o passado, sempre lentos demais, material vil e supérfluo de que tratávamos de nos livrar depressa. Acabara o tempo no qual os dias seguiam-se ativos, preciosos e irreparáveis; agora o futuro estava à nossa frente cinzento e informe como uma barreira intransponível. Para nós, a história tinha parado.*[3]
>
> *Mas quem é que pode, seriamente, pensar no dia de amanhã?*

---

2 Lanzmann, C. (1987). *Shoah, vozes e faces do holocausto* (p. 39, grifo meu). São Paulo: Brasiliense.

3 Levi, P. (1988). *É isto um homem?* (p. 118). Rio de Janeiro: Rocco.

> *A memória é um instrumento estranho: durante o tempo passado no Campo, dançaram na minha cabeça dois versos que um amigo meu escreveu, há muito tempo atrás:*
>
> *"Até que um dia, dizer amanhã, não terá sentido algum"*
>
> *Aqui é assim. Sabem como a gente diz "nunca", na gíria do Campo?* Morgen fruh*: amanhã de manhã.*[4]

Diante da verdade do campo de que *ninguém haveria de voltar*, segundo assinala Charlotte Delbo, o sonho alucina um Outro que lhe promete uma vida futura. Os sonhos oraculares devolveram o amanhã, a possibilidade de futuro, aos prisioneiros.

Idith Rotchild, húngara, num campo na Polônia, já no término da Guerra, sonha:

> *Eu sonhei que era* Rosh Hashaná. *E eu estava muito preocupada porque eu não tinha nem* sidur *e nem* machzor *e nem nada. E eu escutei duas mulheres . . . e elas diziam uma para a outra: minha filha teve um sonho e foi falar com um Rabino e o* Rabino disse que o sonho expressa que quem está vivo permanecerá vivo. *E eu escutei isso no sonho na ruela da sinagoga. A sinagoga tinha dois andares onde as mulheres ficavam. Eu vejo que estou na sinagoga que os alemães bombardearam (isso no sonho), e lá não tinha nada. Eu disse Meu Deus, nada de sinagoga, nada de* Sidurim, *nada de nada,* Rosh Hashaná. *Como? De repente eu olho, há uma montanha não alta, sobre a montanha tem um judeu com uma capa branca e um* Talit *de* Rosh Hashaná *tocando* Shofar. *E,*

---

4 *Ibid.*, p. 135.

> *de todas as direções pessoas* muzelmann, *assim eram chamados, aqueles magros, pele e osso, vão indo em direção ao* shofar. . . . *A médica me diz: me conta, o que você está dizendo, de onde você tirou essas besteiras? Ela diz: cada dia tem menos comida, como permaneceremos vivos? Então contei o meu sonho. E, realmente naquela noite iam nos levar para Gross-Rosen para o extermínio, e os russos libertaram Gross-Rosen naquela noite. E em todos os campos onde havia gente, aqueles que morriam naturalmente morriam, e aqueles que não – sobreviveram.*[5]

Um sonho sonhado no final da Guerra, que também traz muito da simbologia religiosa judaica. Um Rosh Hashaná, ano-novo judaico, sem *sidurim* (livros de reza), sem sinagoga. Os "muçulmanos" caminhando em direção ao *Shofar*, o instrumento de sopro tocado por um judeu, com uma capa branca e um *talit*, para se comunicar e cumprir o mandamento de Deus. Como permanecer vivos? E a profecia do rabino: "Quem está vivo permanecerá vivo". Um sonho sonhado um dia antes da noite em que seriam exterminados. No entanto, são libertados pelos russos. O sonho constrói uma predição de esperança para o sonhador.

Apresento mais alguns sonhos interpretados pelos sonhadores como responsáveis por sua sobrevivência.

Ariê Segalson, sobrevivente de Dachau, lituano, descreve com detalhes a seguinte cena:

---

5 Citado em: Erlich, Y. (2008). *Como sonho voa: sonhos do Holocausto em forma de diários, testemunhos e memórias*. Tese apresentada ao Instituto do Judaísmo Contemporâneo da Universidade Hebraica de Jerusalém.

Um sonho muito estranho que tive naquela noite mudou minha vida no campo de concentração e depois disso também a de meu irmão, de meu pai e de meu tio Moshe e de meu primo Elyusha – os últimos da família Segalson. Jamais esquecerei aquela noite e o sonho que tive, que a maior parte permanecerá um segredo só meu. Meu pai tinha um amigo de juventude, e ambos eram dedicados um ao outro de corpo e alma. Não direi o nome daquele amigo e não revelarei nenhum detalhe a mais dele. Apenas contarei que os partisãos lituanos, colaboradores dos alemães, o assassinaram nas primeiras noites depois da ocupação alemã. A mãe daquele amigo eu não conheci, mas meus pais – "lituanos", ortodoxos tradicionais como a maioria dos judeus na Lituânia – falavam dela com um respeito sagrado, por seus atos de caridade, por sua devoção e religiosidade. Na minha infância ouvi todas as histórias e as lendas sobre ela, e não é milagre que para mim ela se desenhasse como uma figura divina. Naquela noite em Dachau apareceu em meu sonho uma idosa baixinha e enrugada, seu rosto era cheio de rugas, e ela estava envolta em roupas brancas. A idosa segurou minha mão. Tentei puxar minha mão, e ela me disse para não temer: ela é mãe daquele amigo. Ela me abraçou forte, acariciou minha cabeça e disse-me que veio para me dizer que meu pai, eu, meu irmão e meu tio Moshe e meu primo Eliusha nós todos sobreviveríamos. Ela me autorizou a revelar o que dizia aos meus familiares, com uma condição: não revelar nem para eles e nem para ninguém sua identidade. Ela pediu para eu prometer – e eu ainda sinto o toque de sua mão enquanto ela apertava a minha – e eu ainda me recordo seu aperto de mão – ela ainda me disse duas coisas que me era proibido contar para ninguém até o fim de meus dias. Eu prometi fazer o que ela me pedira, e antes dela me deixar ainda me advertiu que se eu quebrasse a promessa e contasse para alguém algo das duas coisas que ela me dissera ou se eu revelasse sua identidade, nenhuma das suas três profecias se realizaria. Ela desapareceu, e eu despertei. Eu tremia todo. Eu estava molhado de suor, senti que estava ardendo em febre, e comecei me virar de um lado para outro. Meu pai acordou, e também meu vizinho de maca. Meu pai percebeu logo que eu ardia em febre. Provavelmente pensou que era o meu fim. De noite não dava para chamar o doutor Alex e nem tinha outro jeito a não ser esperar a hora que o Kapo *viesse nos acordar. Meu pai foi comigo ao casebre do doutor Alex. Ele confirmou logo que eu tinha febre alta e me deu um comprimido para baixar a febre. Quando passou menos de uma hora eu já estava no pátio. Até aquele minuto eu não acreditava nem em superstições e nem em sonhos. E, apesar disso, me agarrei ao sonho como quem se agarra à beira de um altar. Depois do controle dos prisioneiros, contei a meu pai meu sonho. Aquilo que a idosa me proibira de dizer eu não revelei a meu pai e nem a nenhuma outra pessoa, até hoje, e jamais irei revelar. Meu pai apenas disse: "tomara que se realizem as coisas que foram ditas no sonho. De qualquer forma, é melhor acordar depois de um sonho bom do que depois de um mau sonho".*

No aspecto espiritual, meu sonho teve uma influência imensa na minha família. Pessoas que jamais acreditaram em superstições, de repente começaram a acreditar que meu sonho realmente trazia uma mensagem de sobrevivência. Nenhum deles, nem meu pai, tentou me interrogar. Senti que se acendeu neles um brilho de esperança de sair do campo de concentração com vida, e conforme as condições no campo foram piorando dia a dia, a chama da esperança ia se reforçando. Nos momentos mais difíceis eu ouvi essas palavras em Ydish: "nós vamos sobrevivê-los". Ficou claro que a esperança esconde em si uma força imensa contra o sofrimento, enquanto a apatia esconde dentro dela a falência física, e daí para a morte o caminho é curto.

Os dias se passaram e o fim da guerra começou a dar sinais. Quanto mais o dia feliz parecia se aproximar, nosso fim parecia mais próximo. Só uma vez durante aqueles dias difíceis meu pai lembrou-me do sonho, e fez isso decepcionado, pois já estava claro, sem dúvida nenhuma não havia mais por que ter esperança.

Já havíamos andado uns cinco ou seis dias, na marcha da morte, e na noite entre trinta de abril e primeiro de maio de 1945, um dia apenas antes de sermos libertados, nos ordenaram, 800 presos judeus, entrar em um buraco profundo que fora escavado há pouco. Em torno do buraco estavam apertados os SS armados, e para nós estava claro que eles aguardavam o grito, fogo! Bem nesses minutos meu pai me perguntou: "você lembra o que você me contou há alguns meses sobre um sonho que você teve? Ele desapareceu, não sobrou nada dele". Não sei de onde eu tirei a coragem e a força mental para responder a meu pai: "paizinho, agora eu também acredito que o sonho irá se realizar. Você ainda verá que você eu e meu irmão sairemos de dentro desse buraco". Não falamos mais. Meu pai deitou-se sobre nós e cobriu com seu corpo a mim e a meu irmão. De repente ouviu-se uma rajada forte de tiros. O tiroteio parou imediatamente, e ao que parece os tiros não estavam apontados para o buraco. Depois do tiroteio fez-se um silêncio total que foi mantido até o amanhecer. E depois ouviu-se novamente os berros dos agentes da SS: "judeus para fora!" Não acreditamos no que ouvíamos: Será que os assassinos alemães querem mesmo que a gente saia do buraco? Corremos para o caminho estreito por onde descemos para o buraco, e desta vez saímos. Rápido nos encontramos em um planalto cercado de bosques. Ordenaram que nos organizássemos em filas e a marcha continuou. O nervosismo dos agentes da SS se expressava por meio dos golpes que eles nos davam a torto e a direito. Eles seguravam seus rifles e batiam com o cabo sem piedade. Os mais fracos foram alvejados. Meu pai e, ao seu lado, meu irmão e eu, marchávamos com nossas últimas forças.

Em dois de abril de 1945 depois do almoço chegou a sétima armada americana e nos libertou. Fomos salvos das garras da besta teutônica. Permanecemos com vida como me foi dito no sonho. Meu tio e meu primo Eliusha também ficaram vivos. Os americanos os libertaram um dia antes de nos libertarem.

Depois de um tempo perguntei a meu pai por que ele havia se deitado em cima de mim e de meu irmão naquela noite. Meu pai me deu uma resposta breve: "eu queria que as primeiras balas pegassem em mim e eu

> *não veria vocês sendo assassinados". Eu lhe disse: "não havia necessidade de fazer isso, me foi prometido em sonho que sobreviveríamos". Meu pai sorriu, e eu não esqueci e não esqueço de mais dois detalhes do sonho que jamais contarei a ninguém.*[6]

Nesse relato tocante, o Outro da predição é uma senhora baixinha e enrugada, tida como uma figura divina para o sonhador na infância. Envolta em roupas brancas, que podemos associar às mortalhas brancas[7] do ritual judaico, a senhora aperta sua mão e lhe confidencia um segredo que deverá ser mantido até o final de seus dias. Em troca, a sua salvação e de alguns familiares. Uma aliança íntima com o Outro do sonho até a morte. É um sonho que o acompanha por muito tempo, na condição extrema do campo de concentração e na marcha da morte, e, sem dúvida, com uma função crucial para a sua sobrevivência.

Os dois sonhos a seguir levaram os sonhadores a desistir de se suicidar. Dov Freiberg, sobrevivente de Sobibor, relata:

> *Depois do controle noturno deitei na minha maca e adormeci imediatamente. De noite sonhei que minha mãe veio me visitar junto com o pequeno Yankele. Minha mãe estava bonita como nos dias de festa, antes da guerra. Ela estava com um vestido festivo colado ao corpo e seus cabelos presos para trás destacavam sua testa alta. Seu rosto triste expressava seu amor por mim. O doce Yankele usava um casaco de inverno forrado de pele, com as*

6 Citado em: *ibid*.

7 No ritual judaico, todos são enterrados envoltos numa mortalha branca, remetendo à limpeza e pureza.

> *bochechas vermelhas e rosto também triste, parado sem se mexer, como um boneco. Estava surpreso com a visita deles. Alguns metros nos separavam – havia algo que impedia que nos aproximássemos. Eu queria dizer algo a eles, mas não encontrava as palavras. Minha mãe olhou um longo instante e finalmente disse temos que ir. Eu queria ir com eles, mas minha mãe que parecia saber o que eu queria dizer, disse que eu preciso ficar aqui, "É bom para você", ela disse, e entendi por que eu não podia ir com eles. Comecei a andar na direção deles, mas eles se afastavam de mim e despareceram da minha vista. No dia seguinte esqueci de todas as dores e golpes que havia recebido no dia anterior. Só pensava no sonho. Fiquei contente de ter visto minha mãe e o Yankele de forma tão clara e perto. Repetidamente eu voltava a cada detalhe do sonho e me empenhava para interpretá-lo. Finalmente cheguei a uma conclusão, que minha mãe e Yankele já não vivem – minha mãe veio me dizer para não ir com eles, quer dizer para não me matar – eu preciso me manter vivo. O sonho fez com que eu deixasse de lado a ideia de suicídio.*[8]

Um sonho no qual a mãe aparece e pede para não ir com eles. O sonhador interpreta o desejo no sonho, escuta a fala da mãe como um pedido para que permanecesse vivo e desiste de se suicidar.

Arieh Rotstein, sobrevivente de Budzyn, no distrito de Lublin, relata em depoimento oral ao Instituto Yad Vashem que havia decidido se atirar na cerca do campo:

---

8 Citado em: Erlich, Y. (2008). *Como sonho voa: sonhos do Holocausto em forma de diários, testemunhos e memórias*. Tese apresentada ao Instituto do Judaísmo Contemporâneo da Universidade Hebraica de Jerusalém.

Quando eu estava em Budzyn, quis me lançar de encontro à eletricidade.

E: Suicidar-se?

Suicídio, disse eu. Não tenho mais força e quero terminar. Peguei, lavei meu cabelo e tudo o mais... e vesti outras roupas limpas. E disse: vou morrer. Tivemos que sair daquela barcaça à meia noite ou a uma da madrugada, amarrando-a e concluindo. Dois metros de cordas e acabados. Enquanto eu adormecia, veio a mim, em um sonho, Dr. Herzl . . ., e aqui no meio havia uma lâmpada e ele disse: "Não tire sua própria vida sozinho, venha a Israel, que é o que você queria, quando ainda era um jovem de 17-18 anos." Pulei da cama bem alta e ambos (seus vizinhos da beliche 11) saltaram e se levantaram: "O que há de errado comigo?" Eu parecia eletrificado e eles me perguntaram: "O que aconteceu com você?" Eu disse: Vou contar-lhes a verdade: Sonhei que o Dr. Herzl ... então, ele me disse: "Você chegará à Terra de Israel, assim como queria." *Então, ambos me disseram: "Nós não iremos, mas você sim irá." Eles tinham cerca de 40-45 anos de idade. "Você chegará à Terra de Israel." Por causa disso, não quis ir aos Estados Unidos; consegui viver na Polônia, encaixar-me num bom emprego, mas não quis, não pude olhar para... É por isso que vim a Israel.*[9]

Nesse sonho aparece Theodor Herzl, idealizador do Estado de Israel, que pede que não se suicide e rememora seu desejo

9 Citado em: *ibid.*

adolescente de morar em Israel. Um sonho que aponta para o desejo do sonhador. Um sonho que o interpreta e o faz voltar-se aos projetos futuros, e não mais à ideia do suicídio.

Léa Goldstein,[10] sobrevivente de Auschwitz, húngara, descreve um sonho que teve pouco antes da libertação:

> *Até que uma noite eu tive um sonho. Em meu sonho apareceu um jovem Rabino. E o jovem Rabino me disse: aguente firme, vocês vão ser libertados no dia (não lembro que dia ele disse). E o pai dele disse: não, aguente firme,* vocês serão libertados na terça feira. *Na diáspora a comunidade era muito dependente do Rabino. Eu despertei deste sonho. E não escutamos tiros e nada, eu disse para minha amiga: vamos aguentar firme, olha, ele me apareceu em sonho e você verá nós vamos ser libertadas.*[11]

Shoshana (Schwarz) Ofer, húngara, sonha no decorrer da marcha da morte de Grodno à Alemanha, em janeiro de 1945. Relata-o num testemunho em grupo:

> *Durante a Marcha, meus dedos dos pés se congelaram. Tirei meus sapatos e não os pude calçar novamente. Decidi não seguir em frente, apesar dos apelos de minha irmã. À noite, em meu sonho, surge minha mãe, que sua lembrança seja abençoada (*in memoriam*), e me diz para não ficar,* me manda continuar a caminhar, pois,

---

10 Léa Goldstein, da família Hershkovitz, nascida em 1929, na Hungria, formada pela Educação Religiosa Sionista. Seu relato se deu num testemunho oral.

11 Citado em: Erlich, Y. (2008). *Como sonho voa: sonhos do Holocausto em forma de diários, testemunhos e memórias* (grifo meu). Tese apresentada ao Instituto do Judaísmo Contemporâneo da Universidade Hebraica de Jerusalém.

> em breve, seríamos libertadas. *Continuei, então, a me arrastar, junto com minha irmã.*[12]

Haya Kroyn, muito doente, foi colocada num caminhão dos condenados à morte com destino a Birkenau. De repente, uma das mulheres da SS decidiu tirá-la do caminhão, o que salvou sua vida. Mandada para o barracão dos doentes, enquanto ardia em febre, sonhou:

> *Mergulhei na escuridão. Sonhos confusos atravessavam meu sono inquieto. Em meu primeiro sonho me vi afundando em uma lama profunda e densa. No limite do acampamento se via um campo verde descuidado e uma estrada de ferro cortava toda sua extensão. Escutei o apito da locomotiva e eu sabia que esse era o trem da vida, mas eu não conseguiria subir nele porque a lama me puxava para dentro dela para me afundar nela. Despertei e novamente mergulhei no sono, e como continuação do sonho anterior, apavorante, apareceu a figura tranquilizadora de minha mãe. Ela me acariciou e sussurrou com sua voz suave:* "não se preocupe, minha filha, vai dar certo".[13]

Todos os sonhos apresentados nessa subdivisão se estruturam da mesma forma: uma figura portadora de saber para o sonhador, seja Herzl, um rabino ou a mãe, profere uma sentença de salvação: "sobreviverão!". O sonho produz um Outro oracular, tal como Tirésias, e lê um futuro de vida.

12 Citado em: *ibid.*, grifo meu.

13 Citado em: *ibid.*, grifo meu.

A verdade apresenta uma estrutura de semidizer para a psicanálise, sempre articulada ao enigma, ao não-todo. Talvez possamos articular que, quando se apresentou toda, no caso dos campos, ela pôde salvar, mas também pôde fazer morrer. Viktor Frankl apresenta o sonho de um compositor prisioneiro:

> *O chefe do meu bloco, um estrangeiro que outrora fora um compositor musical bastante conhecido, disse-me certo dia: "Ei, doutor, gostaria de lhe contar uma coisa. Há pouco tempo, tive um sonho curioso. Uma voz me disse que eu poderia expressar um desejo, que poderia dizer o que gostaria de saber e ela me responderia qualquer pergunta. Sobre o que eu perguntei? Quero saber quando a guerra terminará para mim? Sabe o que quero dizer: para mim! Isto é, queria saber quando seremos libertos de nosso campo de concentração, ou seja, quando terminarão nossos sofrimentos". Perguntei-lhe quando tivera esse sonho. "Em fevereiro de 1945", respondeu. Estávamos no começo de março. "E o que te disse então a voz do sonho?", continuei perguntando. Bem baixinho, me segredou: "Em trinta de março...".*
>
> *Quando esse meu companheiro me narrou esse sonho, estava ainda cheio de esperança, convicto de que se cumpriria o que anunciara aquela voz. Mas a data profetizada se aproximava cada vez mais e as notícias sobre a situação militar, na medida em que penetravam em nosso campo, faziam parecer cada vez menos provável que a frente de batalha, de fato, nos trouxesse a liberdade ainda no mês de março. Deu-se então o seguinte: em vinte e nove de março, aquele companheiro foi repentinamente*

atacado de febre alta. Em trinta de março, no dia em que de acordo com a profecia a guerra e o sofrimento (para ele) chegariam ao fim, ele caiu em pleno delírio e finalmente entrou em coma... No dia trinta e um de março ele estava morto. Falecera de tifo exantemático.

Quem conhece as estreitas relações existentes entre o estado emocional de uma pessoa e as condições de imunidade do organismo, compreenderá os efeitos fatais que poderá ter a súbita entrega ao desespero e ao desânimo. Em última análise, meu companheiro foi vitimado porque sua profunda decepção pelo não cumprimento da libertação pontualmente esperada reduziu drasticamente a capacidade imunológica de seu organismo contra a infecção de tifo exantemático já latente. Paralisaram-se sua fé no futuro e sua vontade de futuro, acabando seu organismo por sucumbir à doença. Assim a voz do seu sonho acabou prevalecendo...[14]

Cayrol nomeia os sonhos oraculares de "sonhos de futuro", opondo-os aos "sonhos de salvação", e afirma que os sonhos de futuro levavam seus sonhadores à morte, não à salvação.

14 Frankl, V. E. (2018). *Em busca de sentido* (pp. 99-100). São Leopoldo: Sinodal; Petrópolis: Vozes.

24. Sonhos "fora" do tempo

Pôr do sol em Fòssoli

Eu sei o que quer dizer não voltar.
Através do arame farpado
Eu vi o sol declinar e morrer;
Senti as palavras do velho poeta
A lacerar minha carne:
"Possam os sóis decair e voltar:
Para nós, quando a breve luz se apaga,
Há que dormir uma noite infinita".

Primo Levi[1]

Jean Cayrol, sobrevivente de Mauthausen, observou uma mudança radical em seus sonhos de prisão anteriores ao campo e durante sua

1 Levi incorpora em seu poema os versos do poeta latino Catulo. Levi, P. (2019). *Mil sóis: poemas escolhidos* (pp. 30-31). Maurício Santana Dias, Trad. São Paulo: Todavia.

vivência neles. Em seus escritos posteriores, distingue dois conjuntos de sonhos nos campos: os "de futuro" e os "de salvação". Os de futuro têm as dimensões temporais da vida passada, as recordações, os desejos e as esperanças. Cayrol os considera como "presságios da morte", pois ignorou-se "a pura facticidade do campo", o passado quis "se transferir para o futuro".[2] Os sonhos de salvação tenderiam a modificar sua estrutura temporal em função do funcionamento dos campos. *Consistem em sonhos abstratos, pobres de imagens e de ação, inundados de luz e cores. Eles abriram mão da dimensão temporal, desfazendo o elo com o passado e igualmente com o futuro.*

Koselleck afirma que o universo concentracionário levava a uma "inversão da experiência temporal", porque "ali vigoravam condições que zombavam de toda experiência anterior, e que pareciam ser irreais, sendo reais". Os prisioneiros precisariam se paralisar em um "estágio final de existência":

> *Passado, presente e futuro deixavam de ser linhas de orientação para o comportamento. O prisioneiro tinha que viver essa perversão imposta ao corpo, para que pudesse libertar-se dela. Disso falam os sonhos de salvação. Eles já não pretendem fixar a pessoa do sonhador na realidade. Assim, em um aparente paradoxo, transformam-se em símbolo de chance de sobrevivência.*[3]

Nesses sonhos, a "alienação do seu eu empírico" transformava-se em arma silenciosa contra o sistema de terror instalado no campo de concentração. Era preciso suportar uma "diabólica inversão", na

2 Koselleck, R. (2006). *Futuro passado: contribuição à semântica dos tempos históricos* (p. 257). Wilma Patrícia Maas e Carlos Almeida Pereira, Trads. Rio de Janeiro: Contraponto; PUC-Rio.

3 *Ibid.*, pp. 257-258.

qual "a morte parecia supor uma vida melhor, e a vida uma morte pior . . . Só nos sonhos de salvação o inferno chegava a um fim fictício 'fora' do tempo, mas que apesar disso oferecia, ao prisioneiro, apoio na realidade".[4]

Nesse sentido, houve sonhos que transportaram o sujeito para fora do tempo, que o fizeram sair da dimensão espaçotemporal da realidade. Cayrol os nomeia de sonhos de salvação, o que não parece representar uma nomeação qualquer. Talvez somente nesse tipo de sonho tenha sido possível instaurar uma espécie de hiância naquele universo de terror. O intrigante é que os sonhos nomeados "de futuro" por Cayrol – para nós, sonhos de amor e oraculares – também se fizeram "de salvação" a muitos dos sobreviventes, e não *necessariamente* significaram presságios de morte. Por isso, decido renomear os sonhos relatados por Cayrol de sonhos "fora" do tempo.

4 *Ibid.*, p. 258.

Um fechar que reabre

Liberdade[1]

Nos meus cadernos de escola

Nesta carteira nas árvores

Nas areias e na neve

Escrevo teu nome

---

1 O primeiro título deste poema foi "Une seule pensée", isto é, "Um único pensamento", título empregado por Bandeira e Drummond em sua tradução. Alguns anos depois, o próprio Éluard alterou o título para "Liberté", isto é, "Liberdade". Além de este ser um magnífico poema do ponto de vista literário, carrega consigo o peso da História. Escrito em 1942, esse texto foi transportado clandestinamente da França, ocupada pelos nazistas, para a Inglaterra. Em 1943, traduzido para vários idiomas, o poema foi distribuído como panfleto, lançado por aviões aliados nos céus da Europa conflagrada. O responsável por contrabandear essa preciosidade da França ocupada para a Inglaterra foi um brasileiro, o pintor pernambucano Cícero Dias (1907-2003). Em reconhecimento a essa proeza, Dias foi condecorado pelo governo francês com a Ordem Nacional do Mérito, em 1998. Em homenagem ao ato heroico e poético de Cícero Dias, Paulo Bruscky faz chover sobre o Recife o poema de Éluard no final de 2018. (Éluard, P. (1950). "Liberdade" ("Liberté"). In JR. R. Magalhães (Org.), *Antologia de poetas franceses do século XV ao século XX*. Carlos Drummond de Andrade, Manuel Bandeira, Trad. Rio de Janeiro: Gráfica Tupy.)

Em toda página lida
Em toda página branca
Pedra sangue papel cinza
Escrevo teu nome

Nas imagens redouradas
Na armadura dos guerreiros
E na coroa dos reis
Escrevo teu nome

Nas jungles e no deserto
Nos ninhos e nas giestas
No céu da minha infância
Escrevo teu nome

Nas maravilhas das noites
No pão branco da alvorada
Nas estações enlaçadas
Escrevo teu nome

Nos meus farrapos de azul
No tanque sol que mofou
No lago lua vivendo
Escrevo teu nome

Nas campinas do horizonte
Nas asas dos passarinhos
E no moinho das sombras
Escrevo teu nome

Em cada sopro de aurora
Na água do mar nos navios

Na serraria demente
Escrevo teu nome

Até na espuma das nuvens
No suor das tempestades
Na chuva insípida e espessa
Escrevo teu nome

Nas formas resplandecentes
Nos sinos das sete cores
E na física verdade
Escrevo teu nome

Nas veredas acordadas
E nos caminhos abertos
Nas praças que regurgitam
Escrevo teu nome

Na lâmpada que se acende
Na lâmpada que se apaga
Em minhas casas reunidas
Escrevo teu nome

No fruto partido em dois
de meu espelho e meu quarto
Na cama concha vazia
Escrevo teu nome

Em meu cão guloso e meigo
Em suas orelhas fitas
Em sua pata canhestra
Escrevo teu nome

No trampolim desta porta
Nos objetos familiares
Na língua do fogo puro
Escrevo teu nome

Em toda carne possuída
Na fronte de meus amigos
Em cada mão que se estende
Escrevo teu nome

Na vidraça das surpresas
Nos lábios que estão atentos
Bem acima do silêncio
Escrevo teu nome

Em meus refúgios destruídos
Em meus faróis desabados
Nas paredes do meu tédio
Escrevo teu nome

Na ausência sem mais desejos
Na solidão despojada
E nas escadas da morte
Escrevo teu nome
Na saúde recobrada
No perigo dissipado
Na esperança sem memórias
Escrevo teu nome

E ao poder de uma palavra
Recomeço minha vida

Nasci para te conhecer
E te chamar

Liberdade

Paul Éluard, 1942

O que mais poderia dizer, transcorrida esta volta, esta "jornada", agora não mais aos campos na Polônia, e sim ao mundo dos sonhos de Auschwitz? Chega o momento de concluir algo dessa incursão psicanalítica aos sonhos nos campos. Na abertura, no instante de ver, enderecei algumas questões – hipóteses psicanalíticas acerca do modo de funcionamento dos sonhos – aos sonhos de Auschwitz. Houve censura nos sonhos? Mostrou-se possível que os restos diurnos funcionassem como restos dada a intensidade do traumático? O que ocorrera com os diversos *Wünsche* em questão? Qual a função desses sonhos? E o real? Como insistiu e retornou nesses sonhos?

Nesse momento, imagino que deveria formular algumas hipóteses, mas reluto em fazê-lo. Sinto-me um tanto angustiada. Percebo que não desejo elaborar alguns enunciados psicanalíticos a respeito dos sonhos de Auschwitz. E mais, que as hipóteses psicanalíticas do funcionamento dos sonhos significaram, de certo modo, pretextos... Pretextos que me permitiram aproximar do mundo dos sonhos de Auschwitz com algum instrumento de leitura em mãos. O referencial psicanalítico se fez, ao mesmo tempo, lente de leitura e escudo de proteção. Uma lente para leitura é inevitável, sempre portamos uma, inclusive quando imaginamos não a carregar. Já o escudo, portá-lo me permitiu adentrar esse universo tão terrível e, de certo modo, assustador. O inimaginável se torna possível de imaginar, refletir, questionar, ao menos.

Sim, a psicanálise como a lente e, ainda, o escudo me permitiram entrar nesse universo tão enlaçado ao real, ao impossível. Mas não apenas. Gosto também de considerar o discurso psicanalítico como um fazedor de enigmas, de perguntas mais que de respostas, e tendo como função a abertura de hiâncias para adentrar este campo tão árduo do *Shoah,* até porque o campo psicanalítico não teria como formular *alguma* verdade sobre os sonhos de Auschwitz. Há uma verdade na enunciação de cada um deles e, talvez, no saber que poderão transmitir por si mesmos. Remeto aqui ao matema do discurso do analista, concebido por Lacan: no lugar da verdade, uma verdade que porta sempre uma estrutura de semidizer, está o saber inconsciente, inacessível por definição.

Kertész cita uma carta de Kafka endereçada a Max Brod, na qual analisa a condição do escritor judeu e menciona três impossibilidades: a de não escrever, a de escrever em alemão e a de escrever de outro modo, e ainda acrescenta uma quarta – a de que é impossível escrever. Kertész considera que talvez hoje Kafka acrescentasse a impossibilidade de escrever a respeito do Holocausto. Logo, poderíamos levar os paradoxos de impossibilidade ao infinito:

> *Poderíamos dizer que é impossível não escrever sobre o Holocausto em alemão e que é impossível escrever sobre o Holocausto de outro modo. O escritor do Holocausto é um refugiado espiritual em todas as línguas e em todos os lugares, e sempre pede abrigo em línguas estrangeiras.*[2]

Kertész continua:

> *Mas onde pode se abrigar o saber do Holocausto, que língua poderia dizer de si mesma que o Holocausto é seu sujeito, que o Holocausto é seu Eu dominante? E, ao formular esta pergunta, caímos na seguinte, sobre*

2 Kertész, I. (2004c). A língua exilada. In I. Kertész, *A língua exilada* (p. 205). Paulo Schiller, Trad. São Paulo: Companhia das Letras.

> *a possibilidade de imaginar uma língua própria e exclusiva do Holocausto. E, em caso afirmativo, essa língua não teria de ser tão terrível e enlutada que, no final, exterminaria os que a falassem?*[3]

Acompanhada por Kertész, poderia dizer que é impossível escrever acerca dos sonhos de Auschwitz e igualmente impossível não escrever acerca dos sonhos de Auschwitz. Kertész formula que nas chamas onde tudo foi exterminado, "neste ponto zero da ética, nessa escuridão moral e espiritual, mostra-se, como único ponto de partida, a origem dessa escuridão: o Holocausto".

> *O que se manifestou na esteira da Endlösung e do universo concentracionário não pode ser mal interpretado,* e a sobrevivência, a única possibilidade de preservação das forças criadoras, nós a reconhecemos neste ponto zero. *Por que essa visão clara não poderia ser produtiva? No fundo das grandes percepções, ainda que fundamentadas em tragédias insolúveis, sempre se esconde o ímpeto da liberdade que inunda nossa vida de algo a mais, uma riqueza, e desperta-nos para a realidade da nossa existência e para a consequente responsabilidade. Assim, quando penso no efeito traumático de Auschwitz, de modo paradoxal penso mais no futuro do que no passado.*[4]

Sim, é a sobrevivência de forças criadoras que reconhecemos em Auschwitz. Nesse ponto, são os sonhos que ensinam à psicanálise.

---

3 *Ibid.*, pp. 205-206.

4 *Ibid.*, pp. 203-204.

O vetor nesse sentido é bem mais interessante: dos sonhos à psicanálise. Os sonhos nos interpelam e nos ensinam o que já estava na abertura deste ensaio. Explicitam que *o sujeito do inconsciente, o desejo, sobreviveu na condição extremada de aniquilação do humano pelo humano. E que, para alguns sobreviventes, os sonhos reenlaçaram ao Outro, também ao saber do Outro, e fizeram sobreviver.*[5]

Talvez possamos precisar que o que faz sobreviver é a dimensão *desejante* do sonho: o *Wunsch* inconsciente, indestrutível, que Freud se empenha tanto em demostrar. O desejo resiste, e ainda se mostra como desejo do Outro. Os sonhos deste ensaio nos transmitem essencialmente essa enunciação psicanalítica.

Lacan se interrogava, preocupado com o futuro da psicanálise: "saberão os psicanalistas seguir acreditando no inconsciente?". Para tal, apontava que os psicanalistas teriam de transpor sua angústia: "que eles tenham aprendido bastante com ela, para medir o real da castração e não recalcá-la novamente".[6] Estes sonhos fazem seguir acreditando no inconsciente e na psicanálise.

Apresento um último sonho: um sonho-resposta ao sonho de narração de Levi. O sonho de um descendente, logo após ler o sonho de narração. O sonhador é Peter Pál Pelbart,[7] tocado por Auschwitz, que o nomeia de *Alegoria do Sobrevivente*:

---

5 Ribeiro realça que cada vez mais "toma corpo uma teoria geral do sono e dos sonhos que compatibiliza passado e futuro para explicar a função onírica como ferramenta crucial de sobrevivência no presente". Ribeiro, S. (2019). *O oráculo da noite: a história e a ciência do sonho* (p. 33). São Paulo: Companhia das Letras.

6 Comentário de David Bernard sobre Lacan em seu artigo Lacan e a modernidade. Bernard, D. (2016). Lacan e a modernidade. *Stylus Revista de Psicanálise*, (33), 108.

7 Peter Pál Pelbart enuncia este sonho do lugar de descendente: "Talvez minha questão só possa vir de uma geração que sucedeu o Holocausto e que tem dificuldade de desfazer-se do peso de seu cadáver, que acredita, não obstante, ser isto incontornável, que pensa ser preciso levar dele algo muito precioso, e

Eis o sonho: morri. Vejo estendido no chão, diante de mim, meu cadáver, e percebo grandes marcas de bala perfurando o peito. Pego este meu corpo e o levanto com esforço, colocando-o sobre as costas. Ao mesmo tempo, vejo à minha frente uma televisão enorme, de ponta cabeça, com a imagem de meu rosto em primeiríssimo plano, imagem resplandecente e saudável, falante, sorridente, muito viril. Afasto-me desta imagem e parto com meu cadáver nas costas; a caminhada é longa. Sinto o corpo de meu cadáver ainda quente, a carne branda, o sangue dá impressão que corre, embora a pele já esteja azulando. Chego, por fim, a um sítio onde estão amigos muito caros e uma ex-mulher, pouso o cadáver no chão, todos o olham com grande consternação e pesar. Percebo que lhe preparam uma lápide, feita de uma pedra branca, típica de Jerusalém, onde leio uma inscrição em alto-relevo, uma frase que tem a ver com lembrar-se, com amizade. Antes de ir-me enfio a mão sob a lápide, toco o corpo já enterrado, e tateando entre a roupa e a pele branda, busco alguma coisa que quero levar comigo, que talvez eu tenha esquecido. Não sei o que é. Vou-me embora, nem triste, nem aliviado (não é um sonho de angústia).[8]

É um sonho tocante. Pelbart o sonha após ler e se deixar impressionar por aquele sonho angustiante que repetidamente acometia Levi no campo. Relembremos que no sonho Levi se encontra em casa, entre

---

que tem escrúpulo em capitalizar essa herança". Pelbart, P. P. (2000). Cinema e Holocausto. In A. Nestrovski, M. Seligmann-Silva (Orgs.), *Catástrofe e representação* (p. 173). São Paulo: Escuta.

8 *Ibid.*, p. 172.

os seus, e é compelido a falar, a contar a vida no campo – a cama dura, a fome, os piolhos, a violência dos *kapos,* porém ninguém o escuta, absolutamente indiferentes, continuam conversando. A resposta do sonho de Pelbart é outra, não mais uma resposta da indiferença.

O sonho se fez testemunho pois pôde escutar o outro sonho, o de um sobrevivente. O sonho de Pelbart parece enunciar "te escuto" ao sonho de Levi e ao mesmo tempo tocar o irrepresentável da dor e da condição de um sobrevivente. O sonho nos interpreta e carrega interrogações: como devolver um certo brilho ao sobrevivente-espectro para que ele possa estar vivo novamente e não seja simplesmente uma (sobre)vida? O que cada sobrevivente fará com o morto ou mortos atados às suas costas? Como lembrar, escrever e finalmente esquecer o trauma? Perguntas absolutamente clínicas e sensíveis extraídas desse sonho.

No sonho, o sujeito por fim consegue lembrar e enterrar dignamente seu cadáver, devolver-lhe uma sepultura simbólica, mas procura "alguma coisa" para levar consigo, algo que talvez tenha esquecido. Pelbart associa à voz que talvez possamos colher do sobrevivente e "levá-la conosco".[9] Uma voz que mostra a vergonha e o intolerável e, no avesso, também resiste ao aniquilamento.

Na mesma direção, Gagnebin propõe a nomeação de uma outra ética pós-Auschwitz, esboçada entre as linhas dolorosas de Levi e os comentários incisivos de Agamben. Uma ética que não mais consiste numa doutrina de normas, mas numa "postura firme e ao mesmo tempo hesitante, incerta, um encarregar-se de transmitir algo que pertence ao sofrimento humano mas cujo nome é desconhecido". Articula que "esse encarregar-se lembra também o ato de carregar os mortos, mesmo anônimos, de enterrá-los ou quando foram

9 *Ibid.*, p. 181.

reduzidos a cinzas, de mencioná-los e de lembrá-los, mesmo e justamente aqueles que nem nome têm".[10]

A ética pós-Auschwitz, que se encarrega de transmitir algo pertencente ao sofrimento humano, cujo nome é desconhecido, não poderia ser mais psicanalítica. Neste ensaio, em vez de carregar os mortos, pude carregar alguns sonhos de Auschwitz, os quais, por sua vez, não deixaram de carregar, cada um, seus próprios mortos nas costas. A sensação neste tempo de concluir é de ter me encarregado do cuidado destes sonhos por quase três anos, com todo o peso e a responsabilidade concernentes à função. Agora é chegada a hora de passar tais objetos, tão raros e preciosos, às mãos de outros.

Finalizo com o voto, *Wunsch*, de que esta pesquisa possa se mostrar uma sepultura simbólica para esses sonhos de Auschwitz na língua portuguesa. Restará comigo o ressoar desses sonhos: vozes que fazem lembrar insistentemente tanto uma responsabilidade social no porvir da nossa cultura como o desejo indestrutível do humano.

---

10 Gagnebin, J. M. (2008). Apresentação. In G. Agamben, *O que resta de Auschwitz: o arquivo e a testemunha* (p. 15). Selvino J. Assmann, Trad. São Paulo: Boitempo. (Homo Sacer III).

Referências

Agamben, G. (2008). *O que resta de Auschwitz: o arquivo e a testemunha*. Selvino J. Assmann, Trad. São Paulo: Boitempo. (Homo Sacer III).

Améry, J. (2013). *Além do crime e castigo: tentativas de superação*. Marijane Lisboa, Trad. Rio de Janeiro: Contraponto.

Amichai, Y. (2018). *Terra e paz: antologia poética*. Moacir Amâncio, Trad. Rio de Janeiro: Bazar do Tempo.

Amigo, S. (2007). *Clínica dos fracassos da fantasia*. Rio de Janeiro: Companhia de Freud.

Antelme, R. (2013). *A espécie humana*. Maria de Fátima Oliva do Coutto, Trad. Rio de Janeiro: Record.

Anzieu, D. (1989). *A autoanálise de Freud e a descoberta da psicanálise*. Francisco Franke Settineri, Trad. Porto Alegre: Artes Médicas.

Arendt, H. (2006). *Origens do totalitarismo*. São Paulo: Companhia das Letras.

Artemidorus, D. (2009). *Sobre a interpretação dos sonhos*. Eliana Aguiar, Trad. Rio de Janeiro: Jorge Zahar.

Basevi, A. (2013). Silêncio e Literatura: as aporias da testemunha. *ALEA*, *15*(1).

Bauman, Z. (1998). *Modernidade e Holocausto*. Rio de Janeiro: Zahar.

Beradt, C. (2017). *Sonhos no Terceiro Reich: com o que sonhavam os alemães depois da ascensão de Hitler*. São Paulo: Três Estrelas.

Bernard, D. (2016). Lacan e a modernidade. *Stylus Revista de Psicanálise*, (33).

Berta, S. L. (2015a). *Escrever o trauma: de Freud a Lacan*. São Paulo: Annablume.

Berta, S. L. (2015b). Localização da urgência subjetiva em psicanálise. *A Peste*, *7*(1), 95-105.

Bettelheim, B. (1985). *O coração informado: autonomia na era da massificação*. Celina Cardim Cavalcanti, Trad. Rio de Janeiro: Paz e Terra.

Bíblia Hebraica. (2012). David Gorodovits e Jairo Fridlin, Trad. São Paulo: Sêfer.

Blanchot, M. (2007). *A conversa infinita 2: a experiência limite*. João Moura Jr., Trad. São Paulo: Escuta.

Borges, J. L. (2009). O sonho. In J. L. Borges, *Poesia*. Josely Vianna Baptista, Trad. São Paulo: Companhia das Letras.

Bousseyroux, M. (2014). A repetição final: Nietzsche, Freud, Kierkegaard, Blanchot. In D. Fingermann (Org.), *Os paradoxos da repetição*. São Paulo: Annablume.

Caruth, C. (2000). Modalidades do despertar traumático (Freud, Lacan e a ética da memória). In A. Nestrovski, M. Seligmann-Silva (Orgs.), *Catástrofe e representação*. São Paulo: Escuta.

Celan, P. (1999). *Cristal.* Claudia Cavalcanti, Trad. São Paulo: Iluminuras.

Delbo, C. (2018). *Auschwitz e depois.* Joana Morais Varela, Trad. Lisboa: BCF.

Didi-Huberman, G. (2011). *Sobrevivência dos vaga-lumes.* Vera Casa Nova e Marcia Arbex, Trad. Belo Horizonte: UFMG.

Didi-Huberman, G. (2017). *Cascas.* André Telles, Trad. São Paulo: Editora 34.

Dunker, C. (2017). O sonho como ficção e o despertar do pesadelo. In C. Beradt, *Sonhos no Terceiro Reich: com o que sonhavam os alemães depois da ascensão de Hitler*. São Paulo: Três Estrelas.

Dymetman, M. (2011). *Anos de lutas: relato de um sobrevivente do Holocausto*. Recuperado de: www.anosdelutas.com.br.

Eger, E. E. (2019). *A bailarina de Auschwitz.* Débora Chaves, Trad. Rio de Janeiro: Sextante.

Éluard, P. (1950). "Liberdade" ("Liberté"). In JR. R. Magalhães (Org.), *Antologia de poetas franceses do século XV ao século XX*. Carlos Drummond de Andrade, Manuel Bandeira, Trad. Rio de Janeiro: Gráfica Tupy.

Endo, P. C. (2018a). O arquivo de sonhos de ex-prisioneiros de Auschwitz do Museu – Memorial Auschwitz-Birkenau. *Percurso Revista de Psicanálise*, ano XXX, (60).

Endo, P. C. (2018b). Freud, o inconsciente, a des-memória, a in--memória e os paradoxos do esquecimento, do sonho e do real de Auschwitz. *Percurso Revista de Psicanálise*, ano XXX, (60).

Erlich, Y. (2008). *Como sonho voa: sonhos do Holocausto em forma de diários, testemunhos e memórias.* Tese apresentada ao Instituto do Judaísmo Contemporâneo da Universidade Hebraica de Jerusalém.

Faria, M. R. (2019). *Real, simbólico e imaginário no ensino de Lacan.* São Paulo: Toro.

Felman, S. (2000). Educação e crise, ou as vicissitudes do ensino. In A. Nestrovski, M. Seligmann-Silva (Orgs.), *Catástrofe e representação*. São Paulo: Escuta.

Fingermann, D. (2014). Repetição e experiência psicanalítica. In D. Fingermann (Org.), *Os paradoxos da repetição*. São Paulo: Annablume.

Frankl, V. E. (2018). *Em busca de sentido: um psicólogo no campo de concentração*. Walter O. Schlupp e Carlos C. Aveline, Trad. São Leopoldo: Sinodal; Petrópolis: Vozes.

Freud, S. (1987). A interpretação dos sonhos. In S. Freud, *Edição standard brasileira das obras psicológicas completas de Sigmund Freud*. Jayme Salomão, Trad. Rio de Janeiro: Imago.

Freud, S. (2006). Suplemento metapsicológico à teoria dos sonhos. In S. Freud, *Escritos sobre a psicologia do inconsciente* (Vol. II). Luiz Alberto Hanns, Trad. Rio de Janeiro: Imago.

Freud, S. (2010). Além do princípio do prazer (1920). In S. Freud, *História de uma neurose infantil, Além do princípio do prazer e outros textos (1917-1920)*. Paulo Cesar de Souza, Trad. São Paulo: Companhia das Letras.

Freud, S. (2014). Conferências introdutórias à psicanálise (1916-1917). In S. Freud, *Obras completas* (Vol. 13). Sérgio Tellaroli, Trad. São Paulo: Companhia das Letras.

Freud, S. (2016). Estudos sobre a histeria (1893-1895), em coautoria com Josef Breuer. In S. Freud, *Obras completas* (Vol. 2). Paulo César de Souza, Trad. São Paulo: Companhia das Letras.

Freud, S. (2017a). *A interpretação dos sonhos*. Renato Zwick, Trad. Porto Alegre: L&PM.

Freud, S. (2017b). *Compêndio da psicanálise*. Renato Zwick, Trad. Porto Alegre: L&PM.

Freud, S. (2019). *O infamilar [Das Unheimliche]*. Ernani Chaves e Pedro Heliodoro Tavares, Trad. Belo Horizonte: Autêntica.

Friedländer, S. (2012). *A Alemanha nazista e os judeus: os anos de perseguição, 1933-1939* (Vol. I). São Paulo: Perspectiva.

Fuks, B. B. (2006). A cor da carne. In A. M. Rudge (Org.), *Traumas*. São Paulo: Escuta.

Gagnebin, J. M. (2000). Palavras para Hurbinek. In A. Nestrovski, M. Seligmann-Silva (Orgs.), *Catástrofe e representação*. São Paulo: Escuta.

Gagnebin, J. M. (2008). Apresentação. In G. Agamben, *O que resta de Auschwitz: o arquivo e a testemunha*. Selvino J. Assmann, Trad. São Paulo: Boitempo. (Homo Sacer III).

Gagnebin, J. M. (2009). Após Auschwitz. In J. M. Gagnebin, *Lembrar escrever esquecer*. São Paulo: Editora 34.

Garcia-Roza, L. A. (1986). *Acaso e repetição em psicanálise: uma introdução à teoria das pulsões*. Rio de Janeiro: Jorge Zahar.

Godino Cabas, A. (2009). *O sujeito na psicanálise de Freud a Lacan*. Rio de Janeiro: Jorge Zahar.

Gradowski, Z. (2017). *Me encuentro en el corazón del infierno: manuscritos de um Sonderkommando hallados en Auschwitz*. Oswiecim: Museo Estatal de Auschwitz-Birkenau. Traduzido do espanhol para o português por Antonio Bianchini Borduque.

Guarreschi, L. F. (2018). Maktub ou um bebê sai pelo umbigo do sonho. *Stylus Revista de Psicanálise*, (37).

Homero. (2002). *Odisseia*. Antônio Pinto de Carvalho, Trad. São Paulo: Nova Cultural.

Jaffe, N. (2012). *O que os cegos estão sonhando?* São Paulo: Editora 34.

Kertész, I. (1995). *Kadish: por uma criança não nascida.* Raquel Abi-Sâmara, Trad. Rio de Janeiro: Imago.

Kertész, I. (2004a). A quem pertence Auschwitz? In I. Kertész, *A língua exilada.* Paulo Schiller, Trad. São Paulo: Companhia das Letras.

Kertész, I. (2004b). O Holocausto como cultura. In I. Kertész, *A língua exilada.* Paulo Schiller, Trad. São Paulo: Companhia das Letras.

Kertész, I. (2004c). A língua exilada. In I. Kertész, *A língua exilada.* Paulo Schiller, Trad. São Paulo: Companhia das Letras.

Koltai, C. (2000). Política e psicanálise. In C. Koltai, *O estrangeiro.* São Paulo: Escuta.

Koselleck, R. (2006). *Futuro passado: contribuição à semântica dos tempos históricos.* Wilma Patrícia Maas e Carlos Almeida Pereira, Trads. Rio de Janeiro: Contraponto; PUC-Rio.

Koselleck, R. (2017). Posfácio. In C. Beradt, *Sonhos no Terceiro Reich: com o que sonhavam os alemães depois da ascensão de Hitler.* São Paulo: Três Estrelas.

Lacan, J. (1992). *O seminário – livro 17: o avesso da psicanálise, 1969-1970.* Rio de Janeiro: Jorge Zahar.

Lacan, J. (1997). Ouverture de la Section Clinique (1976). *Ornicar?, 9.*

Lacan, J. (1998a). *Escritos.* Vera Ribeiro, Trad. Rio de Janeiro: Jorge Zahar.

Lacan, J. (1998b). *O seminário – livro 11: os quatro conceitos fundamentais da psicanálise (1964).* M. D. Magno, Trad. Rio de Janeiro: Jorge Zahar.

Lacan, J. (1999). *O seminário – livro 5: as formações do inconsciente.* Vera Ribeiro, Trad. Rio de Janeiro: Jorge Zahar.

Lacan, J. (2003). *Outros escritos*. Rio de Janeiro: Jorge Zahar.

Lacan, J. (2005). *O seminário – livro 10: a angústia*. Vera Ribeiro, Trad. Rio de Janeiro: Jorge Zahar.

Lacan, J. (2008). *Seminário 16: de um Outro ao outro*. Rio de Janeiro: Jorge Zahar.

Lacan, J. (2012). *O seminário* (Livro XIX). Rio de Janeiro: Zahar.

Lacan, J. (2016). *O seminário – livro 6: o desejo e sua interpretação*. Claudia Berliner, Trad. Rio de Janeiro: Zahar.

Lanzmann, C. (1987). *Shoah, vozes e faces do holocausto*. São Paulo: Brasiliense.

Levi, P. (1988). *É isto um homem?* Luigi Del Re, Trad. Rio de Janeiro: Rocco.

Levi, P. (1990). *Os afogados e os sobreviventes*. Luiz Sérgio Henriques, Trad. Rio de Janeiro: Paz e Terra.

Levi, P. (2010). *A trégua*. Marcos Lucchesi, Trad. São Paulo: Companhia das Letras.

Levi, P. (2016). *A assimetria e a vida: artigos e ensaios 1955-1987*. São Paulo: Unesp.

Levi, P. (2019). *Mil sóis: poemas escolhidos*. Maurício Santana Dias, Trad. São Paulo: Todavia.

Mãe, V. H. (2016). *Homens imprudentemente poéticos*. São Paulo: Biblioteca Azul.

Mezan, R. (2002). Sobre a epistemologia da psicanálise. In R. Mezan, *Interfaces da psicanálise*. São Paulo: Companhia das Letras.

Mezan, R. (2014). *O tronco e os ramos: estudos de história da psicanálise*. São Paulo: Companhia das Letras.

Nietzsche, F. (2005). *Humano, demasiado humano: um livro para espíritos livres*. Paulo Cesar de Souza, Trad. São Paulo: Companhia das Letras.

Nietzsche, F. (2018). *Assim falou Zaratustra: um livro para todos e para ninguém*. Paulo César de Souza, Trad. São Paulo: Companhia de Bolso.

Pahor, B. (2013). *Necrópole*. Mario Fendelli, Trad. Rio de Janeiro: Bertrand Brasil.

Pelbart, P. P. (2000). Cinema e Holocausto. In A. Nestrovski, M. Seligmann-Silva (Orgs.), *Catástrofe e representação*. São Paulo: Escuta.

Pierin, G. D. (2015). *Uma estrela na escuridão: a incrível história de Andor Stern, o único brasileiro sobrevivente ao holocausto*. Santos: Ateliê de Palavras.

Quinet, A. (2008). *A descoberta do inconsciente: do desejo ao sintoma*. Rio de Janeiro: Jorge Zahar.

Rajchman, C. M. (2010). *Eu sou o último judeu: Treblinka (1942-1943)*. André Telles, Trad. Rio de Janeiro: Zahar.

Ribeiro, S. (2019). *O oráculo da noite: a história e a ciência do sonho*. São Paulo: Companhia das Letras.

Roudinesco, E., Plon, M. (1998). *Dicionário de psicanálise*. Vera Ribeiro e Lucy Magalhães, Trad. Rio de Janeiro: Zahar.

Rousset, D. (2016). *O universo concentracionário*. João Tiago Proença, Trad. Lisboa: Antígona Editores Refractários.

Safatle, V. (2014). O devedor que vem até mim, o Deus que aposta e os amantes que se desencontram: a construção do conceito lacaniano de repetição. In D. Fingermann (Org.), *Os paradoxos da repetição*. São Paulo: Annablume.

Segre, L. (2015). *Sobreviveu a Auschwitz: uma das últimas testemunhas do Shoah*. Emanuela Zuccalà, Ed. São Paulo: Paulinas.

Seligmann-Silva, M. (2000). A história como trauma. In A. Nestrovski, M. Seligmann-Silva (Orgs.), *Catástrofe e representação*. São Paulo: Escuta.

Semprun, J. (1995). *A escrita ou a vida*. Rosa Freire D'Aguiar, Trad. São Paulo: Companhia das Letras.

Slavutsky, A. (2014). *Humor é coisa séria*. Porto Alegre: Arquipélago Editorial.

Soler, C. (2004). Trauma e fantasia. *Stylus Revista de Psicanálise*, (9), 55.

Soler, C. (2018). *Adventos do real: da angústia ao sintoma*. Elisabeth Sapariti, Trad. São Paulo: Aller.

Steinberg, S. A. (2018, jun.). A função do passador: dar voz ao texto do passante? *Wunsch*, Rio de Janeiro, Paris, 18.

Szymborska, W. *Por um acaso*. Recuperado de: https://piaui.folha.uol.com.br/materia/o-poeta-e-o-mundo/.

Todorov, T. (2017). *Diante do extremo*. Nícia Adan Bonatti, Trad. São Paulo: Unesp.

Wiesel, E. (2001). *A noite*. Irene Ernest Dias, Trad. Rio de Janeiro: Ediouro.

Wilkomirski, B. (1998). *Fragmentos: memórias de uma infância, 1939-1948*. Sergio Tellaroli, Trad. São Paulo: Companhia das Letras.

Zaltzman, N. (1993). *A pulsão anarquista*. Anna Christina Ribeiro Aguiar, Trad. São Paulo: Escuta.

Vídeos e sites

AH. Entrevista: Andor Stern, o único sobrevivente brasileiro do Holocausto. *Aventura na História*. 24 de maio de 2019. Recuperado de: https://youtu.be/YylqvRRXMio.

Cordoaria Nacional. *Banksy*. Genius or Vandal? Lisboa, 14 de junho de 2019 a 27 de outubro de 2019.

Demnig, G. *Stolpersteine* (Pedras do Tropeço, em português). Recuperado de: www.stolpersteine.eu.

Dunker, C. Live. Sonhos no Terceiro Reich. Partes I e II. Recuperado de: https://youtu.be/dC3JSEIYWzQ e https://youtu.be/nRRhdXBGuF0.

Dymetman, M. Entrevista a Marcelo Benzaquen. *Live* no Facebook, 21 de abril de 2020.

Globoplay. Jô Soares entrevista Noemi Jaffe. *Programa do Jô*. 29 de julho de 2013. Recuperado de: https://globoplay.globo.com/v/2723665/.

Lanzmann, C. *Shoah*. Instituto Moreira Salles, outubro de 2012. Recuperado de: www.ims.com.br.

Nader, C. *A paixão de JL*. Documentário, 1h 22min, Brasil, 2015. Disponível no Canal Curta!

Resnais, A. *Noite e neblina* (Nuit e Brouillard), Curta-metragem, França, 1955, 33 min.

Tóth, B. *Aqueles que ficaram*, 1h 23min. Supo Mungam Films, 2019.

TV Cultura. *O maestro – em busca da última música*. Programa Concerto de 5 de fevereiro de 2020 a respeito do maestro Francesco Lotoro. Recuperado de: https://youtu.be/83-r7FtkOc0.

GRÁFICA PAYM
Tel. [11] 4392-3344
paym@graficapaym.com.br